创新型师范及学前教育专业精品教材

幼儿园
多媒体课件设计与制作

代兴梅　主审

李　娟　王爱静　李　霞　主编

教·学
资　源

首都师范大学出版社
CAPITAL NORMAL UNIVERSITY PRESS

图书在版编目（CIP）数据

幼儿园多媒体课件设计与制作 / 李娟，王爱静，李霞主编. -- 北京 : 首都师范大学出版社，2024. 7.
ISBN 978-7-5656-8451-7

Ⅰ．G436

中国国家版本馆 CIP 数据核字第 2024R16R02 号

YOU'ERYUAN DUOMEITI KEJIAN SHEJI YU ZHIZUO

幼儿园多媒体课件设计与制作

李　娟　王爱静　李　霞　主编

责任编辑　崔灵菲

首都师范大学出版社出版发行

地　址　北京西三环北路 105 号
邮　编　100048
电　话　68418523（总编室）　68982468（发行部）
网　址　http://cnupn.cnu.edu.cn
印　刷　河北鹏润印刷有限公司
经　销　全国新华书店
版　次　2024 年 7 月第 1 版
印　次　2024 年 7 月第 1 次印刷
开　本　787 mm×1092 mm　1/16
印　张　15.75
字　数　364 千
定　价　49.80 元

前言

PREFACE

近年来，国家对学前教育越来越重视，对幼儿教师人才的要求也越来越高。《幼儿园教师专业标准（试行）》要求幼儿教师具有一定的现代信息技术知识。其中，幼儿园保教活动课件设计与制作不仅是幼儿教师必须掌握的一项技能，还是学前教育专业相关技能比赛（包括省级比赛和国家级比赛）的重点考查内容。

为培养专业素养和职业技能全面发展的高质量幼儿教师人才，我们根据《幼儿园教育指导纲要（试行）》和《3～6 岁儿童学习与发展指南》的内容，结合幼儿教师的实际工作需求，组织具有丰富课件制作经验的教师编写了这本具有针对性、指导性和实践性的教材。

▶▶ 本书特色

一、春风化雨，立德树人

党的二十大报告指出："育人的根本在于立德。"本书积极贯彻党的二十大精神，探索价值塑造、能力培养、知识传授"三位一体"的立德树人新路径，将传统文化、职业理想、职业道德、创新精神等内容潜移默化地融入知识和技能教育，引导学生将个人价值实现与国家民族发展紧密相连，力求培养有担当、高素质、高水平的专业型人才。

二、岗课赛证，综合育人

本书遵循"基于教学、高于教学、引领教学"的原则，采用"岗课赛证"的育人模式，书中内容与幼儿园实际工作岗位需求紧密对接，课程设置与全国职业院校技能大赛（高职组）"幼儿教育技能"赛项紧密结合，同时对接职业技能标准和 1+X 证书要求，使学生不仅能掌握多媒体课件设计与制作的理论知识，还能在实际操作中提升技能，为以后就业和职业发展打下坚实的基础。

三、全新形态，全新理念

本书采用改进的章节式结构，深入浅出地介绍了幼儿园多媒体课件设计与制作的基础知识，并且在各章首页均安排了"本章导读"和"学习目标"模块，让学生在学习各章内容前做到心中有数；各章以"理论知识"和"实践操作"相结合的形式组织内容，让学生做到学完即可练习，达到融会贯通、举一反三的学习效果。

此外，本书还根据需要在正文合适位置安排了"提示""高手点拨"栏目，适时提醒学生关注学习和操作过程中遇到的难点、疑点或关键点，让学生少走弯路，提高学习效率。

四、案例典型，实用性强

本书紧扣《3～6岁儿童学习与发展指南》中的发展目标，在第3～7章安排了与健康、语言、社会、科学、艺术五大领域各年龄段幼儿教育相关的案例。这些案例都是根据全国职业院校技能大赛（高职组）"幼儿教育技能"赛项中幼儿园保教活动课件制作题目设计与制作的，不仅符合幼儿园实际教学场景，还有助于学生巩固所学知识、提高问题解决能力和实践操作技能。

五、平台支撑，资源丰富

本书配有丰富的数字资源，学生可以借助手机或其他移动设备扫描二维码观看微课视频，也可以登录文旌综合教育平台"文旌课堂"查看和下载本书配套资源，如教学课件、素材与实例等。学生在学习过程中有什么疑问，也可以登录该平台寻求帮助。

▶▶ 本书创作团队

本书由代兴梅担任主审，李娟、王爱静、李霞担任主编，张丽霞、张蓉、包嘉琪、戚周铭担任副主编。由于编者水平有限，书中可能存在疏漏或不妥之处，敬请各位读者批评指正。

▶▶ 特别说明

（1）在本书编写过程中，编者参考了大量教材和相关领域专家、学者的研究成果，在此向相关人员表示衷心的感谢。同时，也特别感谢陈伊可、殷乐、张雅玲、李夏妮、徐燕、杨巧颖、张兴美、寿狄凤等对案例制作提供的帮助。

（2）本书参考的资料大部分已获授权，但由于部分资料来自网络，我们暂时无法联系到原作者。对此，我们深表歉意，并欢迎原作者随时与我们联系。

🔍 | 本书配套资源下载网址和联系方式

🌐 网址：https://www.wenjingketang.com
📞 电话：400-117-9835
✉ 邮箱：book@wenjingketang.com

目录

CONTENTS

第 1 章

多媒体课件基础

本章导读

　　随着计算机的普及和多媒体技术的发展，利用多媒体课件进行课堂教学已成为现代教育中一种常见的教学手段。因此，掌握多媒体课件的基础知识和制作方法，已成为教师特别是幼儿教师的必备技能和基本素养。

　　本章主要介绍多媒体课件的基础知识，以及幼儿园多媒体课件的设计原则和设计思路。

学习目标

知识目标

- 了解多媒体课件的概念、作用和制作软件。
- 熟悉多媒体课件的分类和制作原则。
- 了解幼儿的思维特点。
- 掌握幼儿园多媒体课件的设计原则和设计思路。

能力目标

- 能够正确区分不同类型的多媒体课件。
- 能够充分理解幼儿园多媒体课件的设计原则和设计思路，为后续设计与制作幼儿园多媒体课件打好基础。

素质目标

- 赏析优秀多媒体课件，提升艺术审美，增强创新意识。
- 关注国家教育信息化发展，心系国家教育信息化建设，勇担教育改革重任。

1.1 多媒体课件概述

1.1.1 多媒体课件的概念

多媒体课件是根据教学大纲的要求和教学的需要，经过严格的教学设计，并以多种媒体的表现方式和超文本结构制作而成的课程软件。它可以运用文本、图片、音频、视频和动画等多种媒体元素，将教学内容（如知识讲解、实验演示、情境创设、交互练习等）生动形象地展示给学生，从而辅助教师进行教学活动，提高教学质量和效率。

1.1.2 多媒体课件的作用

多媒体课件作为教师用来辅助教学的工具，其在教学过程中的作用不可小觑。

1. 提示教学信息

提示教学信息是多媒体课件最基本的功能与作用。多媒体课件可以利用多种媒体元素直观、形象地呈现在传统教学中难以用语言或文字清晰描述的抽象概念、复杂过程或结构等，使学生能够更好地理解和掌握知识点。

2. 激发学习兴趣

多媒体课件借助丰富的图片，生动的视频和动画，有趣的互动和音频，能够创造出更加生动有趣的学习环境，这不仅能吸引学生的注意力，激发他们的学习兴趣，还能通过视觉和听觉的双重刺激，加强学生对知识点的记忆。

3. 提高教学效率

传统教学需要花费较多时间书写板书，而多媒体课件可以快速在课堂上展示大量信息，从而大大节省时间，使教师能够有更多时间用于知识讲解和课堂互动。同时，多媒体课件具有可编辑性，教师可以根据学生的学习情况和反馈，灵活调整教学内容和进度，从而更好地适应不同学生的学习需求。

1.1.3 多媒体课件的制作软件

多媒体课件的制作软件多种多样，不同的软件有不同的功能特点，下面介绍几款常用的多媒体课件制作软件。

1．PowerPoint

PowerPoint 是微软公司推出的一款强大的演示软件，广泛应用于学术交流、产品展示、远程会议等场合，也是教师们常用的多媒体课件制作软件之一。利用 PowerPoint，可以制作出集文本、图片、音频、视频及动画等于一体的动态演示文稿。制作完成的演示文稿不仅可以在投影仪和计算机上播放，还可以打印出来，以应用于更多样的场景。

PowerPoint 是一款易学易用的软件，操作方法简单，教师在短时间内就能利用 PowerPoint 制作出高质量的多媒体课件，从而准确、高效地呈现教学内容。

2．Authorware

Authorware 是一款图标导向式的多媒体制作软件，广泛应用于教育、娱乐、培训、科学研究等领域。利用 Authorware，教师无须掌握高深的编程技术，仅通过图标拖曳操作，就能制作出包含文本、图片、音频、视频和动画等多种媒体元素的多媒体课件。这些课件不仅直观明了，而且交互性强，能够大大增强学生的参与感。

3．Animate

Animate 是 Adobe 公司旗下的一款功能强大的动画制作软件。它可以将音频、视频、动画和富有新意的界面融合在一起，制作出高品质的动态效果，广泛应用于网页广告、网络动画、多媒体教学和游戏设计等领域。

4．几何画板

几何画板不仅支持利用圆规、直尺等工具精确地绘制几何图形，而且还能进行动态测量和计算。利用几何画板制作的多媒体课件，不仅可以帮助教师直观地展示几何对象的位置关系、运动变化规律，还便于学生在动态的几何图形变化中观察、探索、发现不变的几何规律。几何画板操作简单，主要适用于数学、物理等学科多媒体课件的制作。

1.2　多媒体课件的分类

根据不同的分类标准，可将多媒体课件划分为不同的类型。例如，根据内容和作用的不同，可将多媒体课件分为助教型、助学型、训练与练习型、实验型、资料型和积件型等多媒体课件；根据应用学段的不同，可将多媒体课件分为幼儿园、小学、中学和大学等多媒体课件；根据使用方式的不同，可将多媒体课件分为课堂演示型、自主学习型、教学游戏型、模拟实验型、操作演练型、资料工具型、协作交流型和问题解决型等多媒体课件。下面简单介绍根据使用方式分类的多媒体课件。

多媒体课件的分类

1. 课堂演示型多媒体课件

课堂演示型多媒体课件（见图1-1）主要用于课堂教学，以向学生传授新知识为目标，呈现各种类型的教学内容，如概念、案例、说明等。课堂演示型多媒体课件的主要目的是揭示教学内容的内在规律，将抽象的教学内容用形象、具体的动画等方式呈现出来。

2. 自主学习型多媒体课件

自主学习型多媒体课件通过提供丰富的学习材料、多样化的学习活动，支持学生进行个性化自主学习。目前较为流行的网络型课件大多数属于自主学习型多媒体课件。

3. 教学游戏型多媒体课件

教学游戏型多媒体课件（见图1-2）以游戏的形式呈现教学内容，能极大地激发学生的学习兴趣，让学生在愉悦的氛围中轻松掌握学科知识。此外，教学游戏型多媒体课件适用于教学过程的多个阶段，特别适合以学生为主体的发现式学习模式。

图1-1 课堂演示型多媒体课件

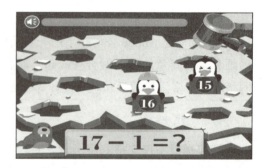

图1-2 教学游戏型多媒体课件

4. 模拟实验型多媒体课件

模拟实验型多媒体课件是利用计算机技术来模拟真实的现象，使学生可以在接近真实的情境中扮演角色进行模拟操作与决策，并观察事物演变的过程与结果，从而深入理解现象的本质。

5. 操作演练型多媒体课件

操作演练型多媒体课件是按照一定的规则不断向学生提出问题，当学生回答完毕后，课件会针对回答情况给予相应反馈，直至达到预期的要求或满足预先设定的条件（如时间或次数用完）才结束。这种即时反馈机制不仅能有效强化教学内容，还能让学生及时了解自己的学习进度和成效，从而激发他们的学习动力。

6. 资料工具型多媒体课件

资料工具型多媒体课件实质上是某一课程或领域的知识库，它汇集了大量的教学资料，可供学生课余时间进行检索和浏览，以拓宽知识面。这类课件通常包含各种电子工具书、图形、动画库等教学资源，能够满足学生多样化的学习需求。

7. 协作交流型多媒体课件

协作交流型多媒体课件是基于网络的 CAI（计算机辅助教学）课件，它可以通过网络传递教学和学习信息。在特定的网络环境中，学生可以自由表达个人观点，也可以与同学、老师深入交流与协作，这不仅有利于学生熟练掌握相关知识、深化理解不同观点，还能培养学生的学习能力和团队合作精神。

8. 问题解决型多媒体课件

问题解决型多媒体课件将知识点融入特定情境中，从而间接、潜移默化地影响学生。这类课件以学生为中心创造学习情境，在整个学习过程中，学生可以通过不断练习来强化知识和技能。

1.3　多媒体课件的制作原则

在制作多媒体课件时，必须遵循一系列原则，才能确保课件切实地为教学服务，进而提升教学质量和教学效率。同时，这一系列原则不仅是课件制作的指导方针，也是评估课件设计与制作质量的标准。具体来说，多媒体课件的制作原则包括科学性与教育性、交互性与多样性、结构性与整体性、美观性与实用性、稳定性与可扩充性、网络化与共享性。

1.3.1　科学性与教育性

制作多媒体课件的核心目的是进行教学和演示，因此多媒体课件必须遵循科学性与教育性原则，具体可参考以下几项要求。

（1）多媒体课件中不得出现知识和技能方面的错误，避免学生对教学内容产生误解。

（2）多媒体课件的表现形式、所涉及的素材（如文本、图片、音频、视频等）和模拟的内容，应符合科学规律。

（3）多媒体课件所表达的内容应符合现代教育理念。

（4）应根据课程内容和学生的身心特点来设计与制作多媒体课件。

（5）多媒体课件要有明确的教学目的，教学内容的深度和广度要恰当。

（6）多媒体课件要突出重点和难点内容，以便于学生快速理解和掌握相关知识。

1.3.2 交互性与多样性

与传统课件相比，多媒体课件具有交互性与多样性两大特征。在制作多媒体课件时，应充分利用交互功能，对学生的操作或回答进行反馈，不断帮助和鼓励学生深入学习，进一步激发学生的创造力。同时，还应充分、合理运用多种媒体元素（如文本、图片、音频、视频、动画等）来丰富课件的表现力，吸引学生积极参与教学活动，激发学生的学习兴趣。

1.3.3 结构性与整体性

良好的多媒体课件结构，对于教师的操作和学生的学习都是非常有益的。因此，在设计与制作多媒体课件时，应遵循结构性与整体性原则，考虑清楚课件要分成几个部分，每个部分有哪些分支，各个部分之间又是怎样联系的，以确保知识信息的呈现符合学生的认知规律和知识体系的内在联系。

1.3.4 美观性与实用性

美观性与实用性是衡量多媒体课件质量的重要标准，制作多媒体课件时既不能过于追求美观性导致华而不实，也不能过于朴素导致无法吸引学生的注意力。在确保能够有效传达知识信息的基础上，制作具有美观性与实用性的多媒体课件可参考以下几条标准。

（1）文字简洁、表达流畅，符合大众的阅读习惯。

（2）字体选择得当、大小合适，文字颜色和背景颜色对比明显。

（3）形状、图片使用得当、处理细致、大小适中、排版合理。

（4）动画使用得当、表达含义清晰、动作连贯。

（5）边界、边框规划合理且尽量保持前后一致。

（6）提示和帮助信息使用得当，并能起到良好的指引作用。

（7）菜单和按钮的设计美观大方、位置合理、作用明确。

1.3.5 稳定性与可扩充性

课件的核心功能是向观众进行演示，因此为了确保多媒体课件在演示过程中能够持续、可靠地运行，不出现错误、崩溃或非正常退出的现象，在课件制作完成后要进行反复测试，以确保其稳定性。此外，在制作多媒体课件时应充分考虑课件的可扩充性，以便教师能跟随时代的发展或课程的更新来增加或修改课件内容。

1.3.6 网络化与共享性

网络型课件打破了传统单机型课件在时间和空间上的限制，可以更方便、快捷地进行资源共享和整合。因此，在设计与制作多媒体课件时应顺应网络的发展，遵循网络化与共享性原则，以促进教育资源的交流与共享，为教师和学生提供更多的选择和可能。

1.4 幼儿园多媒体课件概述

1.4.1 幼儿的思维特点

幼儿的思维特点主要包括具体性、形象性、单维性、单向性和主次不分。

1. 具体性

幼儿的思维具有很强的具体性，他们往往通过具体的事物进行思考，而难以进行抽象的思维活动。例如，提及"建筑物"这个词时，幼儿可能无法理解，但是如果改为"房子"，他们就能更快地理解和接受。又如，如果老师说："请觉得热的小朋友脱掉外套。"这种情况下幼儿的反应并不明显，但是如果老师说："明明，请把你的外套脱掉。"那么明明就能理解并做出反应。这是因为，"觉得热的小朋友"是抽象的概念，而"明明"是某个人，是具体的概念。

2. 形象性

幼儿的思维往往依赖于脑海中的形象。这些形象可能是他们直接感知到的物体的形状、颜色、声音等特征，也可能是通过语言描述、故事讲述等方式在脑海中形成的。例如，当幼儿听到"爷爷"这个词时，他们的脑海中往往是"白发苍苍，留着胡子，挂着拐杖"的老人形象；听到"兔子"这个词时，他们的脑海中往往是"蹦蹦跳跳，喜欢吃胡萝卜"的动物形象。

3. 单维性

幼儿的思维往往是单维的，即他们只能从一个角度或维度去思考和解决问题，缺乏综合和多角度的思考能力，容易对事物的理解和判断出现偏差或错误。例如，当向一个矮而宽的杯子和一个高而窄的杯子中倒入等量的水时，一些幼儿认为矮而宽的杯子中盛放的水多，一些幼儿认为高而窄的杯子中盛放的水多。这是因为幼儿只能通过宽度或高度一个角度去思考问题，而无法综合、全面地分析问题。

4．单向性

幼儿的思维还具有单向性的特点，即他们只能从一个方向去思考和解决问题，缺乏逆向思维的能力。例如，在教给幼儿 $1+1=2$ 之后，他们并不能快速理解 $2-1=1$，这是因为幼儿只能从左到右进行计算，而无法从右到左进行逆向推理。

5．主次不分

幼儿在思考和表达时，常常难以区分事物的主要和次要方面，他们可能会忽略问题的核心内容，而过分关注一些次要或无关紧要的细节。例如，当妈妈询问幼儿"你是和小朋友发生冲突了吗？怎么丢了两颗牙齿？"时，幼儿可能解释说"牙齿没有丢，而是放在了口袋里"。可见，幼儿并没有理解妈妈的意思，妈妈是想确认他是否和小朋友发生了冲突还受到了伤害，而幼儿关注的却是牙齿没有丢失。

1.4.2 幼儿园多媒体课件的设计原则

基于幼儿的思维特点，在遵循多媒体课件制作原则的基础上，设计幼儿园多媒体课件时，还需要注重课件的趣味性、形象化和互动性，以确保课件既富有教育意义又极具吸引力。具体来说，幼儿园多媒体课件的设计原则包括童趣性、少字化、具体化、简洁性、留白、统一性、主题突出等。

（1）童趣性原则。

幼儿园多媒体课件的教学对象是幼儿，因此具有童趣性是其基本要求。幼儿大多喜欢看动画片，喜欢色彩丰富的画面，喜欢有节奏的韵律等。因此，在设计与制作幼儿园多媒体课件时，可将幼儿喜爱的内容融入其中，使课件成为幼儿学习过程中的好伙伴，激发幼儿主动探索与学习的兴趣。

（2）少字化原则。

在《3～6岁儿童学习与发展指南》中，幼儿园小班、中班、大班对文字的认知要求都不是很高，也就是说，幼儿的识字量是有限的。因此，在设计与制作幼儿园多媒体课件时，应尽可能少地出现文字，尽量采用图片、音频、视频、动画等直观元素传达信息，使教学内容更加易于幼儿理解和接受，如图1-3所示。

（3）具体化原则。

基于幼儿具体性和形象性的思维特点，在设计与制作幼儿园多媒体课件时，应减少抽象概念的使用，尽量使用具体、形象的主题图片，以加深幼儿对主题的印象。

（4）简洁性原则。

幼儿很难长时间集中注意力，且对复杂信息的处理能力十分有限。如果一个界面中有多个视觉中心，就可能导致幼儿注意力分散，影响教学效果。因此，幼儿园多媒体课件的设计应以简洁为重要原则，通过控制字体类型、字体颜色、单张幻灯片上的内容数量等，尽量保持每张幻灯片上只有一个视觉中心。

（5）留白原则。

留白是在遵循简洁性原则的基础上，使界面中的内容疏密有致、条理清晰，避免出现"满"和"挤"的情况。需要注意的是，留白是指界面中没有过多教学内容信息，并不是什么都没有，使用相对统一的背景、图片等也可以视为留白。

（6）统一性原则。

在设计与制作幼儿园多媒体课件时，应保持各元素位置、形式的相对统一，如课件标题的位置、按钮的位置、对象外观、操作方式等，以增强课件的整体协调性与专业性。统一的设计可以让幼儿猜到课件后面出现的内容会是什么形式，便于幼儿理解和接受。在课件中适当引入一些变化元素，也可增添课件的新颖性与趣味性。

（7）主题突出原则。

幼儿园多媒体课件的主界面应当突出其主题，使得幼儿能够通过主界面中的图片等元素猜测出活动的主题。需要注意的是，幼儿的识字量有限，所以课件主界面应尽量安排与主题相关的图片或其他元素，而不能只有文字，如图 1-4 所示。

图 1-3　少字化原则

图 1-4　主题突出原则

1.4.3　幼儿园多媒体课件的设计思路

在设计与制作幼儿园多媒体课件时，要清晰地展现出教师的教学思路，并确保这一思路符合不同年龄段幼儿的认知特点和不同领域活动的目标。由实际教学过程可以发现，幼儿园多媒体课件的内容通常包括导入环节、学习环节、巩固环节和拓展环节，每个环节都有其独特的作用和设计思路。

幼儿园多媒体课件的
设计思路

1. 导入环节

导入环节是教学活动的开始，设计精巧的导入环节能够迅速吸引幼儿的注意力，激发幼儿参与活动的兴趣和探索未知的好奇心，为整个教学过程提供一个良好的开端。在设计与制作幼儿园多媒体课件时，可以使用以下几种导入方式。

（1）直入式导入。

直入式导入就是开门见山直接导入教学内容。例如，在语言领域活动课件"龟兔赛跑"中，可直接播放龟兔赛跑的视频，让幼儿通过观看视频了解故事梗概，明确故事主角。有了这一基础，教师再对故事加以讲解，就能深化幼儿对故事寓意的理解，促进幼儿对故事主角精神品质的认同及故事道理的领悟。

（2）故事式导入。

故事式导入就是通过播放与活动主题紧密相关的动画故事，将幼儿带入故事情境中，让幼儿在故事情境中进行主动学习。例如，在健康领域活动课件"保护牙齿"中，通过播放动画故事"明明的牙齿历险记"，让幼儿知道牙齿是需要保护的。此时，教师再进一步讲解保护牙齿的正确方法，幼儿因担心自己的牙齿被"牙虫"吃掉，就会更加专注地听讲，从而达到事半功倍的活动效果。

（3）谜语式导入。

谜语式导入是利用谜语概括事物的主要特征，以激发幼儿的好奇心与探索欲。例如，在科学领域活动课件"可爱的小白兔"中，可播放谜语"耳朵长，尾巴短，白毛衫，三瓣嘴儿，胆子小，青菜萝卜吃个饱"，并配以小白兔的局部特征，如"红眼睛""短尾巴""长耳朵""三瓣嘴"等，通过听觉与视觉的双重刺激，加深幼儿对小白兔特征的印象。

（4）谈话式导入。

谈话式导入可以幼儿喜爱的角色为主角，模拟其与幼儿的对话场景，如展示小花猫形象，并由小花猫向幼儿提出"小朋友，你们坐过船吗""你们知道船是怎样行驶的吗"等一系列问题。这一方式能够有效吸引幼儿注意力，激发幼儿参与讨论的积极性，为教学活动营造良好的氛围。

（5）悬念式导入。

悬念式导入通过设置悬念或疑问，激发幼儿的好奇心与求知欲，培养其主动探索的精神。例如，在科学领域活动课件"动物的尾巴"中，可展示动物奔跑及其尾巴摆动的动画，让幼儿观察不同动物尾巴的特点，思考不同动物尾巴的作用，并引导他们通过一定的方法主动探索答案，最终实现活动目标。

（6）表演式导入。

表演式导入通过小品、舞蹈、儿歌等多种形式导入教学内容，可为幼儿提供丰富的感官体验，让他们更好地融入故事情境。这种导入方式通常借助课件播放音乐，由教师或幼儿进行内容演绎。

（7）演示式导入。

演示式导入借助图片、视频、动画等媒体元素展示某些无法现场演示的情境，如"着火了""地震了"等，使抽象的概念变得生动具体，帮助幼儿理解相应的教学内容。

2．学习环节

学习环节是教学活动的核心部分，旨在帮助幼儿理解和掌握新知识或新技能。在设计与制作幼儿园多媒体课件的学习环节时，可以借助以下几种学习方法。

（1）观察法。

观察法是指教师有目的、有计划地组织和启发幼儿运用多种感官，去感知客观世界的事物，使幼儿获得具体的印象，并在此基础上逐步形成抽象概念的一种方法。

传统的观察法是让幼儿通过眼睛看、鼻子闻、耳朵听、小手摸等方式进行实物观察，但有些实物是无法近距离观察，或无法看到其内部结构的，此时就可以借助多媒体课件进行展示，不仅能让幼儿观察得更加仔细，还能使幼儿的观察范围更加广泛，观察物种更加多样，以便幼儿多层次、多角度地认知事物。

（2）操作法。

操作法是通过为幼儿提供合适的材料、教具、环境，让幼儿在动手实践中进行探索，以获得感性经验和逻辑知识的方法。随着信息技术的发展，很多操作也可以在多媒体课件中完成。例如，在科学领域活动课件"你好，小树叶！"中，可以为幼儿提供从网络中收集的各类树叶图片，让幼儿在虚拟环境中自由拼贴成各种图形，这样既丰富了教学资源，同时又节约了实物准备的成本与时间。

（3）倾听法。

倾听法是最基本、最常用的一种学习方法，但是对于很难长时间集中注意力的幼儿来说，这也是一种比较难实施的学习方法。为此，借助多媒体课件，教师可提前准备多种声音与动画效果，创造生动多变的故事情境，使讲述更加引人入胜。这不仅有助于集中幼儿注意力，还能减轻教师单一讲述的负担，提升教学互动性。

（4）模仿法。

对幼儿来说，模仿是他们认知和接受事物最直接的方式。模仿一个事物前要对这个事物有足够的了解，这样幼儿的模仿才能更加到位，认知才能更加深刻。例如，利用多媒体课件展示大猩猩的各种表情和动作，让幼儿仔细观察后再模仿，可以强化幼儿对大猩猩的认知，从而提高模仿的准确性和表现力。

（5）游戏法。

游戏法是将抽象的知识寓于幼儿感兴趣的游戏中，让幼儿在游戏中学习知识的方法。例如，在社会领域活动课件"有趣的十二生肖"中，安排了对生肖进行排序的游戏，使幼儿在轻松愉快的氛围中对生肖有更进一步的了解，实现寓教于乐。

3．巩固环节

对于幼儿来说，如果对学过的知识和技能不进行运用和强调，他们很快就会忘记。巩固环节旨在通过练习和反馈，帮助幼儿巩固所学知识和技能。在设计与制作幼儿园多媒体课件的巩固环节时，可使用以下几种形式。

（1）判断和选择。

判断和选择形式可考查幼儿对知识掌握的准确性，加深幼儿对知识的印象，尤其适用于健康、社会、科学等探究和认知活动较多的领域。例如，在健康领域活动课件"遇到火灾怎么办"中，可展示不同的逃生方法，让幼儿自主判断并选择，当幼儿回答正确时，即时给予肯定和夸奖，如播放"你真棒"音频或弹出点赞图标；当幼儿回答错误时，则给予鼓励性提示，如播放"继续努力"音频或弹出加油的表情图片。

（2）连线。

连线形式可以强化幼儿对事物关联性与完整性的理解。例如，在科学领域活动课件"动物的尾巴"中，设置连线题目，要求幼儿将动物的身体与对应的尾巴相连，这个环节需要幼儿对动物的完整性有一定的认知，并且能够通过观察颜色、形状等做出正确的选择，必要时教师也可适当引导。

（3）寻找。

寻找形式是利用幼儿的好奇心，让幼儿在探索中巩固对事物特点、作用等的认知。例如，在科学领域活动课件"图形变变变"中，可基于绘本《吃了魔法药的哈哈阿姨》中的图形元素，展示现实生活中的物品，让幼儿按照教师的指令去寻找身边与展示物品图形相似的物品，并简要描述其特征，从而在实践操作中巩固幼儿对图形的认知。

（4）游戏。

游戏是幼儿最喜欢的活动形式，能够让幼儿在愉悦的氛围中轻松掌握知识和技能，各个领域的活动课件都可以采用游戏形式进行知识巩固。例如，在健康领域活动课件"送小动物回家"中，设计游戏让幼儿送不同的小动物回家，加深幼儿对不同习性的动物及其生存环境的认知。这种形式不仅寓教于乐，还能激发幼儿的学习兴趣和参与热情，有效促进幼儿对知识的理解与应用。

4．拓展环节

拓展环节可以在幼儿掌握一定知识的基础上，通过引入与主题相关的更广泛的知识或技能，进一步拓宽幼儿的视野，培养幼儿的创新思维和实践能力。例如，在幼儿园多媒体课件的最后可以利用幼儿的兴趣点进行拓展，如展示特色景点、介绍有趣的科学现象等，引导幼儿进行主动探索和简单创作等，进一步深化与拓展幼儿的学习兴趣与经验。

课堂实训：优秀多媒体课件赏析

多媒体课件的优劣并没有固定的评判标准，只要在整体上遵循科学性、教育性、交互性、美观性、实用性等原则即可。下面赏析一份优秀的多媒体课件"春天在哪里"（效果可参见本书配套素材"素材与实例"/"第1章"/"春天在哪里"），如图1-5所示。

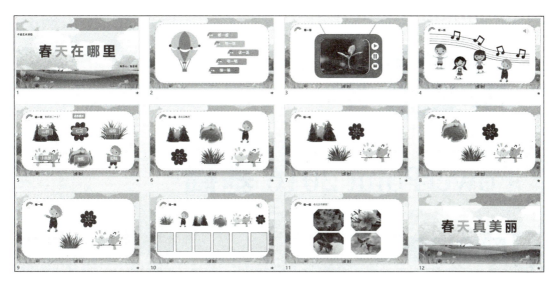

图 1-5　多媒体课件"春天在哪里"效果

　　该课件紧密围绕中班艺术领域的教学目标，通过丰富多彩、视听结合的多媒体元素，如高清图片、生动视频、幼儿歌曲及互动游戏等，直观展示知识要点，有效激发幼儿的学习兴趣。同时，课件在视觉呈现上采用了卡通风格，色彩鲜艳、对比鲜明，符合幼儿对色彩敏感、偏好明亮色调的特点，且课件界面简洁、灵活性强，能够较好地服务于教学活动。

　　此外，该课件内容按照"导入→学习→巩固→拓展"的逻辑顺序展开，符合幼儿的心理和认知特点，有助于幼儿逐步深入地理解和掌握所学内容。

　　（1）在"看一看"环节中，使用生动的视频引出主题，吸引幼儿的注意力，激发幼儿参与活动的兴趣。

　　（2）在"听一听"环节中，让幼儿聆听与主题相关的歌曲，使幼儿在轻松愉快的氛围中熟悉歌曲的旋律和内容。同时，在"说一说"环节中，让幼儿回答关于歌曲内容的问题，如"你听到了什么？""春天在哪里？"，并利用图片帮助幼儿理解歌曲结构、增强记忆。

　　（3）在"唱一唱"环节中，让幼儿反复学唱，帮助幼儿进一步熟悉歌曲旋律和内容。同时，设计跟唱和图片排序游戏，丰富幼儿的艺术体验，让幼儿在愉悦的氛围中巩固所学知识，寓教于乐。

　　（4）在"编一编"环节中，让幼儿分享自己创作的关于春天的新歌曲，加深幼儿对春天的认识和情感，激发幼儿对大自然的热爱之情，培养幼儿的感受力、想象力、创造力及表达能力。

　　综上所述，多媒体课件"春天在哪里"称得上一份优秀的幼儿园多媒体课件，它集教育性、趣味性、互动性和创新性于一体，充分体现了多媒体技术在幼儿教育中的优势，能够为幼儿提供一个丰富多彩、互动性强、高效便捷的学习环境。

第 2 章

PowerPoint 2016 基础

本章导读

凭借直观性、互动性和易操作性三大优势，PowerPoint 已经成为制作多媒体课件最常用的软件之一。因此，熟练使用 PowerPoint 制作多媒体课件，已经成为广大教育工作者特别是幼儿教师的必备技能。

本章以 PowerPoint 2016 为蓝本，介绍制作演示文稿的基本操作，旨在为后续制作生动有趣的幼儿园多媒体课件奠定坚实的基础。

学习目标

知识目标

- 了解演示文稿的组成及制作流程。
- 熟悉 PowerPoint 2016 的工作界面和演示文稿、幻灯片的基本操作。
- 了解幻灯片的版式、母版、主题与背景的作用，并掌握幻灯片的界面设计。
- 掌握在幻灯片中输入、编辑与美化文本的操作。
- 掌握在幻灯片中插入和编辑图片、形状、SmartArt 图形、音频、视频等的操作。
- 掌握设置演示文稿动画和交互效果的操作。
- 掌握放映和输出演示文稿的操作。

能力目标

- 能够设置幻灯片母版，并合理使用幻灯片版式。
- 能够利用占位符、文本框在幻灯片中输入文本。
- 能够在幻灯片中合理使用图片、形状、SmartArt 图形、音频、视频等。
- 能够设置演示文稿的动画和交互效果，并正确放映演示文稿。

素质目标

- 提高多媒体信息处理能力，学会运用数字化资源和工具解决实际问题。
- 培养创造力和想象力，提升审美水平和艺术修养。

2.1 认识演示文稿

演示文稿是利用 PowerPoint 制作出来的融合了多种媒体元素的文件，它具有丰富的表现力和良好的交互性，能够将信息生动、直观地传达给观众。因此，演示文稿广泛应用于教育、商务、科研、政府和公共事务、社交娱乐等领域。

2.1.1 演示文稿的组成

一个完整的演示文稿通常包括封面页、导航页、内容页和封底页，如图 2-1 所示。

（a）封面页

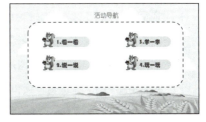
（b）导航页

（c）内容页

（d）封底页

图 2-1　演示文稿的组成

（1）封面页。封面页为演示文稿的第一张幻灯片，通常包含演示文稿的主标题、副标题、制作人和日期等。封面页应该简洁明了，主题突出，所包含的元素不要过于拥挤。

（2）导航页。导航页通常使用简洁的文字和图标列出演示文稿的主要内容，方便观众了解整个演示文稿的结构。

（3）内容页。内容页是演示文稿的主要部分，用于详细展示演示文稿的内容。通常，内容页会列出与演示文稿主题或导航页相关的标题和文本，方便观众对演示文稿所讲内容进行深入了解。

（4）封底页。封底页为演示文稿的最后一张幻灯片，通常会在其中添加一些用于表明演示文稿结束的文本，如"谢谢观看""再见"等。

> **提 示**
>
> 当演示文稿内容较多时，还可为其添加过渡页，让观众明确上一部分内容已经结束，下一部分内容即将开始，使两部分内容巧妙过渡、衔接自然。

2.1.2 演示文稿的制作流程

演示文稿的制作流程通常包括界面设计、内容设计、交互动画设计和放映四个步骤，如图2-2所示。

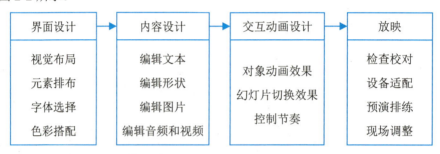

界面设计	内容设计	交互动画设计	放映
视觉布局 元素排布 字体选择 色彩搭配	编辑文本 编辑形状 编辑图片 编辑音频和视频	对象动画效果 幻灯片切换效果 控制节奏	检查校对 设备适配 预演排练 现场调整

图2-2 演示文稿的制作流程

1. 界面设计

演示文稿的界面设计是指针对演示文稿整体的视觉布局、元素排布、字体选择、色彩搭配等，这一过程旨在有效组织和安排视觉元素，进而提升演示文稿的视觉效果和信息传达效率。

2. 内容设计

演示文稿的内容设计是演示文稿制作的核心部分，主要包括编辑文本、形状、图片、音频和视频等。演示文稿内容设计的目标是通过多样化的展现形式，使演示文稿能够更加有效地传达信息。

3. 交互动画设计

演示文稿的交互动画设计是指在演示文稿中融入动画和交互效果，以增强演示文稿的吸引力和互动性，这一过程使得演示文稿不再是静态的内容展示，而是通过动画和交互效果来引导观众的互动和思考。

4. 放映

演示文稿的放映是在完成演示文稿的内容制作后，通过特定的软件（如 PowerPoint 2016）将其内容在屏幕上展示出来的过程，这一过程可对前三个步骤的效果进行检查校对，以确认是否满足要求。

> **提 示**
>
> 　　用户在实际制作演示文稿时，可根据具体需求对制作流程进行适当调整和创新，其中最重要的是要保持演示文稿整体风格统一、主题明确，以使整个演示文稿看起来更加专业和有吸引力。

2.2　PowerPoint 2016 使用基础

2.2.1　PowerPoint 2016 工作界面

　　启动 PowerPoint 2016 并新建空白演示文稿后，即可进入其工作界面，其中默认包含一张含标题占位符和副标题占位符的空白幻灯片，如图 2-3 所示。

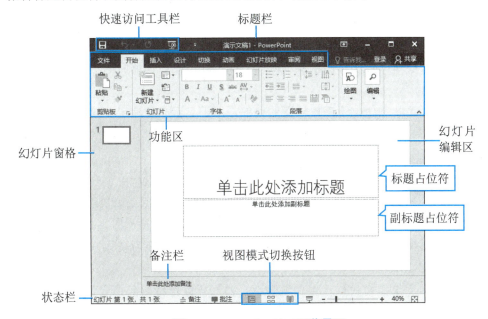

图 2-3　PowerPoint 2016 工作界面

　　（1）快速访问工具栏。快速访问工具栏用于放置一些在制作演示文稿时使用频率较高的命令按钮。默认情况下，该工具栏中包含了"保存"按钮 、"撤销"按钮 、"重复"按钮 和"从头开始"按钮 。如果需要在快速访问工具栏中添加其他按钮，可以单击其右侧的 下拉按钮，在展开的下拉列表中选择所需选项即可。

　　（2）标题栏。标题栏位于工作界面的顶端，其中显示了当前编辑的演示文稿名称、程序名称和窗口控制按钮 等，单击三个窗口控制按钮，可分别将窗口最小化、最大化（还原）和关闭。

（3）功能区。功能区以选项卡的方式分类放置制作演示文稿时所需的命令。单击不同的选项卡标签，可切换功能区中显示的命令。在每个选项卡中，命令又被分类放置在不同的组（以竖线分隔）中。某些组的右下角有一个对话框启动器按钮，单击该按钮可打开与该组命令相关的对话框或任务窗格。

（4）幻灯片编辑区。幻灯片编辑区是编辑幻灯片的主要区域，可在其中为当前幻灯片添加文本、图片、形状、音频和视频等，还可为幻灯片中的对象设置超链接或动画效果等。

高手点拨

　　幻灯片编辑区中带有虚线边框的编辑框称为占位符，在其中可输入标题文本（标题占位符）、副标题文本（副标题占位符）、正文文本（文本占位符），或插入表格、图表和图片（内容占位符）等对象。需要注意的是，幻灯片版式不同，占位符的类型和位置也不同。

（5）幻灯片窗格。幻灯片窗格中显示了幻灯片的缩略图，单击某张幻灯片的缩略图可选中该幻灯片，同时能够在右侧的幻灯片编辑区编辑该幻灯片的内容。

（6）备注栏。备注栏用于为幻灯片添加一些备注内容。在放映演示文稿时，观众看不到备注栏中的信息。

（7）状态栏。状态栏位于工作界面的底部，用于显示当前演示文稿的一些信息，如当前幻灯片的序号、幻灯片总张数等。此外，状态栏中还提供了用于切换视图模式的按钮，以及用于调整视图显示比例的滑块等。

高手点拨

　　PowerPoint 2016 提供了普通视图、大纲视图、幻灯片浏览视图、备注页视图和阅读视图 5 种视图模式（在"视图"选项卡中可以看到这 5 种视图模式）。其中，普通视图是 PowerPoint 2016 默认的视图模式，主要用于制作演示文稿；大纲视图用于查看幻灯片中的标题和文本；在幻灯片浏览视图中，幻灯片以缩略图的形式显示，从而方便用户浏览演示文稿的整体效果；备注页视图用于显示和编辑备注内容；阅读视图以窗口的形式展示演示文稿的放映效果。

2.2.2　演示文稿的基本操作

演示文稿的基本操作包括新建和保存演示文稿等。

1. 新建演示文稿

选择"开始"/"PowerPoint 2016"选项，或双击桌面上的 PowerPoint 2016 快捷方式

图标（若存在）启动 PowerPoint 2016，然后在打开的界面中选择"空白演示文稿"选项（见图 2-4），即可新建一个空白演示文稿。此时，如果需要继续新建空白演示文稿，可直接按"Ctrl+N"组合键；也可单击 PowerPoint 2016 工作界面的"文件"按钮，在展开的列表中选择"新建"选项，打开"新建"界面，在界面右侧选择"空白演示文稿"选项。

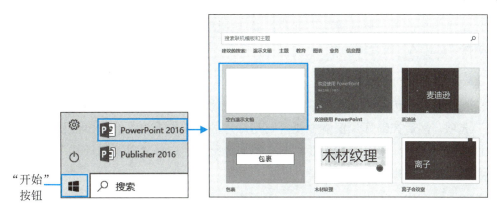

图 2-4　新建空白演示文稿

2．保存演示文稿

要保存演示文稿，可单击快速访问工具栏中的"保存"按钮🖫，或按"Ctrl+S"组合键，或选择"文件"/"保存"选项。第一次保存演示文稿时，会打开"另存为"界面，在其中选择演示文稿的保存位置并输入演示文稿的名称，单击"保存"按钮，即可保存演示文稿。再次保存演示文稿时，将不会打开"另存为"界面。

如果要将修改后的演示文稿以不同的名称或在不同的位置保存，可选择"文件"/"另存为"选项，在打开的"另存为"界面单击"浏览"按钮，打开"另存为"对话框，参考保存新建演示文稿的操作进行保存即可。

2.2.3　幻灯片的基本操作

幻灯片是演示文稿的基本组成单元，其基本操作包括新建、选择、复制、移动和删除幻灯片。

1．新建幻灯片

在幻灯片窗格中选择幻灯片，然后在"开始"选项卡的"幻灯片"组中单击"新建幻灯片"按钮🖻，或选择幻灯片后按"Enter"键，均可在所选幻灯片之后新建一张幻灯片。如果选择幻灯片后单击"新建幻灯片"下拉按钮▾，在展开的下拉列表中选择所需版式，可新建一张所选版式的幻灯片。

2．选择幻灯片

要选择单张幻灯片，可直接在幻灯片窗格中单击该幻灯片；要选择连续的多张幻灯片，可首先在幻灯片窗格中单击要选择的第 1 张幻灯片，然后在按住"Shift"键的同时单击要选择的最后一张幻灯片；要选择不连续的多张幻灯片，可在按住"Ctrl"键的同时在幻灯片窗格中依次单击要选择的幻灯片；要选择演示文稿中的所有幻灯片，可在幻灯片窗格中按"Ctrl+A"组合键。

3．复制幻灯片

要复制幻灯片，可在幻灯片窗格中右击要复制的幻灯片，在弹出的快捷菜单中选择"复制"选项，然后在幻灯片窗格中要复制幻灯片的位置右击，并在弹出的快捷菜单中选择一种粘贴方式。如果在某张幻灯片的右键快捷菜单中选择"复制幻灯片"选项，则可在所选幻灯片之后复制该张幻灯片。

4．移动幻灯片

要移动幻灯片，可在幻灯片窗格中选择要移动的幻灯片，然后将其拖到目标位置。

5．删除幻灯片

要删除幻灯片，可在幻灯片窗格中选择要删除的幻灯片并按"Delete"键，或右击所选幻灯片，在弹出的快捷菜单中选择"删除幻灯片"选项。

2.3　幻灯片的界面设计

幻灯片的界面设计是演示文稿界面设计的具体实现，通常涉及设置幻灯片版式、设置幻灯片母版、设置幻灯片主题和设置幻灯片背景 4 个方面。

2.3.1　设置幻灯片版式

幻灯片版式主要通过占位符来规划幻灯片中各元素的布局，选择符合自身需要的版式，在其规划好的占位符中输入文本或插入对象，即可快速制作出符合要求的幻灯片。若要更改当前幻灯片的版式，可在"开始"选项卡的"幻灯片"组中单击"版式"下拉按钮 ，在展开的下拉列表中重新选择一种版式。

2.3.2　设置幻灯片母版

幻灯片母版用于存储有关演示文稿主题和幻灯片版式的信息，包括背景、颜色、字体、效果、占位符的大小和位置等。幻灯片母版影响整个演示文稿的外观，因此经常利用它统一设置演示文稿中幻灯片的外观。要设置幻灯片母版，可在"视图"选项卡的

"母版视图"组中单击"幻灯片母版"按钮，进入幻灯片母版视图（见图2-5）并自动打开"幻灯片母版"选项卡，在其中即可进行设置。

图 2-5　幻灯片母版视图

PowerPoint 2016 默认提供了 12 个母版，其中包括 1 个幻灯片母版（Office 主题 幻灯片母版）和 11 个版式母版。幻灯片母版用于设计整体风格，在其中进行的设置将影响当前演示文稿的所有幻灯片。11 个版式母版用于设计各个版式的风格，在其中进行的设置将影响使用了对应版式的幻灯片。将鼠标指针移到母版上方，将显示母版名称及其应用于演示文稿的哪些幻灯片。设置完成后在"幻灯片母版"选项卡的"关闭"组中单击"关闭母版视图"按钮可退出幻灯片母版视图。

2.3.3　设置幻灯片主题

幻灯片主题是指一组预定义的设计元素，包括颜色、字体、背景样式等，用于统一整个演示文稿的外观风格。要为演示文稿应用主题，可在"设计"选项卡的"主题"组中单击"其他"按钮，在展开的列表中选择所需主题，如图2-6所示。选择某个主题后，还可以在"变体"组中选择该主题提供的变体，从而在不改变当前主题风格的前提下更改主题的颜色、背景样式等。

图 2-6　设置幻灯片主题

2.3.4　设置幻灯片背景

演示文稿中的幻灯片默认使用主题规定的背景，用户也可重新为幻灯片设置纯色、渐变色、纹理、图片和图案等背景，使制作的演示文稿更加美观。要设置幻灯片背景，可在"设计"选项卡的"自定义"组中单击"设置背景格式"按钮，打开"设置背景格式"任务窗格，在"填充"选项的"填充"设置区选择一种填充方式并进行设置。

2.4　幻灯片的文本操作

文本是演示文稿中不可或缺的部分，起到说明和引导的作用。文本的使用直接影响着演示文稿中信息的传达效率。

2.4.1　获取文本

在实际应用中，可以采用复制的方式从 Word 文档、网页等中获取文本，也可以利用软件从图片、视频等中提取文本。从图片中提取文本的常用方法有使用腾讯 QQ 软件提取文本、使用 OneNote 软件提取文本等。

（1）使用腾讯 QQ 软件提取文本。

在腾讯 QQ 软件中，将包含所需文本的图片以消息形式发送给任意联系人，然后双击图片查看大图，在图片下方的工具栏中单击"提取文字"按钮，图片右侧窗格中即可显示识别的图片文本。将显示的图片文本复制到可编辑的文档中，以便后续使用。

（2）使用 OneNote 软件提取文本。

在 OneNote 软件中，单击工作界面上方的"创建新分区"按钮新建一个分区，然后将包含所需文本的图片插入新建分区中，右击图片，在弹出的快捷菜单中选择"复制图片中的文本"选项，最后将复制得到的文本粘贴到可编辑的文档中，以便后续使用。

提示

除了以上两种方法，还可以利用专业文字识别软件（如捷速 OCR 文字识别软件）提取图片中的文本。

2.4.2　输入文本

在幻灯片中可利用占位符和文本框输入文本。

（1）要利用占位符输入文本，可单击占位符，然后在其中输入所需文本，最后单击占位符外的任意区域。

（2）要利用文本框输入文本，可在"插入"选项卡的"文本"组中单击"文本框"下拉按钮▼，在展开的下拉列表中选择"横排文本框"选项或"竖排文本框"选项，然后在幻灯片的合适位置单击或按住鼠标左键并拖动绘制文本框，在其中输入所需文本，最后单击文本框外的任意区域。

高手点拨

单击占位符或文本框的边缘可将其选中。选中占位符或文本框后，将鼠标指针移到其四周任意一个控制点上并拖动，可调整其大小；将鼠标指针移到其上方的旋转控制点 ↻ 上并拖动，可调整其旋转角度；将鼠标指针移至其边缘的非控制点区域并拖动，可调整其位置。

2.4.3　编辑与美化文本

要编辑文本，需要选择文本，然后在"开始"选项卡的"字体"组和"段落"组中对其字体、字号、字体颜色、对齐方式、段落间距等进行设置。

要美化文本，需要选择文本框（或占位符），此时 PowerPoint 2016 的功能区会出现"绘图工具　格式"选项卡（见图 2-7），利用该选项卡可以对选择的文本框（或占位符）的形状样式、文本的艺术字样式等进行设置。

图 2-7　"绘图工具　格式"选项卡

此外，在"插入"选项卡的"文本"组中单击"艺术字"下拉按钮▼，在展开的下拉列表中选择所需样式，即可在幻灯片编辑区显示相应的"请在此放置您的文字"艺术字，在其中可输入文本。此时输入的文本自带美化效果，若不满意自带的美化效果，也可在"绘图工具　格式"选项卡中进行设置。

2.5　幻灯片的图片、形状和 SmartArt 图形操作

图片、形状和 SmartArt 图形是演示文稿的重要组成部分。合理使用图片、形状和 SmartArt 图形可使演示文稿的内容更丰富，其观赏性和趣味性也会有所提升。

2.5.1 幻灯片的图片操作

1. 获取图片

制作演示文稿时应尽量选用高质量图片，以提升演示文稿的视觉效果，进而增强演示文稿的吸引力。下面介绍几种常用的图片获取方法。

（1）拍摄图片。

当需要人物、植物、建筑、风景等实物图片时，可以利用手机、相机等数码设备进行拍摄。

（2）从网络上获取图片。

网络上的图片资源非常丰富，因此可以从网络上获取所需图片，获取途径主要包括两种：① 利用搜索引擎（如百度、搜狗、谷歌等）搜索图片关键字，并将满足需求的图片保存下来；② 通过专业的图片素材网站获取图片，如包图网、花瓣网、黑罐头、千库网、觅知网等。

高手点拨

在人工智能（artificial intelligence, AI）时代，利用 AI 技术生成图片已成为日益流行且高效的一种图片获取方式。利用 AI 技术，可以根据图片的主题、风格等需求快速生成特定的图片素材，充分满足了用户的个性化需求，同时有效提高了图片获取效率。

（3）截取图片。

如果想要获取视频、网页或某些软件中的画面作为图片素材，可以利用截图工具（如 Snagit、QQ 截图）进行截屏。需要注意的是，利用截图工具截取图片后，需要将图片以 PNG 或 JPG 等格式存放在某路径下，以便后续使用。此外，还可以利用 PowerPoint 中的屏幕截图功能截取图片。为此，可在"插入"选项卡的"图像"组中单击"屏幕截图"下拉按钮，在展开的下拉列表中选择"屏幕剪辑"选项，然后拖动鼠标截取所需的屏幕范围，此时截取生成的图片会自动复制到当前幻灯片中。

2. 插入图片

（1）插入外部图片。

插入外部图片是指将保存在计算机中的图片插入幻灯片。在"插入"选项卡的"图像"组中单击"图片"按钮，打开"插入图片"对话框，在其中选择需要插入的图片，最后单击"插入"按钮即可插入图片。

（2）插入联机图片。

插入联机图片是指将利用必应搜索引擎搜索到的符合要求的图片插入幻灯片。在

"插入"选项卡的"图像"组中单击"联机图片"按钮，打开"插入图片"对话框，在"必应图像搜索"右侧的编辑框中输入图片关键词，然后单击"搜索必应"按钮🔍，在打开的"联机图片"对话框中选择所需图片，最后单击"插入"按钮即可插入所选图片。

3. 编辑与美化图片

选择图片，此时 PowerPoint 2016 的功能区会出现"图片工具　格式"选项卡（见图 2-8），利用该选项卡可以对选择的图片进行编辑与美化操作，包括设置图片的颜色、艺术效果、样式、对齐方式、大小等。

图 2-8　"图片工具　格式"选项卡

2.5.2　幻灯片的形状操作

1. 插入形状

要在幻灯片中插入形状，可在"插入"选项卡的"插图"组中单击"形状"下拉按钮▾，在展开的下拉列表中选择一种形状，然后在幻灯片中要插入形状的位置单击或使用鼠标拖动的方法绘制形状。

2. 编辑形状

选择形状，此时 PowerPoint 2016 的功能区会出现"绘图工具　格式"选项卡（见图 2-7），利用该选项卡可以对选择的形状进行编辑操作，具体的设置方法与文本框类似。

🖱 高手点拨

右击形状，在弹出的快捷菜单中选择"编辑文字"选项，此时形状中出现闪动的光标，在其中即可输入文本，该操作与在文本框中输入文本相同，且同样可以对形状中的文本进行格式设置。

此外，在幻灯片中绘制两个或多个形状后，可在"绘图工具　格式"选项卡的"插入形状"组中单击"合并形状"下拉按钮▾，在展开的下拉列表中选择所需选项对形状进行布尔运算，从而得到新形状。

2.5.3 幻灯片的 SmartArt 图形操作

1. 插入 SmartArt 图形

要在幻灯片中插入 SmartArt 图形，可在"插入"选项卡的"插图"组中单击"SmartArt"按钮，打开"选择 SmartArt 图形"对话框，在其中选择所需的 SmartArt 图形，然后单击"确定"按钮。此时，会在幻灯片编辑区自动添加相应的 SmartArt 图形。

2. 编辑与美化 SmartArt 图形

选择 SmartArt 图形，此时 PowerPoint 2016 的功能区会出现"SmartArt 工具 设计"选项卡和"SmartArt 工具 格式"选项卡，如图 2-9 所示。利用"SmartArt 工具 设计"选项卡可以为选择的 SmartArt 图形添加形状、更换版式、设置 SmartArt 样式等；利用"SmartArt 工具 格式"选项卡可以对选择的 SmartArt 图形的形状样式、艺术字样式、排列方式、大小等进行设置。

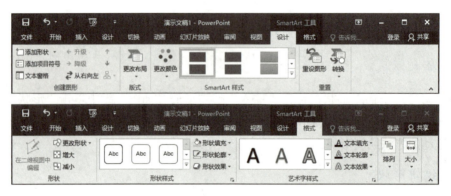

图 2-9 "SmartArt 工具 设计"选项卡和"SmartArt 工具 格式"选项卡

2.6 幻灯片的音频和视频操作

在演示文稿中，添加音频和视频不仅能丰富幻灯片内容的展现形式，还能有效吸引观众的注意力，从而提高演示文稿的吸引力和互动性。

2.6.1 幻灯片的音频操作

1. 获取音频

制作演示文稿时，可以选择合适的音频作为解说或背景音乐等，以帮助演讲者更好地传达信息。下面介绍几种常用的音频获取方法。

（1）从网络上获取音频。

一些背景音乐可以直接从网络上获取，获取音频素材常用的网站有爱给网、淘声网等。

（2）录制音频。

当音频需匹配特定文本或无法从网络上获取时，可以自己录制音频。需要注意的是，录音时需要确保周围环境安静，在条件允许的情况下，可在专业的录音室进行录音，以保证音频的质量。

高手点拨

现如今，AI 音频生成技术已得到广泛应用，它能够在短时间内根据用户的需求（如独特嗓音的旁白、特定风格的背景音乐等）创造出丰富多样的声音和音乐作品。

2. 插入音频

要插入音频，可在"插入"选项卡的"媒体"组中单击"音频"下拉按钮 ▾，在展开的下拉列表中选择"PC 上的音频"选项，打开"插入音频"对话框，在其中选择需要插入的音频，最后单击"插入"按钮。此时，会在幻灯片编辑区添加音频图标。

3. 编辑音频

选择音频图标，此时 PowerPoint 2016 的功能区会出现"音频工具　格式"选项卡和"音频工具　播放"选项卡，如图 2-10 所示。利用"音频工具　格式"选项卡可以对选择的音频图标进行编辑操作，包括设置艺术效果、图片样式、大小等；利用"音频工具　播放"选项卡可以对音频进行编辑操作，包括设置音频的开始时间和结束时间、设置音量、设置音频选项、编辑音频样式等。

图 2-10　"音频工具　格式"选项卡和"音频工具　播放"选项卡

2.6.2 幻灯片的视频操作

1．获取视频

制作演示文稿时，巧妙地使用视频可以更加直观地展示关键内容，使观众更容易理解和接受。下面介绍几种常用的视频获取方法。

（1）从网络上获取视频。

网络上的视频资源非常丰富，因此可以在常见的热门视频网站（如腾讯网、优酷网）上搜索视频，然后将满足需求的视频下载下来。

（2）拍摄视频。

当视频需匹配特定内容或无法从网络上获取时，可以利用手机、相机等数码设备进行拍摄。

((·)) 高手点拨

　　利用 AI 技术生成视频也是获取视频的方法之一。这种方法能够快速为用户提供定制化视频素材，显著提升了视频获取的效率与便捷性。

2．插入视频

要插入视频，可在"插入"选项卡的"媒体"组中单击"视频"下拉按钮 ▼，在展开的下拉列表中选择"PC 上的视频"选项，打开"插入视频文件"对话框，在其中选择需要插入的视频，最后单击"插入"按钮。此时，会在幻灯片编辑区添加相应视频。

3．编辑视频

选择视频，此时 PowerPoint 2016 的功能区会出现"视频工具　格式"选项卡和"视频工具　播放"选项卡，如图 2-11 所示。利用"视频工具　格式"选项卡可以对视频外观进行编辑操作，包括调整颜色、样式、大小等；利用"视频工具　播放"选项卡可以对视频进行编辑操作，包括设置视频的开始时间和结束时间、设置音量、设置视频选项等。

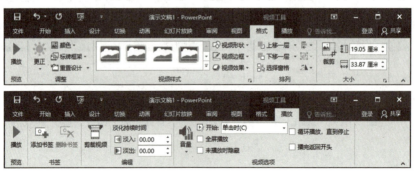

图 2-11　"视频工具　格式"选项卡和"视频工具　播放"选项卡

2.7 演示文稿的动画和交互效果设置

动画效果是演示文稿中不可缺少的部分。制作演示文稿时，添加动画效果不仅可以使演示更加生动有趣，还可以起到强化表达、突出重点、增加互动性的作用。需要注意的是，在制作演示文稿时，应根据实际需求和目标受众的特点，适度、合理使用动画效果，避免分散观众的注意力，以达到最佳的演示效果。

此外，在放映演示文稿的过程中，有时需要进行幻灯片间的跳转或打开其他文件等交互，此时可以通过超链接和动作按钮实现。

2.7.1 设置动画效果

为了使演示文稿的放映更加精彩，用户可以根据需要为幻灯片中的文本、图片和形状等对象设置各种动画效果。其中，进入动画表示对象进入放映界面时的动画效果；强调动画表示为对象设置的用于强调的动画效果；退出动画表示对象离开放映界面时的动画效果；动作路径动画表示让对象在幻灯片中沿着系统定义或用户绘制的路径运动的动画效果。

要设置动画效果，须先选择需设置动画效果的对象，然后在"动画"选项卡的"动画"组中单击"其他"按钮，在展开的列表中选择所需动画效果。为对象设置动画效果后，还可以在"动画"选项卡或"动画窗格"任务窗格中进一步设置动画效果的参数，如开始方式、持续时间等。此外，还可以选择已设置动画效果的对象，在"动画"选项卡的"高级动画"组中单击"添加动画"下拉按钮，在展开的下拉列表中选择所需动画效果，为该对象添加更多的动画效果。

2.7.2 设置触发器动画

触发器动画是 PowerPoint 2016 中实现交互效果的重要手段之一，它允许用户通过单击特定对象来触发预先设定的动作，如播放动画效果、音频、视频等。

要设置触发器动画，须先为需要触发显示的对象添加动画效果，然后选择该动画效果，接着在"动画"选项卡的"高级动画"组中单击"触发"下拉按钮，在展开的下拉列表中选择"单击"子列表中的相应触发器对象（可以是图片、文本框、按钮等）。在"高级动画"组中单击"动画窗格"按钮，会打开"动画窗格"任务窗格，在其中可查看相应的触发器设置。

2.7.3 设置切换效果

幻灯片的切换效果是指放映演示文稿时从一张幻灯片过渡到下一张幻灯片时的动画

效果。默认情况下，各幻灯片之间的切换没有任何效果。

要设置切换效果，可在"切换"选项卡的"切换到此幻灯片"组中单击"其他"按钮，在展开的列表中选择所需切换效果。此外，在"计时"组中还可以控制幻灯片切换的速度，以及添加切换声音等。

2.7.4　设置超链接和动作按钮

1. 设置超链接

超链接是一种内容跳转技术，在放映演示文稿的过程中，当鼠标指针移到超链接对象（文本、图片、形状）上时，鼠标指针会变为 🖑 形状，单击可以跳转到预先设定好的链接目标，如现有文件或网页、本文档中的位置、新建文档或电子邮件地址等。

要为对象添加超链接，可先在幻灯片中选择要添加超链接的对象，然后在"插入"选项卡的"链接"组中单击"超链接"按钮，打开"插入超链接"对话框，在其中设置链接目标，最后单击"确定"按钮。

2. 设置动作按钮

PowerPoint 2016 为用户提供了 12 种不同的动作按钮，这些按钮大多预设了相应的功能，用户只需将其添加到幻灯片中即可使用。在放映演示文稿时，单击相应的按钮，就可以跳转到指定的幻灯片或启动相应应用程序。

要设置动作按钮，可在"插入"选项卡的"插图"组中单击"形状"下拉按钮 ▾，在展开的下拉列表中选择"动作按钮"类别中的相应选项，然后在幻灯片的合适位置单击或按住鼠标左键并拖动绘制动作按钮。绘制完成后会自动弹出"操作设置"对话框，在其中可以设置动作按钮的相关操作，或保持默认设置直接单击"确定"按钮。

2.8　演示文稿的放映和输出

2.8.1　放映演示文稿

根据不同的场所，可以为演示文稿设置不同的放映方式，如由演讲者控制放映、由观众自行浏览、让演示文稿自动放映等。此外，对于每一种放映方式，还可以控制是否循环播放，指定播放哪些幻灯片及确定幻灯片的换片方式等。

要设置演示文稿的放映方式，可单击"幻灯片放映"选项卡"设置"组中的"设置幻灯片放映"按钮，在打开的"设置放映方式"对话框中进行设置。

要放映演示文稿，可在"幻灯片放映"选项卡的"开始放映幻灯片"组单击相应按钮，如"从头开始""从当前幻灯片开始"按钮等。在放映演示文稿的过程中，PowerPoint

2016 会根据用户的设置来切换幻灯片或显示幻灯片中的动画效果。演示文稿放映完毕，可按"Esc"键结束放映。如果想在中途终止放映，也可按"Esc"键。

2.8.2　输出演示文稿

PowerPoint 2016 提供了输出演示文稿的功能，使得演示文稿可以脱离 PowerPoint 程序或在其他计算机中正常播放。

要输出演示文稿，可单击 PowerPoint 2016 工作界面的"文件"按钮，在展开的列表中选择"导出"选项，打开"导出"界面，在其中可选择相应的输出选项。其中，较为常用的是将演示文稿打包成 CD，该方式可以将演示文稿及与其关联的文件、字体等打包，使得制作的演示文稿能够脱离 PowerPoint 程序或在其他计算机中正常播放。

2.9　实战演练：制作演示文稿"遇到火灾怎么办"

1．案例要求

（1）内容要求：根据给定素材文件夹中的素材完成演示文稿设计，确保内容完整。

（2）技术要求：适当处理给定素材文件夹中的图片、音频和视频等素材，合理运用动画效果、动作按钮等技术，以提高演示文稿的吸引力和互动性，确保演示文稿操作简便、运行稳定。

（3）演示文稿效果：放映演示文稿，确认素材选用、界面设计、动画效果设置、动作按钮链接等合理。

制作演示文稿"遇到
火灾怎么办"

2．案例意图

幼儿对周围世界充满好奇，探索欲旺盛，但受限于其年龄特征和认知水平，往往难以准确识别并有效应对潜在的危险，尤其是火灾这类突发性强、后果严重的灾害。

设计演示文稿"遇到火灾怎么办"旨在通过寓教于乐的方式，增强幼儿的安全意识，提高其在紧急情况下的自我保护能力，确保幼儿的身心健康与安全。

（1）安全意识。

通过生动的故事讲述和情景模拟，让幼儿认识到火灾的危害，激发其自我保护的本能，形成"安全第一"意识。

（2）认知发展。

设置"看一看""想一想""学一学"等环节，引导幼儿思考遇到火灾应该如何应对，同时讲解火灾逃生知识，如识别安全出口、拨打火警电话 119 等，帮助他们建立对火灾逃生知识的认知。

（3）问题解决能力。

在"选一选"环节中设置互动问答，检验幼儿对火灾逃生知识的掌握程度，培养幼儿在面对紧急情况时冷静分析、迅速决策的能力。

（4）情绪管理与应对能力。

融入情绪教育，通过展示火灾中人物的情绪变化（如害怕、紧张但保持冷静），引导幼儿学会在紧急情况下管理自己的情绪，保持镇定、不恐慌，从而更有效地采取自救措施或配合他人救援。

3. 案例展示

"遇到火灾怎么办"演示文稿效果如图 2-12 所示。

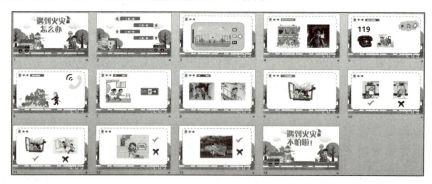

图 2-12　"遇到火灾怎么办"演示文稿效果

4. 案例制作过程

1）设置母版

步骤 1 启动 PowerPoint 2016，在打开的界面中选择"空白演示文稿"选项，新建一个空白演示文稿，然后单击快速访问工具栏中的"保存"按钮，在打开的"另存为"界面中单击"浏览"按钮，打开"另存为"对话框，在其中选择演示文稿的保存位置，并在"文件名"编辑框中输入"遇到火灾怎么办"，最后单击"保存"按钮。

步骤 2 设置幻灯片母版。在"视图"选项卡的"母版视图"组中单击"幻灯片母版"按钮，进入幻灯片母版视图，在左侧窗格中选择"Office 主题 幻灯片母版"选项，然后删除该母版中的标题占位符和文本占位符。

步骤 3 在"插入"选项卡的"图像"组中单击"图片"按钮，打开"插入图片"对话框，选择本书配套素材图片"素材与实例"/"第 2 章"/"遇到火灾怎么办"/"道路"（制作该演示文稿使用的素材均在本书配套素材"素材与实例"/"第 2 章"/"遇到火灾怎么办"文件夹中），单击"插入"按钮，将图片插入幻灯片母版中。

步骤 4 保持"道路"图片的选中状态，向右下方拖动图片右下方的控制点，到幻灯片右侧后释放鼠标，将其宽度设置为与幻灯片的宽度相等，然后在"图片工具 格式"

选项卡的"排列"组中单击"对齐"下拉按钮▼，在展开的下拉列表中选择"底端对齐"选项，使其相对于幻灯片底端对齐。

步骤5 使用同样的方法，在幻灯片母版中插入素材图片"树木""云朵"，然后选择"云朵"图片并将其复制两份，最后调整图片大小及位置，效果如图 2-13 所示。

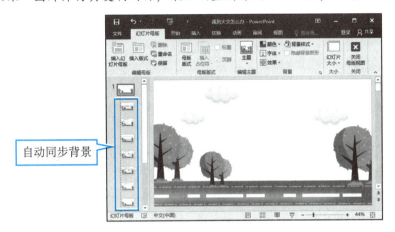

图 2-13 "Office 主题 幻灯片母版"效果

步骤6 设置版式母版。在左侧窗格中右击"仅标题 版式"选项，在弹出的快捷菜单中选择"重命名版式"选项，打开"重命名版式"对话框，在"版式名称"编辑框中更新输入"内容页"，然后单击"重命名"按钮。

步骤7 在左侧窗格中保持"内容页 版式"选项的选中状态，在"插入"选项卡的"插图"组中单击"形状"下拉按钮▼，在展开的下拉列表中选择"矩形"类别中的"圆角矩形"选项，在幻灯片中单击以绘制圆角矩形，然后在"绘图工具 格式"选项卡的"大小"组中单击右下角的对话框启动器按钮▢，打开"设置形状格式"任务窗格，在"形状选项"选项卡"大小与属性"选项的"大小"设置区和"位置"设置区分别设置圆角矩形的大小及位置，参数如图 2-14 所示。

步骤8 保持圆角矩形的选中状态，在"设置形状格式"任务窗格"形状选项"选项卡"填充与线条"选项的"填充"设置区设置填充方式为"纯色填充"，填充颜色为"白色，背景1"；在"线条"设置区设置线条样式为"实线"，线条颜色为 RGB（253，141，119），线条宽度为 5.5 磅，线条复合类型为"由粗到细"，线条类型为"短划线"，如图 2-15 所示。然后向左拖动圆角矩形左上方的黄色控制点，缩小圆角半径，如图 2-16 所示。

步骤9 保持圆角矩形的选中状态，在"绘图工具 格式"选项卡的"排列"组中单击"下移一层"下拉按钮▼，在展开的下拉列表中选择"置于底层"选项。

步骤10 插入素材图片"灭火设备"，然后在"图片工具 格式"选项卡的"大小"组中单击"裁剪"按钮▢，将鼠标指针移到图片右上方的控制点上，待鼠标指针变为┐形状时按住鼠标并向左下方拖动，待仅保留左下方的警灯图形时释放鼠标（见图 2-17），最后单击图片外任意位置，完成图片裁剪。

图 2-14　圆角矩形的大小及位置参数

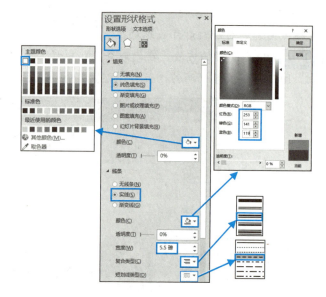

图 2-15　圆角矩形的线条参数

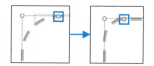

图 2-16　缩小圆角半径

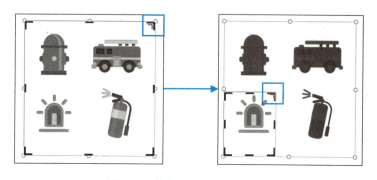

图 2-17　裁剪"灭火设备"图片

步骤 11 选择裁剪得到的警灯图形，在"图片工具　格式"选项卡的"大小"组中设置其高度为 3 厘米、宽度为 2.5 厘米，并将其移到圆角矩形的左上方。

步骤 12 选择标题占位符，在"开始"选项卡的"字体"组中设置文本的格式为方正粗倩简体、24 磅、RGB（249，84，86）、加粗。在"绘图工具　格式"选项卡的"大小"组中设置标题占位符的高度为 1.15 厘米、宽度为 11 厘米，并将其移到警灯图形右侧，如图 2-18 所示。

图 2-18　调整标题占位符的大小和位置

步骤 13 在"插入"选项卡的"插图"组中单击"形状"下拉按钮，在展开的下拉列表中选择"动作按钮"类别中的"动作按钮：后退或前一项"选项，然后在幻灯片的右下方按住鼠标并拖动，绘制所选动作按钮，同时打开"操作设置"对话框，保持默认设置，单击"确定"按钮。

步骤 14 使用同样的方法在幻灯片的右下方绘制"动作按钮：第一张"动作按钮和"动作按钮：前进或下一项"动作按钮，且均保持默认设置。

步骤 15 同时选择 3 个动作按钮，在"绘图工具 格式"选项卡的"大小"组中设置 3 个动作按钮的高度为 1.26 厘米、宽度为 1.3 厘米；在"形状样式"组的"形状填充"下拉列表中选择"其他填充颜色"选项，打开"颜色"对话框，在其中的"自定义"选项卡中设置填充颜色为 RGB（255，209，209），在"形状轮廓"下拉列表中选择"无轮廓"选项，如图 2-19 所示。

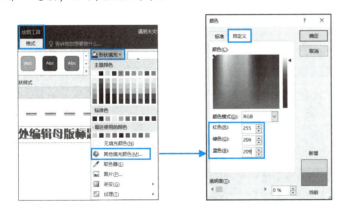
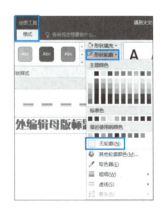

图 2-19　设置动作按钮的样式

步骤 16 保持动作按钮的选中状态，在"绘图工具 格式"选项卡的"排列"组中单击"对齐"下拉按钮，在展开的下拉列表中选择"垂直居中"选项，然后再次单击"对齐"下拉按钮，在展开的下拉列表中选择"横向分布"选项。

步骤 17 在"幻灯片母版"选项卡的"关闭"组中单击"关闭母版视图"按钮，退出幻灯片母版视图。

2）制作封面页和封底页

步骤1 在第1张幻灯片的标题占位符中输入文本"遇到火灾怎么办"，然后选择文本，在"开始"选项卡的"字体"组中设置文本的格式为方正粗倩简体、96磅、RGB（252，120，94），在"绘图工具 格式"选项卡的"大小"组中设置标题占位符的高度为8.46厘米、宽度为15.16厘米，并将其移到幻灯片上方中部位置，最后选择副标题占位符，并按"Delete"键删除。

步骤2 在幻灯片中同时插入素材图片"房屋1""灭火设备""消防员1"，然后复制"灭火设备"图片，并分别裁剪两张"灭火设备"图片，一张保留右上方的消防车图形，一张保留右下方的灭火器图形。

步骤3 同时选择消防车图形和"消防员1"图片，在"图片工具 格式"选项卡的"排列"组中单击"旋转"下拉按钮▾，在展开的下拉列表中选择"水平翻转"选项，最后调整图片大小，并参照图2-20排列图片。

消防车图形的高度为6.45厘米、宽度为8厘米

图2-20　图片排列效果

步骤4 选择标题占位符，在"动画"选项卡的"动画"组中单击"其他"按钮▾，在展开的列表中选择"擦除"选项，然后单击"效果选项"下拉按钮▾，在展开的下拉列表中选择"自顶部"选项，在"计时"组的"开始"下拉列表中选择"与上一动画同时"选项，在"持续时间"编辑框中输入"01.00"，如图2-21所示。

图2-21　设置标题占位符的动画效果

步骤5 使用同样的方法，为灭火器图形设置与上一动画同时播放的弹跳进入动画效果；为消防车图形设置与上一动画同时播放、持续时间1秒、自左侧飞入的进入动画效果；为"消防员1"图片设置与上一动画同时播放、持续时间1秒的淡出进入动画效果。

步骤6 在"插入"选项卡的"媒体"组中单击"音频"下拉按钮▼，在展开的下拉列表中选择"PC上的音频"选项，打开"插入音频"对话框，选择素材音频"音乐"，然后单击"插入"按钮。

步骤7 保持音频图标的选中状态，在"音频工具　播放"选项卡的"音频选项"组的"开始"下拉列表中选择"自动"选项，并勾选"循环播放，直到停止"复选框（见图2-22），然后在"动画"选项卡"计时"组的"开始"下拉列表中选择"与上一动画同时"选项，最后将音频图标移到幻灯片外。

图 2-22　设置音频选项

步骤8 制作封底页。在幻灯片窗格中右击第1张幻灯片，在弹出的快捷菜单中选择"复制幻灯片"选项，复制一份第1张幻灯片作为封底页，然后将复制得到的幻灯片中的"遇到火灾怎么办"文本修改为"遇到火灾不怕啦！"，如图2-23所示。

图 2-23　利用复制幻灯片并修改其中内容的方式制作封底页

3）制作导航页

步骤1 在幻灯片窗格中选择第1张幻灯片，在"开始"选项卡的"幻灯片"组中单击"新建幻灯片"下拉按钮▼，在展开的下拉列表中选择"空白"选项，在第1张幻灯片之后新建一张"空白"版式的幻灯片。

步骤2 在第2张幻灯片中同时插入素材图片"灭火设备""房屋2"，然后裁剪"灭火设备"图片，保留警灯图形，并设置其高度为2.95厘米、宽度为2.4厘米；裁剪"房屋2"图片，保留房屋部分，设置其高度为9.35厘米，并将其相对于幻灯片左侧和底端对齐。将第1张幻灯片中的消防车图形复制到第2张幻灯片中，然后将其水平翻转后移到幻灯片右下方。

步骤3 插入圆角矩形，然后在"绘图工具　格式"选项卡中设置其高度为1.6厘米、宽度为9厘米、填充颜色为RGB（252，120，94）、轮廓为无。

步骤4 右击绘制的圆角矩形，在弹出的快捷菜单中选择"编辑文字"选项，此时圆角矩形中出现插入点，在其中输入文本"1.看一看"，并设置文本的格式为幼圆、28磅、加粗。

步骤5 将圆角矩形移到警灯图形的右侧，然后同时选择警灯图形和圆角矩形，在"绘图工具　格式"选项卡的"排列"组中单击"组合"下拉按钮▼，在展开的下拉列表中选择"组合"选项，将警灯图形和圆角矩形组合成一个对象，如图2-24所示。

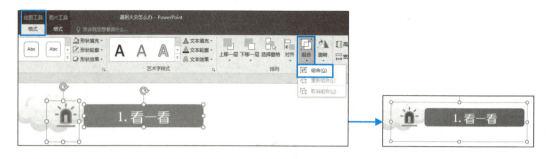

图2-24　组合警灯图形和圆角矩形

步骤6 在按住"Ctrl"键的同时向下拖动组合对象，将其复制一份，并将复制得到的组合对象中的文本修改为"2.想一想"，然后将复制得到的组合对象水平翻转。

步骤7 同时选择两个组合对象，在按住"Shift+Ctrl"组合键的同时向下拖动，将它们复制一份，并修改复制得到的组合对象中的文本分别为"3.学一学""4.选一选"，然后参照图2-25排列4个组合对象。

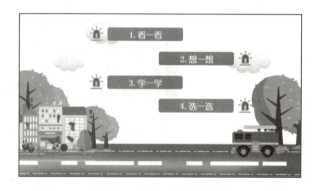

图2-25　组合对象排列效果

步骤8 同时选择消防车图形和"房屋2"图片，为其设置与上一动画同时播放、持续时间1秒的淡出进入动画效果；从上到下依次选择组合对象，为其设置上一动画之后播放的浮入进入动画效果。

4）制作"看一看"部分内容

步骤1 在幻灯片窗格中选择第2张幻灯片，在"开始"选项卡"幻灯片"组的"新建幻灯片"下拉列表中选择"内容页"选项，在第2张幻灯片之后新建一张"内容页"版式的幻灯片，然后在新建幻灯片左上方的标题占位符中输入文本"看一看"。

步骤2 在幻灯片中绘制一个圆角矩形、一个矩形、两个椭圆，然后参照图2-26设置并排列形状，最后将绘制的4个形状进行组合。

步骤3 在"插入"选项卡的"媒体"组中单击"视频"下拉按钮▾，在展开的下拉列表中选择"PC上的视频"选项，打开"插入视频文件"对话框，选择素材视频"消防安全教育"，单击"插入"按钮，插入视频。

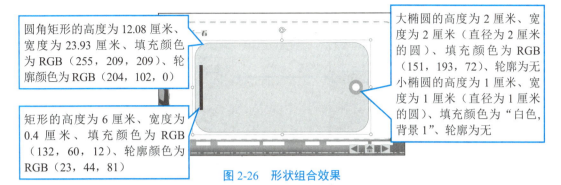

圆角矩形的高度为 12.08 厘米、宽度为 23.93 厘米、填充颜色为 RGB（255，209，209）、轮廓颜色为 RGB（204，102，0）

大椭圆的高度为 2 厘米、宽度为 2 厘米（直径为 2 厘米的圆）、填充颜色为 RGB（151，193，72）、轮廓为无
小椭圆的高度为 1 厘米、宽度为 1 厘米（直径为 1 厘米的圆）、填充颜色为"白色，背景 1"、轮廓为无

矩形的高度为 6 厘米、宽度为 0.4 厘米、填充颜色为 RGB（132，60，12）、轮廓颜色为 RGB（23，44，81）

图 2-26　形状组合效果

步骤 4 保持视频的选中状态，在"视频工具 格式"选项卡的"大小"组中设置其宽度为 16.5 厘米，在"视频样式"组中单击"视频形状"下拉按钮 ▼，在展开的下拉列表中选择"圆角矩形"选项，设置视频框的形状，如图 2-27 所示。

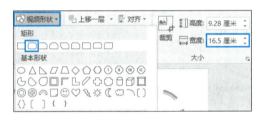

图 2-27　设置视频框的大小和形状

步骤 5 绘制一个圆角矩形，在"绘图工具 格式"选项卡中设置其高度为 1.52 厘米、宽度为 2.17 厘米、填充颜色为 RGB（255，105，105）、轮廓颜色为"白色，背景 1"、轮廓粗细为 1.5 磅。在圆角矩形中输入文本"播放"，并设置文本的格式为方正粗倩简体、20 磅。

步骤 6 复制两个"播放"文本所在圆角矩形，并修改复制得到的圆角矩形中的文本和填充颜色，然后将视频和圆角矩形参照图 2-28 排列。

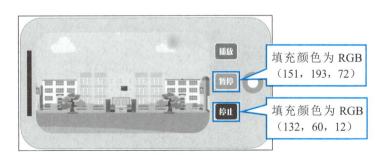

填充颜色为 RGB（151，193，72）

填充颜色为 RGB（132，60，12）

图 2-28　视频和圆角矩形排列效果

步骤 7 在"开始"选项卡的"编辑"组中单击"选择"下拉按钮 ▼，在展开的下拉列表中选择"选择窗格"选项，打开"选择"任务窗格，在其中可看到当前幻灯片中的所有对象。在幻灯片中选择"播放"文本所在圆角矩形，然后在"选择"任务窗格中单

击自动选择的名称，将其修改为"播放"并按"Enter"键确认，如图 2-29 所示。

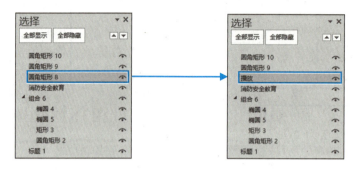

图 2-29　修改对象的名称

步骤 8 使用同样的方法修改"暂停"文本所在圆角矩形和"停止"文本所在圆角矩形的名称分别为"暂停""停止"。

步骤 9 选择视频，在"动画"选项卡"动画"组的"动画"列表中选择"播放"选项，然后单击"高级动画"组中的"触发"下拉按钮▾，在展开的下拉列表中选择"单击"/"播放"选项，如图 2-30 所示。

图 2-30　设置触发器动画

步骤 10 在"动画"选项卡的"高级动画"组中单击"添加动画"下拉按钮▾，在展开的下拉列表中选择"暂停"选项，为视频添加"暂停"动画效果，然后设置其触发动作为单击"暂停"对象。

步骤 11 使用同样的方法为视频添加"停止"动画效果，并设置其触发动作为单击"停止"对象，效果如图 2-31所示。

5）制作"想一想"部分内容

步骤 1 在第 3 张幻灯片之后新建一张"内容页"版式的幻灯片，然后在新建幻灯片左上方的标题占位符中输入文本"想一想"。

图 2-31　触发器设置效果

步骤 2 在"想一想"文本右侧绘制圆角矩形，设置其高度为 1.15 厘米、宽度为6.5 厘米、轮廓为无；在其中输入文本"发生火灾了怎么办？"，并设置文本的格式为黑体、18 磅、加粗；在"绘图工具　格式"选项卡的"形状样式"组中单击"形状效果"下拉按钮▾，在展开的下拉列表中选择"阴影"/"右下斜偏移"选项，如图 2-32 所示。

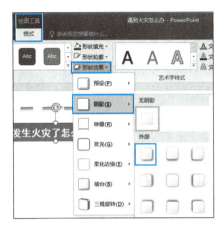

图 2-32　设置圆角矩形阴影效果

步骤 3　在幻灯片中同时插入素材图片"房屋 3""火焰 1""小男孩"。选择"小男孩"图片，在"图片工具　格式"选项卡的"图片样式"组中单击"图片效果"下拉按钮▼，在展开的下拉列表中选择"阴影"/"居中偏移"选项，然后调整图片大小并参照图 2-33 排列。

"房屋 3"图片的
高度为 14 厘米、
宽度为 14 厘米

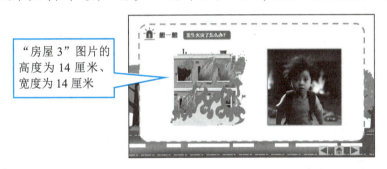

图 2-33　图片排列效果

步骤 4　为"房屋 3"图片设置与上一动画同时播放的浮入动画效果；为"发生火灾了怎么办？"文本所在圆角矩形设置上一动画之后播放、自左侧擦除的进入动画效果；为"小男孩"图片设置上一动画之后播放的擦除进入动画效果；为"火焰 1"图片设置与上一动画同时播放的出现进入动画效果。

6）制作"学一学"部分内容

步骤 1　在第 4 张幻灯片之后新建一张"内容页"版式的幻灯片，然后在新建幻灯片左上方的标题占位符中输入文本"学一学"。

步骤 2　将第 4 张幻灯片中的"发生火灾了怎么办？"文本所在圆角矩形复制到第 5 张幻灯片，并将复制得到的圆角矩形中的文本修改为"拨打火警电话 119"，设置"119"文本的字体颜色为红色。

步骤 3　在"插入"选项卡的"文本"组中单击"文本框"按钮，在幻灯片中按住鼠标左键并拖动以绘制文本框，然后在其中输入文本"119"，并设置文本的格式为微软雅黑、88 磅、红色、加粗。

步骤 4 ▶ 插入素材图片"电话1""电话报警",并设置"电话1"图片的效果为"阴影"/"居中偏移",设置"电话报警"图片的效果为"柔化边缘"/"2.5磅",然后将图片适当缩放后参照图2-34排列。

步骤 5 ▶ 绘制一个高度为5厘米、宽度为10厘米、填充颜色为 RGB（255，209，209）、轮廓为无、效果为"阴影"/"居中偏移"的云形标注。

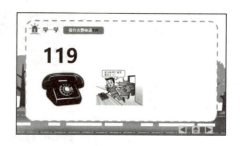

图 2-34 图片排列效果

步骤 6 ▶ 保持云形标注的选中状态,在"设置形状格式"任务窗格"形状选项"选项卡"效果"选项的"三维格式"设置区设置顶部棱台为"圆",高度、宽度均为7磅;材料为"亚光效果";光源为"发光",角度为25°,如图2-35所示。

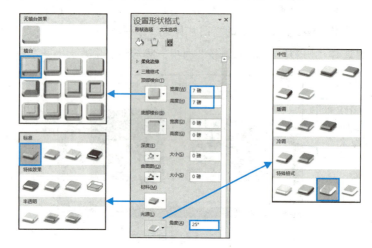

图 2-35 设置云形标注的三维格式

步骤 7 ▶ 保持云形标注的选中状态,然后拖动云形标注下方的黄色控制点,使其指向左下方,最后将云形标注移到"电话报警"图片右上方。

步骤 8 ▶ 在幻灯片中同时插入素材图片"火焰2""家""电话2",将图片适当缩放并参照图2-36排列。

图 2-36 图片排列效果

步骤9　为"电话1"图片设置上一动画之后播放、自底部飞入的进入动画效果；为"119"文本所在文本框设置上一动画之后播放的缩放进入动画效果；为"电话报警"图片设置上一动画之后播放的淡出进入动画效果；为云形标注设置上一动画之后播放、自底部擦除的进入动画效果；为"火焰2"图片设置上一动画之后播放的弹跳进入动画效果；为"家"图片设置与上一动画同时播放、延迟时间0.5秒的弹跳进入动画效果；为"电话2"图片设置与上一动画同时播放、延迟时间1秒的弹跳进入动画效果。

步骤10　在第5张幻灯片之后新建一张"内容页"版式的幻灯片，然后在新建幻灯片左上方的标题占位符中输入文本"学一学"，接着将第5张幻灯片中的"拨打火警电话119"文本所在圆角矩形复制到第6张幻灯片。

步骤11　在幻灯片中同时插入素材图片"房屋1""火焰1""电话3""消防员2""消防车2"，将图片适当缩放后参照图2-37排列。

图2-37　图片排列效果

步骤12　为"房屋1"图片设置上一动画之后播放、自底部飞入的进入动画效果。为"火焰1"图片设置上一动画之后播放的出现进入动画效果。为"电话3"图片设置上一动画之后播放、自底部飞入的进入动画效果，然后保持"电话3"图片的选中状态，在"动画"选项卡的"高级动画"组中单击"添加动画"下拉按钮▼，在展开的下拉列表中选择"跷跷板"选项，在"计时"组的"开始"下拉列表中选择"上一动画之后"选项。

步骤13　选择"消防车2"图片，在"动画"列表中选择"动作路径"类别中的"直线"选项，此时会自动为"消防车2"图片添加直线动作路径，然后拖动直线动作路径的终点到"消防车2"图片右侧，接着设置直线动作路径动画效果的开始播放方式为与上一动画同时，如图2-38所示。

图2-38　"消防车2"图片直线动作路径效果

步骤 14 为"消防员 2"图片设置与上一动画同时播放、延迟时间 1 秒、自底部飞入的进入动画效果。

步骤 15 插入素材音频"火警警报",然后在"音频工具 播放"选项卡的"音频选项"组的"开始"下拉列表中选择"自动"选项,并将音频图标拖动到幻灯片外。

步骤 16 在"动画"选项卡的"高级动画"组中单击"动画窗格"按钮,在打开的"动画窗格"任务窗格中选择"火警警报"的播放动画效果,按住鼠标左键向上拖动,将其播放顺序调整到动作路径动画效果上方,如图 2-39 所示。

图 2-39 调整动画效果的播放顺序

步骤 17 在第 6 张幻灯片之后新建一张"内容页"版式的幻灯片,然后在新建幻灯片左上方的标题占位符中输入文本"学一学"。

步骤 18 将第 6 张幻灯片中的"拨打火警电话 119"文本所在圆角矩形复制到第 7 张幻灯片,并将复制得到的圆角矩形中的文本修改为"从安全出口逃离",设置"安全出口"文本的字体颜色为 RGB(0,152,69)。

步骤 19 在幻灯片中同时插入素材图片"安全出口 1""安全出口 2",设置两张图片的效果均为"阴影"/"居中偏移",并为两张图片设置上一动画之后播放、自左侧飞入的进入动画效果,然后调整动画效果的播放顺序,使"安全出口 1"图片的动画效果处于最下方,最后将图片适当缩放并参照图 2-40 排列。

图 2-40 图片排列效果

步骤 20 利用复制第 7 张幻灯片并修改其中内容(包括修改文本、更换图片、设置动画效果等)的方式,制作第 8~9 张幻灯片(其他两张"学一学"部分幻灯片),效果如图 2-41 所示。

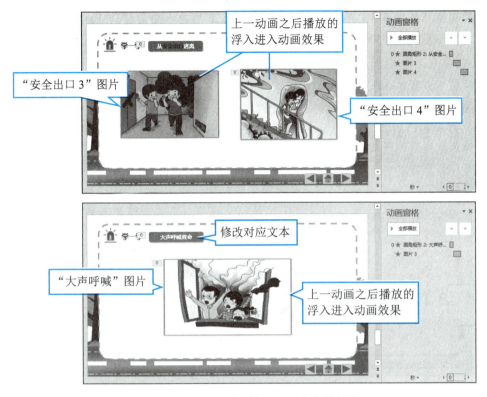

图 2-41　第 8~9 张幻灯片效果

7）制作"选一选"部分内容

步骤 1　在第 9 张幻灯片之后新建一张"内容页"版式的幻灯片，然后在新建幻灯片左上方的标题占位符中输入文本"选一选"。

步骤 2　在幻灯片中同时插入素材图片"逃生方法 1""正确""错误"，然后复制"逃生方法 1"图片，并分别裁剪两张"逃生方法 1"图片，一张保留左半部分，并在"选择"任务窗格中修改对象名称为"楼梯逃生"；一张保留右半部分，并在"选择"任务窗格中修改对象名称为"电梯逃生"。接着将"正确"图片和"错误"图片也修改为对应的名称，最后将图片适当缩放并参照图 2-42 排列。

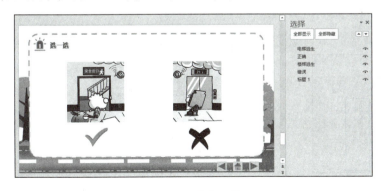

图 2-42　图片排列效果

45

步骤 3 设置"楼梯逃生""电梯逃生"图片的效果均为"阴影"/"居中偏移",并为"楼梯逃生""电梯逃生""正确""错误"图片设置上一动画之后播放、自底部飞入的进入动画效果。

步骤 4 在"动画窗格"任务窗格中选择"正确"图片的动画效果,在"高级动画"组中单击"触发"下拉按钮▼,在展开的下拉列表中选择"单击"/"楼梯逃生"选项。

步骤 5 使用同样的方法设置"错误"图片动画效果的触发动作为单击"电梯逃生"图片。

步骤 6 利用复制第 10 张幻灯片并修改其中内容的方式,制作第 11 张幻灯片,效果如图 2-43 所示。

图 2-43 第 11 张幻灯片效果

步骤 7 在第 11 张幻灯片之后新建一张"内容页"版式的幻灯片,然后在新建幻灯片左上方的标题占位符中输入文本"选一选"。

步骤 8 在幻灯片中同时插入素材图片"逃生方法 3""正确""错误",并设置"逃生方法 3"图片的效果为"阴影"/"居中偏移"。

步骤 9 绘制一个高度为 2.4 厘米、宽度为 3.7 厘米、填充颜色为无、轮廓颜色为红色、轮廓粗细为 3 磅的圆角矩形,然后在"设置形状格式"任务窗格"形状选项"选项卡"效果"选项的"阴影"设置区设置圆角矩形的阴影效果,参数如图 2-44 所示。

步骤 10 在"选择"任务窗格中将相应图片的名称分别修改为"逃生方法 3""正确""错误",并将图片适当缩放后参照图 2-45 排列。

图 2-44 圆角矩形阴影效果的参数

图 2-45 图片排列效果

步骤 11　为圆角矩形设置上一动画之后播放的缩放进入动画效果；为"正确"图片设置与上一动画同时播放的淡出进入动画效果；为"正确"图片添加单击时播放的直线动作路径效果，并拖动动作路径的终点到"逃生方法 3"图片上；继续为"正确"图片添加与上一动画同时播放的放大/缩小强调动画效果，然后设置直线动作路径动画效果和放大/缩小强调动画效果的触发动作均为单击"正确"图片，如图 2-46 所示。

图 2-46　设置"正确"图片的动画效果和触发器动画

步骤 12　为"错误"图片设置与上一动画同时播放的淡出进入动画效果；为"错误"图片添加单击时播放的跷跷板强调动画效果，然后设置跷跷板强调动画效果的触发动作为单击"错误"图片。

步骤 13　利用复制第 12 张幻灯片并修改其中内容的方式，制作第 13 张幻灯片，效果如图 2-47 所示。

"逃生方法 4"图片

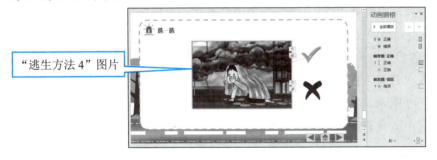

图 2-47　第 13 张幻灯片效果

8）放映演示文稿

步骤 1　在"幻灯片放映"选项卡的"开始放映幻灯片"组中单击"从头开始"按钮，从第 1 张幻灯片开始放映演示文稿，通过单击屏幕、动作按钮、触发对象等查看演示文稿制作效果。

步骤 2　确认演示文稿制作无误后，保存并关闭演示文稿。

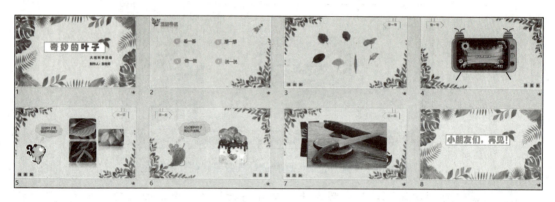

课堂实训：制作演示文稿"奇妙的叶子"

使用本书配套素材"素材与实例"/"第 2 章"/"奇妙的叶子"文件夹中的素材，制作演示文稿"奇妙的叶子"，效果如图 2-48 所示。

图 2-48　演示文稿"奇妙的叶子"效果

【操作提示】

（1）设置幻灯片母版背景。进入幻灯片母版视图，在左侧窗格中选择"Office 主题幻灯片母版"选项，然后在"幻灯片母版"选项卡的"背景"组中单击"颜色"下拉按钮 ，在展开的下拉列表中选择"Office 2007-2010"选项，最后单击"背景样式"下拉按钮 ，在展开的下拉列表中选择"样式 2"选项。

（2）设置"标题幻灯片 版式"母版。在左侧窗格中选择"标题幻灯片 版式"选项，在该母版中插入"背景"图片并调整其大小，然后绘制一个矩形，设置矩形的高度为 20 厘米、宽度为 35 厘米、填充颜色为"白色，背景 1"、透明度为 70%，然后将矩形相对于幻灯片水平居中、垂直居中对齐，并将其移到标题占位符和副标题占位符下方，效果如图 2-49 所示。

图 2-49　"标题幻灯片 版式"母版效果

（3）设置"标题和内容 版式"母版。在左侧窗格中选择"标题和内容 版式"选项，删除该母版中的所有占位符，在母版中多次插入"叶子1"图片并对其适当缩放、旋转后进行排列，然后将所有叶子图片进行组合；复制一份组合对象，将复制得到的组合对象垂直旋转、水平旋转，最后绘制动作按钮并对其进行设置，效果如图2-50所示。

（4）设置"仅标题 版式"母版。在左侧窗格中选择"仅标题 版式"选项，删除该母版中的所有占位符，复制"标题和内容 版式"母版中的组合对象并进行旋转和位置调整，复制"标题和内容 版式"母版中的动作按钮并调整其位置，效果如图2-51所示。

高度和宽度均为1厘米，填充颜色为"橄榄色，个性色3"，轮廓为无，阴影效果为透明度37%、大小100%、模糊4.5磅、角度90°、距离1.5磅

图 2-50　"标题和内容 版式"母版效果

图 2-51　"仅标题 版式"母版效果

（5）参照效果文件使用"标题幻灯片""空白""仅标题""标题和内容"版式制作幻灯片。

① 第1张和第8张幻灯片的版式均为"标题幻灯片"，第2张幻灯片的版式为"空白"，第3张、第5张和第7张幻灯片的版式均为"仅标题"，第4张和第6张幻灯片的版式均为"标题和内容"。

② 裁剪第4张幻灯片中的视频。选择视频，在"视频工具　播放"选项卡的"编辑"组中单击"剪裁视频"按钮，在打开的"剪裁视频"对话框中，设置视频的开始时间为"00:06.072"，如图2-52所示。

③ 设置第4张幻灯片中播放视频、暂停播放视频和停止播放视频的触发动作分别为单击"播放"组合对象、单击"暂停"组合对象、单击

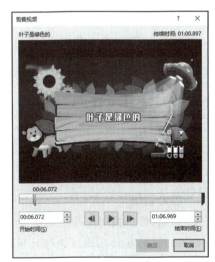

图 2-52　裁剪视频

"停止"组合对象。设置第7张幻灯片中大图片的进入动画效果的触发动作为单击对应的小图片；大图片的退出动画效果的触发动作为单击该图片。

第 **3** 章

幼儿园健康领域
保教活动课件设计与制作

本章导读

　　幼儿园的教育内容是启蒙性的，可以划分为健康、语言、社会、科学、艺术 5 个领域，各领域的内容相互渗透，从不同的角度促进幼儿情感、态度、能力、知识、技能等方面的发展，其中健康领域是其他领域学习与发展的基础。

　　本章主要介绍《3～6 岁儿童学习与发展指南》中健康领域的主要内容及其目标，并根据目标给出相应年龄段幼儿活动课件的设计与制作思路，同时根据全国职业院校技能大赛（高职组）"幼儿教育技能"赛项中幼儿园保教活动课件制作题目，制作幼儿园健康活动课件。

学习目标

知识目标

- 了解健康领域的主要内容及不同年龄段幼儿身心健康成长的目标。
- 掌握幼儿园健康领域保教活动课件的设计与制作方法。

能力目标

- 能够根据幼儿年龄特点和发展水平设计健康教育活动。
- 能够在幼儿园健康领域保教活动课件中输入和编辑文本、形状、图片、音频和视频等对象。
- 能够在幼儿园健康领域保教活动课件中合理运用动画效果、超链接和动作按钮等技术。

素质目标

- 树立正确的幼儿健康教育观念，具备良好的职业道德和强烈的责任感。
- 具备较强的自主学习能力，能够不断学习新知识和技能。

3.1 健康领域的主要内容

健康是指人在身体、心理和社会适应方面的良好状态。幼儿阶段是儿童身体发育和机能发展极为迅速的时期，也是形成安全感和乐观态度的重要阶段。发育良好的身体、愉快的情绪、强健的体质、协调的动作、良好的生活习惯和基本的生活能力是幼儿身心健康的重要标志，也是其他领域学习与发展的基础。

健康领域的主要内容可划分为 3 个方面，包括身心状况、动作发展、生活习惯与生活能力。

健康领域的主要内容

3.1.1 身心状况

幼儿在身心状况方面的学习与发展目标包括具有健康的体态，情绪安定愉快，具有一定的适应能力。对于不同的目标，设计与制作活动课件的思路也不同。

1. 具有健康的体态

各年龄段幼儿在具有健康的体态方面的目标如表 3-1 所示。

表 3-1　具有健康的体态

年龄	3～4 岁	4～5 岁	5～6 岁
目标	（1）身高和体重适宜。参考标准如下。 ① 男孩。 身高：94.9～111.7 厘米。 体重：12.7～21.2 千克。 ② 女孩。 身高：94.1～111.3 厘米。 体重：12.3～21.5 千克。 （2）在提醒下能自然坐直、站直	（1）身高和体重适宜。参考标准如下。 ① 男孩。 身高：100.7～119.2 厘米。 体重：14.1～24.2 千克。 ② 女孩。 身高：99.9～118.9 厘米。 体重：13.7～24.9 千克。 （2）在提醒下能保持正确的站姿、坐姿和行走姿势	（1）身高和体重适宜。参考标准如下。 ① 男孩。 身高：106.1～125.8 厘米。 体重：15.9～27.1 千克。 ② 女孩。 身高：104.9～125.4 厘米。 体重：15.3～27.8 千克。 （2）经常保持正确的站姿、坐姿和行走姿势

注：身高和体重数据来源于《2006 年世界卫生组织儿童生长标准》中 4～6 周岁儿童身高和体重的参考数据。

要实现让幼儿具有健康的体态的目标，在设计与制作各年龄段幼儿活动课件时可参考以下思路。

（1）3～4 岁幼儿（小班）活动课件可以设计一系列动作简单的活动，如"排排队""学会站直""认识常见食物"等。

（2）4～5 岁幼儿（中班）活动课件可以设计生动有趣、寓教于乐的互动环节，旨在帮助幼儿进一步认识各类常见食物，学会科学合理进食，培养良好的饮食习惯，并准确地完成坐、蹲、走的动作。

（3）5～6岁幼儿（大班）活动课件可以设计一系列综合性强、富有挑战性的活动，如生活技能挑战游戏，旨在提高幼儿的生活自理能力、培养幼儿独立进餐的习惯，并让幼儿练习跑、跳、站等动作。

2. 情绪安定愉快

各年龄段幼儿在情绪安定愉快方面的目标如表3-2所示。

表3-2　情绪安定愉快

年龄	3～4岁	4～5岁	5～6岁
目标	（1）情绪比较稳定，很少因一点小事哭闹不止。 （2）有比较强烈的情绪反应时，能在成人的安抚下逐渐平静下来	（1）经常保持愉快的情绪，不高兴时能较快缓解。 （2）有比较强烈的情绪反应时，能在成人的提醒下逐渐平静下来。 （3）愿意把自己的情绪告诉亲近的人，与他们一起分享快乐或寻求安慰	（1）经常保持愉快的情绪，知道引起自己某种情绪的原因，并努力缓解。 （2）表达情绪的方式比较适度，不乱发脾气。 （3）能随着活动的需要转移情绪和注意力

要实现让幼儿情绪安定愉快的目标，在设计与制作各年龄段幼儿活动课件时可参考以下思路。

（1）3～4岁幼儿（小班）活动课件可以设计一系列心理认知活动，如"喜欢上幼儿园""学会分享""爱吃饭"等，并通过动画效果激发幼儿的积极情绪，鼓励幼儿自己吃饭。

（2）4～5岁幼儿（中班）活动课件可以设计一系列心理活动，如"消气商店""分享快乐"等，并通过图片和动画效果等吸引幼儿的注意力及增强互动性，让幼儿在活动中学习如何恰当地表达情绪。

（3）5～6岁幼儿（大班）活动课件可以设计一系列情境活动，如"为你喝彩""我快乐""不乱发脾气""学会谦让"等，让幼儿学会根据不同的课件画面转移注意力。

3. 具有一定的适应能力

各年龄段幼儿在具有一定的适应能力方面的目标如表3-3所示。

表3-3　具有一定的适应能力

年龄	3～4岁	4～5岁	5～6岁
目标	（1）能在较热或较冷的户外环境中活动。 （2）换新环境时情绪能较快稳定，睡眠、饮食基本正常。 （3）在帮助下能较快适应集体生活	（1）能在较热或较冷的户外环境中连续活动30分钟左右。 （2）换新环境时较少出现身体不适的情况。 （3）能较快适应人际环境的变化，如换了新老师能较快适应	（1）能在较热或较冷的户外环境中连续活动30分钟以上。 （2）天气变化时较少感冒，能适应车、船等交通工具造成的轻微颠簸。 （3）能较快融入新的人际关系环境，如换了新的幼儿园或班级能较快适应

要实现让幼儿具有一定的适应能力的目标，在设计与制作各年龄段幼儿活动课件时可参考以下思路。

（1）3～4 岁幼儿（小班）活动课件可以设计一系列心理认知活动，如"拉手转圈""荡秋千""玩转椅"等，并通过动画效果强化幼儿的视觉印象。

（2）4～5 岁幼儿（中班）活动课件可以设计一系列心理适应活动，如"生病了""新来的老师""去奶奶家过春节""堆雪人"等，帮助幼儿适应生活环境的变化。

（3）5～6 岁幼儿（大班）活动课件可以设计一系列情境活动，如"不快乐的时候""我喜欢新同学""开火车"等，帮助幼儿快速熟悉和适应新环境。

3.1.2　动作发展

幼儿在动作发展方面的学习与发展目标包括具有一定的平衡能力且动作协调、灵敏，具有一定的力量和耐力，手的动作灵活协调。对于不同的目标，设计与制作活动课件的思路也不同。

1. 具有一定的平衡能力且动作协调、灵敏

各年龄段幼儿在具有一定的平衡能力且动作协调、灵敏方面的目标如表 3-4 所示。

表 3-4　具有一定的平衡能力且动作协调、灵敏

年龄	3～4 岁	4～5 岁	5～6 岁
目标	（1）能沿地面直线或在较窄的低矮物体上走一段距离。 （2）能双脚灵活交替上下楼梯。 （3）能身体平稳地双脚连续向前跳。 （4）分散跑时能躲避他人的碰撞。 （5）能双手向上抛球	（1）能在较窄的低矮物体上平稳地走一段距离。 （2）能以匍匐、膝盖悬空等多种方式钻爬。 （3）能助跑跨跳过一定距离，或助跑跨跳过一定高度的物体。 （4）能与他人玩追逐、躲闪跑的游戏。 （5）能连续自抛自接球	（1）能在斜坡、荡桥和有一定间隔的物体上较平稳地行走。 （2）能以手脚并用的方式安全地爬攀登架、网等。 （3）能连续跳绳。 （4）能躲避他人滚过来的球或扔过来的沙包。 （5）能连续拍球

要实现让幼儿具有一定的平衡能力且动作协调、灵敏的目标，在设计与制作各年龄段幼儿活动课件时可参考以下思路。

（1）3～4 岁幼儿（小班）活动课件可以设计一系列锻炼幼儿身体机能的活动，如"老狼，几点了？""木头人""玩滑梯""走平衡木"等，并通过动画效果加深幼儿对动作的理解。

（2）4～5 岁幼儿（中班）活动课件可以设计一系列锻炼幼儿身体机能的活动，如"揪尾巴""跳房子""击鼓传花""钻洞洞""滚铁环"等，并通过图片和动画效果等让幼儿在互动中展示和提高身体平衡能力。

（3）5～6 岁幼儿（大班）活动课件可以设计一系列锻炼幼儿身体机能的活动，如

"攀网""扔沙包""拍球""跑圈""跳绳"等，并结合活动内容对幼儿进行安全教育，注重在活动中培养幼儿的自我保护能力。

2. 具有一定的力量和耐力

各年龄段幼儿在具有一定的力量和耐力方面的目标如表3-5所示。

表3-5　具有一定的力量和耐力

年龄	3～4岁	4～5岁	5～6岁
目标	（1）能双手抓杠悬空吊起10秒左右。 （2）能单手将沙包向前投掷2米左右。 （3）能单脚连续向前跳2米左右。 （4）能快跑15米左右。 （5）能行走1000米左右（途中可适当停歇）	（1）能双手抓杠悬空吊起15秒左右。 （2）能单手将沙包向前投掷4米左右。 （3）能单脚连续向前跳5米左右。 （4）能快跑20米左右。 （5）能行走1500米左右（途中可适当停歇）	（1）能双手抓杠悬空吊起20秒左右。 （2）能单手将沙包向前投掷5米左右。 （3）能单脚连续向前跳8米左右。 （4）能快跑25米左右。 （5）能行走1500米以上（途中可适当停歇）

要实现让幼儿具有一定的力量和耐力的目标，在设计与制作各年龄段幼儿活动课件时可参考以下思路。

（1）3～4岁幼儿（小班）活动课件可以设计一系列锻炼幼儿身体机能的体育活动，如"单脚跳""扔沙包""跑步"等，并鼓励幼儿多走路、少坐车，自己上下楼梯，自己背包等。

（2）4～5岁幼儿（中班）活动课件可以设计一系列锻炼幼儿身体机能的体育活动，如"抓双杠""搬家""攀岩""钻洞洞"等，帮助幼儿提高身体协调性、平衡感和运动技能。

（3）5～6岁幼儿（大班）活动课件可以设计一系列锻炼幼儿身体机能的体育活动，如"攀网""扔沙包""跑圈"等，并结合活动内容对幼儿进行安全教育，注重在活动中培养幼儿的自我保护能力。

3. 手的动作灵活协调

各年龄段幼儿在手的动作灵活协调方面的目标如表3-6所示。

表3-6　手的动作灵活协调

年龄	3～4岁	4～5岁	5～6岁
目标	（1）能用笔涂涂画画。 （2）能熟练地用勺子吃饭。 （3）能用剪刀沿直线剪纸，边线基本吻合	（1）能沿边线较直地画出简单图形，或能边线基本对齐地折纸。 （2）会用筷子吃饭。 （3）能沿轮廓线剪出由直线构成的简单图形，边线吻合	（1）能根据需要画出图形，线条基本平滑。 （2）能熟练地用筷子吃饭。 （3）能沿轮廓线剪出由曲线构成的简单图形，边线吻合且平滑。 （4）能使用简单的劳动工具或用具

要实现让幼儿手的动作灵活协调的目标，在设计与制作各年龄段幼儿活动课件时可参考以下思路。

（1）3～4岁幼儿（小班）活动课件可以设计一系列活动，如"涂色""我会用勺子""描图""雪花片游戏""搭积木"等，锻炼幼儿手指动作的协调性，同时激发幼儿的创造力和想象力。

（2）4～5岁幼儿（中班）活动课件可以设计一系列动作难度较高的活动，如"剪纸""做泥人""我会用筷子""串珠子""做饼干"等，让幼儿通过完成这些活动达到锻炼手指灵活性的目的。

（3）5～6岁幼儿（大班）活动课件可以设计一系列特别活动，如"握笔写字""剪花""系鞋带""扣扣子""跳绳"等，并引导幼儿注意活动安全，不玩剪刀等锋利工具，且用完工具后放回原处。

3.1.3 生活习惯与生活能力

幼儿在生活习惯与生活能力方面的学习与发展目标包括具有良好的生活与卫生习惯，具有基本的生活自理能力，具备基本的安全知识和自我保护能力。对于不同的目标，设计与制作活动课件的思路也不同。

1. 具有良好的生活与卫生习惯

各年龄段幼儿在具有良好的生活与卫生习惯方面的目标如表 3-7 所示。

表 3-7　具有良好的生活与卫生习惯

年龄	3～4岁	4～5岁	5～6岁
目标	（1）在提醒下能按时睡觉和起床，并能坚持午睡。 （2）喜欢参加体育活动。 （3）在引导下不偏食、不挑食。喜欢吃瓜果、蔬菜等新鲜食品。 （4）愿意饮用白开水，不贪喝饮料。 （5）不用脏手揉眼睛，连续看电视等不超过15分钟。 （6）在提醒下每天早晚刷牙、饭前便后洗手	（1）每天按时睡觉和起床，并能坚持午睡。 （2）喜欢参加体育活动。 （3）不偏食、不挑食，不暴饮暴食。喜欢吃瓜果、蔬菜等新鲜食品。 （4）经常饮用白开水，不贪喝饮料。 （5）知道保护眼睛，不在光线过强或过暗的地方看书，连续看电视等不超过20分钟。 （6）每天早晚刷牙、饭前便后洗手，方法基本正确	（1）养成每天按时睡觉和起床的习惯。 （2）能主动参加体育活动。 （3）吃东西时细嚼慢咽。 （4）主动饮用白开水，不贪喝饮料。 （5）主动保护眼睛，不在光线过强或过暗的地方看书，连续看电视等不超过30分钟。 （6）每天早晚主动刷牙，饭前便后主动洗手，方法正确

要实现让幼儿具有良好的生活与卫生习惯的目标，在设计与制作各年龄段幼儿活动课件时可参考以下思路。

（1）3～4岁幼儿（小班）活动课件可以设计一系列帮助幼儿保持规律生活和养成良好个人卫生习惯的活动，如"早晚刷牙""不挑食""保护五官""不乱掏耳朵"等，并通过动画效果、切换效果及视频等加深幼儿对活动内容的理解。

（2）4～5岁幼儿（中班）活动课件可以设计一系列帮助幼儿保持规律生活和养成良好个人卫生习惯的活动，如"保护牙齿""按时进餐""多喝白开水""饭后洗手""保护眼睛"等。

（3）5～6岁幼儿（大班）活动课件可以设计一系列激发幼儿参加体育锻炼的活动，如"两人三足""夹包跳""跳绳"等，鼓励幼儿主动参加体育活动，养成锻炼身体的习惯，并结合活动内容对幼儿进行安全教育。

2．具有基本的生活自理能力

各年龄段幼儿在具有基本的生活自理能力方面的目标如表3-8所示。

表3-8　具有基本的生活自理能力

年龄	3～4岁	4～5岁	5～6岁
目标	（1）在帮助下能穿脱衣服或鞋袜。 （2）能将玩具和图书放回原处	（1）能自己穿脱衣服、鞋袜，扣钮扣。 （2）能整理自己的物品	（1）知道根据冷热增减衣服。 （2）会自己系鞋带。 （3）能按类别整理好自己的物品

要实现让幼儿具有基本的生活自理能力的目标，在设计与制作各年龄段幼儿活动课件时可参考以下思路。

（1）3～4岁幼儿（小班）活动课件可以设计一系列鼓励幼儿做力所能及事情的活动，如"擦屁股""找鞋子""洗手"等，并在活动中对幼儿的尝试与努力给予肯定，避免因幼儿做不好或做得慢而被他人包办。

（2）4～5岁幼儿（中班）活动课件可以设计一系列活动，如"正确睡姿""主动喝水""叠衣服"等，提高幼儿的生活自理能力和社会适应能力。

（3）5～6岁幼儿（大班）活动课件可以设计一系列活动，如"系鞋带""按时上厕所""清洗玩具"等，激发幼儿尝试自理的兴趣，提高幼儿的生活自理能力。

3．具备基本的安全知识和自我保护能力

各年龄段幼儿在具备基本的安全知识和自我保护能力方面的目标如表3-9所示。

表 3-9　具备基本的安全知识和自我保护能力

年龄	3～4 岁	4～5 岁	5～6 岁
目标	（1）不吃陌生人给的东西，不跟陌生人走。 （2）在提醒下能注意安全，不做危险的事。 （3）在公共场所走失时，能向警察或有关人员说出自己和家长的名字、电话号码等简单信息	（1）知道在公共场所不远离成人的视线单独活动。 （2）认识常见的安全标志，能遵守安全规则。 （3）运动时能主动躲避危险。 （4）知道简单的求助方式	（1）未经大人允许不给陌生人开门。 （2）能自觉遵守基本的安全规则和交通规则。 （3）运动时能注意安全，不给他人造成危险。 （4）知道一些基本的防灾知识

要实现让幼儿具备基本的安全知识和自我保护能力的目标，在设计与制作各年龄段幼儿活动课件时可参考以下思路。

（1）3～4 岁幼儿（小班）活动课件可以设计一系列让幼儿增强自我保护意识的活动，如"避免和陌生人说话""不爬阳台""远离热水瓶""过马路时遵守规则"等，并通过动画效果、视频等加深幼儿对活动内容的理解，为幼儿提供必要的保护措施。

（2）4～5 岁幼儿（中班）活动课件可以设计一系列对幼儿进行安全教育的活动，如"学习求救电话""认识安全标志""模拟交通警察""走失时的应对方法"等，并通过图片和动画效果等加深幼儿对周围环境中不安全因素的了解。

（3）5～6 岁幼儿（大班）活动课件可以设计一系列教授幼儿进行简单自救和求助方法的活动，如"地震自救方法""发生火灾时的应对措施"等，并结合音频、视频等对幼儿进行安全教育。

3.2　实战演练：制作幼儿园中班健康活动课件"蔬菜真好吃"

幼儿园教师综合技能测评是全国职业院校技能大赛（高职组）"幼儿教育技能"赛项的主要内容之一。其中，幼儿园保教活动课件制作要求参赛者运用现代教育信息技术知识和手段，制作保教活动辅助课件，考查参赛者掌握现代信息技术手段的能力和水平。

本节根据全国职业院校技能大赛（高职组）"幼儿教育技能"赛项中幼儿园保教活动课件制作题目"主题活动——做健康宝宝"制作幼儿园中班健康活动课件"蔬菜真好吃"，主题活动具体内容如下。

对学前儿童进行健康教育意义重要而深远。营养教育是提高幼儿健康认识和培养良好饮食习惯的有效手段，它通过引导幼儿了解人体对食物的需求，认识到人们需要吃不同的食物才能获得全面的营养，从而有利于身体健康，并帮助幼儿养成不挑食的习惯。"病从口入"是众所周知的道理，通过学习正确的洗手方法来培养幼儿讲究卫生的好习惯，也是幼儿园特有的健康活动之一。

1．课件要求

幼儿园中班健康活动课件"蔬菜真好吃"的要求如下。

（1）内容要求：根据给定素材文件夹中的素材完成课件设计，确保内容完整且符合教学目标。课件首页需注明课件名称、适用年龄段及活动领域。

（2）技术要求：适当处理给定素材文件夹中的图片、音频和视频等，合理运用动画效果、超链接和动作按钮等技术，以提高课件的吸引力和互动性，确保课件操作简便、运行稳定。

（3）课件效果：形象、直观，能够有效地服务于教学，符合所注明的年龄段及活动领域。

制作幼儿园中班健康活动
课件"蔬菜真好吃"

2．课件意图

在幼儿阶段，培养良好的饮食习惯是健康教育的重要组成部分。蔬菜作为日常饮食中不可或缺的一部分，富含各种维生素、矿物质和膳食纤维，对幼儿的生长发育、免疫力提升及视力保护等方面具有显著作用。然而，一些幼儿存在挑食现象，尤其不喜欢吃蔬菜。

设计幼儿园中班健康活动课件"蔬菜真好吃"旨在通过多样化的教学手段和丰富的活动内容，引导幼儿认识蔬菜并了解蔬菜的营养价值，同时激发幼儿对蔬菜的兴趣，并培养幼儿爱吃蔬菜、不挑食的良好饮食习惯和健康的生活方式。

（1）认知导入。

通过直观的图片和生动的语言介绍各种蔬菜，如白菜、胡萝卜、丝瓜、蘑菇、洋葱、茄子、辣椒、豌豆等，让幼儿初步认识这些蔬菜的外形特征和名称。

（2）知识学习。

采用分类讲解的方式，让幼儿了解蔬菜的不同种类及营养价值。例如，强调豆类蔬菜（如豌豆）富含蛋白质，有助于幼儿的身体发育；叶子蔬菜（如白菜、菠菜）富含维生素，能美白肌肤、预防感冒；胡萝卜等蔬菜富含胡萝卜素和维生素，对视力保护有重要作用。

（3）互动体验。

在活动中设置"认一认""学一学""看一看""动一动"等环节，通过角色扮演、动手操作等方式增加活动的趣味性和互动性。例如，可以让幼儿扮演蔬菜进行自我介绍，或通过拼图游戏加深对蔬菜外形的记忆。

（4）情感引导。

在整个活动过程中，注重情感教育的渗透，通过表扬、鼓励等积极方式增强幼儿对蔬菜的喜爱之情。同时，引导幼儿理解蔬菜对身体健康的重要性，培养幼儿珍惜食物、不挑食的良好品质。

3. 课件展示

幼儿园中班健康活动课件"蔬菜真好吃"效果如图 3-1 所示。

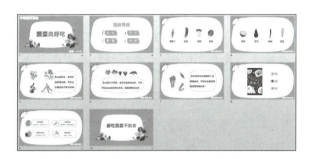

图 3-1 幼儿园中班健康活动课件"蔬菜真好吃"效果

4. 课件制作过程

1）设置母版

步骤 1 启动 PowerPoint 2016 后选择"空白演示文稿"选项，或在已启动的 PowerPoint 2016 工作界面中按"Ctrl+N"组合键，新建一个空白演示文稿，并将其以"蔬菜真好吃"为名保存。

步骤 2 设置幻灯片母版背景。在"视图"选项卡的"母版视图"组中单击"幻灯片母版"按钮，进入幻灯片母版视图，此时功能区会显示"幻灯片母版"选项卡，在左侧窗格中选择"Office 主题 幻灯片母版"选项，如图 3-2 所示。

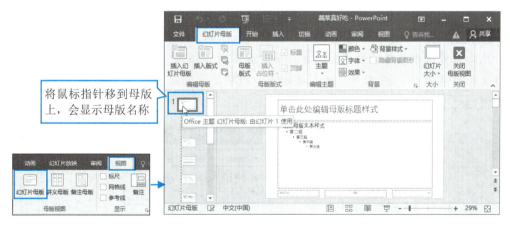

图 3-2 进入幻灯片母版视图并选择"Office 主题 幻灯片母版"选项

步骤 3 在"幻灯片母版"选项卡的"背景"组中单击"背景样式"下拉按钮▼，在展开的下拉列表中选择"设置背景格式"选项，打开"设置背景格式"任务窗格，保持"纯色填充"单选钮的选中状态，单击"颜色"下拉按钮▼，在展开的下拉列表中选择"其他颜色"选项，打开"颜色"对话框，在"自定义"选项卡中设置填充颜色为

RGB（94，176，161），单击"确定"按钮，如图3-3所示。

高手点拨

　　在演示文稿中使用自定义颜色后，在颜色下拉列表的"最近使用的颜色"（见图3-4）类别中会自动显示这些自定义颜色，且系统会自动识别这些颜色的名称，如步骤3中设置的自定义颜色的名称为"青色"（将鼠标指针移到颜色选项上，颜色的名称会自动显示出来）。当再次为对象设置颜色时，可在"最近使用的颜色"类别中选择，从而提高工作效率。

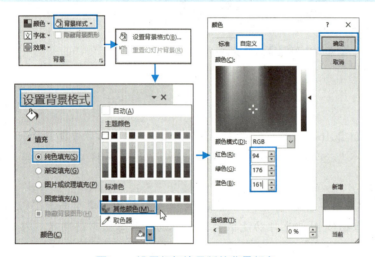

图 3-3　设置幻灯片母版的背景颜色　　　　　　　图 3-4　颜色下拉列表

　　步骤4　设置"标题幻灯片 版式"母版。在左侧窗格中选择"标题幻灯片 版式"选项，然后在母版中选择标题占位符，此时"设置背景格式"任务窗格自动变成"设置形状格式"任务窗格，并在"开始"选项卡中设置文本的格式为华文琥珀、88磅、RGB（56，133，55），如图3-5所示。

图 3-5　设置标题文本的格式

　　步骤5　在"设置形状格式"任务窗格"形状选项"选项卡"大小与属性"选项的"大小"设置区设置标题占位符的高度为4.2厘米、宽度为18厘米；在"位置"设置区设置标题占位符相对于幻灯片左上角沿水平方向的距离为8厘米、沿垂直方向的距离为7厘米，如图3-6所示。

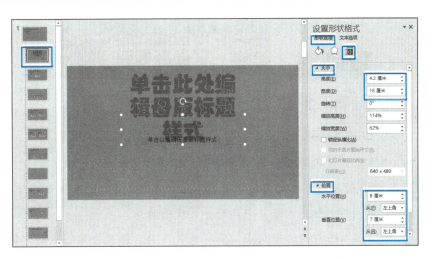

图 3-6　设置标题占位符的大小和位置

步骤 6 选择副标题占位符，在"开始"选项卡中设置文本的字符格式为华文琥珀、48 磅、"白色，背景 1"。

步骤 7 在"插入"选项卡的"图像"组中单击"图片"按钮，打开"插入图片"对话框，选择本书配套素材"素材与实例"/"第 3 章"/"蔬菜真好吃"/"修饰 1"图片（制作该课件使用的素材均在本书配套素材"素材与实例"/"第 3 章"/"蔬菜真好吃"文件夹中），单击"插入"按钮，在母版中插入所选图片，如图 3-7 所示。

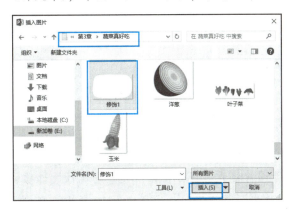 

图 3-7　在"标题幻灯片 版式"母版中插入图片

步骤 8 保持"修饰 1"图片的选中状态，在"图片工具 格式"选项卡的"排列"组中单击"下移一层"下拉按钮▾，在展开的下拉列表中选择"置于底层"选项，使标题占位符和副标题占位符显示，如图 3-8 所示。

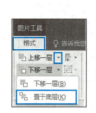

图 3-8　设置图片的叠放次序

步骤 9 打开"插入图片"对话框，在按住"Ctrl"键的同时选择素材图片"蔬菜""水果"，单击"插入"按钮，在母版中同时插入所选图片。

步骤 10 保持插入图片的选中状态，在"图片工具　格式"选项卡的"调整"组中单击"颜色"下拉按钮▼，在展开的下拉列表中选择"设置透明色"选项，在任意一张图片的白色区域单击，将图片的背景颜色设置为透明，然后单击选中图片外的任意区域，取消图片的选中状态。

步骤 11 选择"水果"图片，将其移到"修饰 1"图片的左下方，然后选择"蔬菜"图片，在"图片工具　格式"选项卡的"大小"组中设置其高度为 12.4 厘米，并将其移到"修饰 1"图片的右下方，如图 3-9 所示。

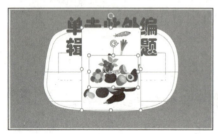
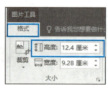

图 3-9　设置图片的大小和位置

步骤 12 设置"空白　版式"母版。在左侧窗格中选择"空白　版式"选项，并在母版中插入素材图片"修饰 1"，然后在"设置图片格式"任务窗格"大小与属性"选项的"大小"设置区取消勾选"锁定纵横比"复选框，并设置图片的高度为 18 厘米、宽度为33 厘米，接着在"图片工具　格式"选项卡的"排列"组中单击"对齐"下拉按钮▼，在展开的下拉列表中分别选择"水平居中"选项和"垂直居中"选项，将图片相对于幻灯片水平且垂直居中对齐，如图 3-10 所示。

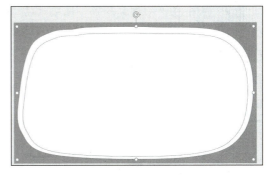

图 3-10　设置图片的大小和对齐方式

> **提示**
>
> 　　在"对齐"下拉列表中可以设置多个对象相对于对象或幻灯片的对齐方式，以及多个对象之间的分布方式。

步骤 13　复制"空白 版式"母版。在左侧窗格中右击"空白 版式"母版，在弹出的快捷菜单中选择"复制版式"选项（见图 3-11），复制一份"空白 版式"母版，且系统自动将复制得到的母版命名为"1_空白 版式"。

步骤 14　设置"1_空白 版式"母版。在"1_空白 版式"母版中插入素材图片"蔬菜框"，然后在"设置图片格式"任务窗格"大小与属性"选项的"大小"设置区取消勾选"锁定纵横比"复选框，并设置图片的高度为 3.2 厘米、宽度为 6 厘米、旋转角度为 315°；在"位置"设置区设置图片相对于幻灯片左上角沿水平方向的距离为-0.5 厘米、沿垂直方向的距离为 0.8 厘米，如图 3-12 所示。

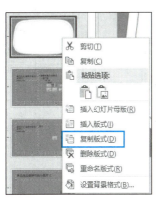
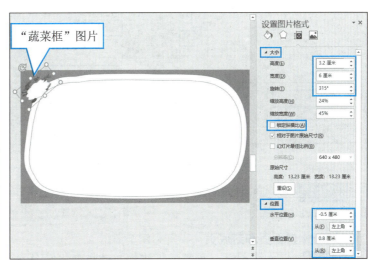

图 3-11　复制母版　　　　　　　　　　图 3-12　设置复制的母版

步骤 15 在"幻灯片母版"选项卡的"母版版式"组中单击"插入占位符"下拉按钮▼，在展开的下拉列表中选择"文本"选项，在母版中单击，插入文本占位符，然后设置文本占位符的高度为 1.2 厘米、宽度为 3.2 厘米、旋转角度为 315°，最后设置文本占位符相对于幻灯片左上角沿水平方向的距离为 0.9 厘米、沿垂直方向的距离为 2.2 厘米，如图 3-13 所示。

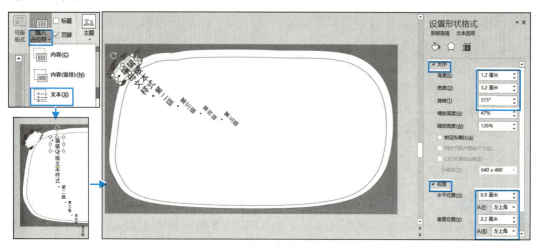

图 3-13 插入文本占位符并设置其大小、旋转角度和位置

步骤 16 保持文本占位符的选中状态，在"开始"选项卡中设置文本的格式为幼圆、20 磅、绿色、居中对齐，然后在"段落"组中单击"项目符号"按钮 ☷，取消段落的项目符号格式，接着在"段落"组中单击"对齐文本"下拉按钮▼，在展开的下拉列表中选择"中部对齐"选项，将文本垂直居中对齐，如图 3-14 所示。

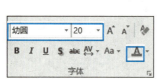

插入的文本占位符

图 3-14 设置文本占位符中文本的格式

步骤 17 在"幻灯片母版"选项卡的"关闭"组中单击"关闭母版视图"按钮，退出幻灯片母版视图。

2）制作封面页和封底页

步骤 1 制作封面页。在第 1 张幻灯片的标题占位符中单击并输入文本"蔬菜真好吃"，然后设置"真好吃"文本的字体颜色为"橙色，个性色 2"。

步骤 2 选择标题占位符，在"动画"选项卡的"动画"组中单击"其他"按钮▼，在展开的列表中选择"进入"类别中的"淡出"选项，然后在"计时"组中单击"开始"下拉按钮▼，在展开的下拉列表中选择"与上一动画同时"选项，并单击两次"持续时间"编辑框右侧的▲按钮，设置动画效果的持续时间为1秒，如图3-15所示。

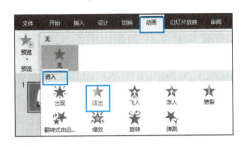

图 3-15 设置标题占位符的动画效果

步骤 3 选择副标题占位符，在"绘图工具 格式"选项卡"排列"组的"对齐"下拉列表中分别选择"左对齐"选项和"顶端对齐"选项，将其相对于幻灯片左侧和顶端对齐，然后在副标题占位符中单击并输入文本"中班健康活动"，并调整副标题占位符的大小，使其正好容纳其中的文本，如图3-16所示。

步骤 4 保持副标题占位符的选中状态，在"动画"选项卡"动画"组的"动画"列表中选择"进入"类别中的"淡出"选项，然后在"计时"组的"开始"下拉列表中选择"上一动画之后"选项，并设置动画效果的持续时间为1秒，如图3-17所示。

图 3-16 设置副标题占位符的对齐方式和大小　　图 3-17 设置副标题占位符的动画效果

步骤 5 将副标题占位符复制一份，并将复制得到的副标题占位符中的文本修改为"编号：×××"，将文本的字号修改为32磅，然后调整该占位符的大小，使其正好容纳其中的文本，同时保持该占位符动画效果的默认状态，最后将该占位符相对于幻灯片右侧和底端对齐，如图3-18所示。

图 3-18 封面页效果

步骤6 制作封底页。在幻灯片窗格中右击第1张幻灯片，在弹出的快捷菜单中选择"复制幻灯片"选项，复制一份第1张幻灯片作为封底页，然后将封底页中的"蔬菜"文本修改为"爱吃蔬菜"，将"真好吃"文本修改为"不挑食"（利用该方式可以避免重复设置文本字体颜色的操作），将标题文本的字号修改为66磅，并向上移动标题占位符到合适位置，同时保持标题占位符动画效果的默认状态，最后删除其中的副标题占位符，如图3-19所示。

图3-19 利用复制幻灯片并修改其中内容的方式制作封底页

3）制作导航页

步骤1 在幻灯片窗格中选择第1张幻灯片，在"开始"选项卡的"幻灯片"组中单击"新建幻灯片"下拉按钮▼，在展开的下拉列表中选择"空白"选项（见图3-20），在第1张幻灯片之后新建一张所选版式的幻灯片。

步骤2 在"插入"选项卡"插图"组的"形状"下拉列表中选择"基本形状"类别中的"文本框"选项，在幻灯片中单击，绘制文本框，并在其中输入文本"活动导航"，然后在"开始"选项卡中设置文本的格式为华文琥珀、66磅、RGB（94，176，161），接着在"绘图工具 格式"选项卡中设置文本框的对齐方式为相对于幻灯片水平居中对齐，并将其移到幻灯片上方，如图3-21所示。

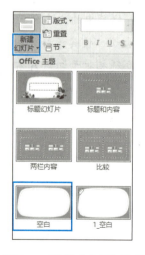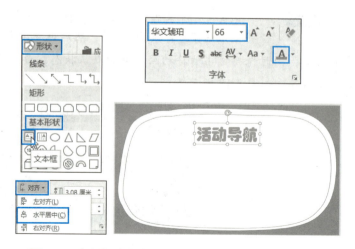

图3-20 选择"空白"选项　　图3-21 在幻灯片中输入文本并设置文本及文本框的格式

步骤3 保持"活动导航"文本所在文本框的选中状态，在"动画"选项卡"动画"组的"动画"列表中选择"进入"类别中的"浮入"选项，并在"动画"组中单击"效果选项"下拉按钮▼，在展开的下拉列表中选择"下浮"选项，然后在"计时"组的"开始"下拉列表中选择"与上一动画同时"选项，并保持动画效果的持续时间为默认的1秒，如图3-22所示。

图 3-22　设置文本框的动画效果

步骤4 在"形状"下拉列表中选择"矩形"类别中的"圆角矩形"选项，在幻灯片中单击，绘制圆角矩形，然后在"绘图工具　格式"选项卡的"大小"组中设置圆角矩形的高度为 2.4 厘米、宽度为 6.2 厘米。

在"形状样式"组中单击"形状填充"下拉按钮▼，在展开的下拉列表中选择"最近使用的颜色"类别中的"青色"选项；单击"形状轮廓"下拉按钮▼，在展开的下拉列表中分别选择"白色，背景 1"选项和"粗细"/"2.25 磅"选项，如图 3-23 所示。

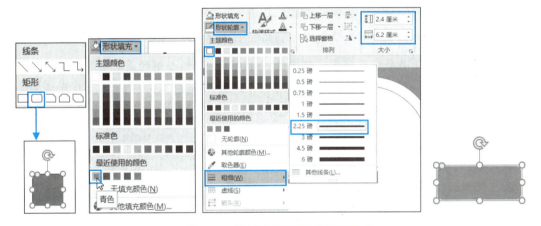

图 3-23　绘制圆角矩形并设置其格式

步骤5 在按住"Ctrl"键的同时拖动圆角矩形，将其复制一份，并将复制得到的圆角矩形移到另一个圆角矩形左上方，然后在该圆角矩形中输入文本"认一认"（见图 3-24），并在"开始"选项卡中设置文本的格式为黑体、40 磅。

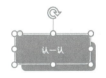

图 3-24　在圆角矩形中输入文本

步骤6 在幻灯片中插入素材图片"胡萝卜 3"，并将该图片移到圆角矩形左侧，然后选择该图片和两个圆角矩形并右击，在弹出的快捷菜单中选择"组合"/"组合"选项，将所选对象组合，如图 3-25 所示。

图 3-25　插入图片并将其与两个圆角矩形组合

步骤 7 在按住"Shift+Ctrl"组合键的同时向下拖动组合对象，将其复制一份，并将复制得到的组合对象中的文本修改为"看一看"，右击"看一看"文本左侧的图片，在弹出的快捷菜单中选择"更改图片"选项，在打开的对话框中选择"从文件"选项，打开"插入图片"对话框，选择素材图片"豌豆 3"，单击"插入"按钮，如图 3-26 所示。

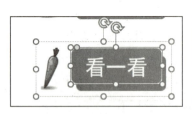  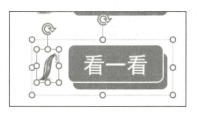

图 3-26　利用拖动复制对象并修改其中内容的方式制作另一组内容

步骤 8 同时选择两个组合对象，在按住"Shift+Ctrl"组合键的同时将其向右拖动，将它们复制一份，并修改复制得到的组合对象中的文本和图片，然后根据实际情况调整 4 个组合对象的位置，美观即可，如图 3-27 所示。

 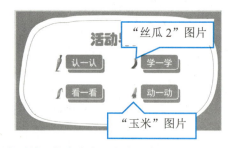

图 3-27　利用拖动复制对象并修改其中内容的方式制作其他两组内容

高手点拨

　　在按住"Shift+Ctrl"组合键的同时拖动对象，可复制对象且使复制得到的对象与原对象保持在同一条水平线或垂直线上。

　　利用更改图片的方式也可插入图片，此时插入的图片会替换原图片，且其高度和样式与原图片保持一致。

步骤 9 从左到右、从上到下依次选择 4 个组合对象，为其设置上一动画之后播放的浮入进入动画效果。

4) 制作"认一认"部分内容

步骤 1 在幻灯片窗格中选择第 2 张幻灯片，在"开始"选项卡"幻灯片"组的"新建幻灯片"下拉列表中选择"1_空白"选项，在第 2 张幻灯片之后新建一张所选版式的幻灯片，然后在新建幻灯片左上方的文本占位符中输入文本"认一认"。

步骤 2 在幻灯片中同时插入素材图片"胡萝卜 1""丝瓜 1""蘑菇""白菜"，并将它们从左到右依次排列，然后分别选择"胡萝卜 1""丝瓜 1"图片，将鼠标指针移到图片上方的旋转控制点◉上，待鼠标指针变成◉形状时按住鼠标左键并向左拖动，旋转到合适位置后释放鼠标，最后调整图片的大小和位置，美观即可，如图 3-28 所示。

图 3-28　在幻灯片中插入图片并对其进行编辑

步骤 3 在"插入"选项卡的"文本"组中单击"文本框"按钮▣，在幻灯片中"胡萝卜 1"图片下方单击，绘制文本框并在其中输入说明文本"胡萝卜"，然后在"开始"选项卡中设置文本的格式为华文琥珀、32 磅、RGB（56，133，55）、居中对齐，并为文本框设置单击时播放的出现进入动画效果。

步骤 4 在按住"Shift+Ctrl"组合键的同时向右拖动 3 次"胡萝卜"文本所在文本框，将其复制 3 份，并将复制得到的文本框中的文本分别修改为对应的蔬菜名称，如图 3-29 所示。

图 3-29　利用拖动复制对象并修改其中内容的方式制作其他蔬菜的说明文本

步骤 5 在"开始"选项卡的"编辑"组中单击"选择"下拉按钮▾，在展开的下拉列表中选择"选择窗格"选项，打开"选择"任务窗格（见图 3-30），在其中可看到当前幻灯片中的对象，分别单击两次相应对象名称，将其修改为对应的蔬菜名称并按"Enter"键确认，如图 3-31 所示。

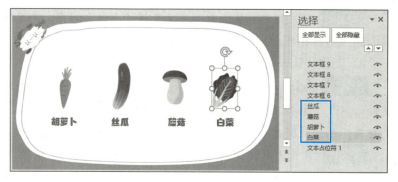

图 3-30　"选择"任务窗格　　　　图 3-31　在"选择"任务窗格中修改对象的名称

((•)) 高 手 点 拨

当在幻灯片中插入多个对象后，在"选择"任务窗格中会显示当前幻灯片中的对象，单击对象名称即可选择要操作的对象。

步骤 6　选择"胡萝卜"文本所在文本框，在"动画"选项卡的"高级动画"组中单击"动画窗格"按钮，打开"动画窗格"任务窗格，然后在"高级动画"组中单击"触发"下拉按钮▼，在展开的下拉列表中选择"单击"/"胡萝卜"选项（见图 3-32），设置"胡萝卜"文本所在文本框动画效果的触发动作为单击"胡萝卜"图片，此时"动画窗格"任务窗格会显示"触发器：胡萝卜"字样。

步骤 7　使用同样的方法将其他 3 种蔬菜说明文本动画效果的触发动作设置为单击对应的蔬菜图片，如图 3-33 所示。

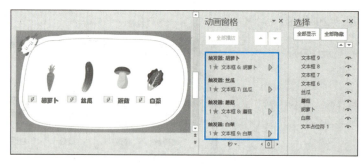

图 3-32　选择"单击"/"胡萝卜"选项　　　图 3-33　设置其他说明文本动画效果的触发动作

步骤 8　使用与步骤 1 至步骤 6 相同的方法，或利用复制第 3 张幻灯片并修改其中内容的方式制作第 4 张幻灯片（另一张"认一认"部分幻灯片），如图 3-34 所示。

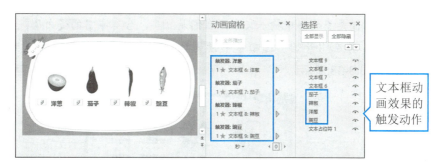

图 3-34　第 4 张幻灯片效果

5）制作"学一学"部分内容

步骤 1 在第 4 张幻灯片之后新建一张"1_空白"版式的幻灯片，并在新建幻灯片左上方的文本占位符中输入文本"学一学"。

步骤 2 在幻灯片中同时插入素材图片"豇豆""花生""红豆""豌豆 1"，并将 4 张图片的背景颜色均设置为透明，将"豇豆""红豆"图片的高度均设置为 6.6 厘米，将"花生""豌豆 1"图片的高度均设置为 6 厘米，然后将 4 张图片排列在幻灯片左侧，美观即可，如图 3-35 所示。

步骤 3 将 4 张图片组合，并在"选择"任务窗格中将组合对象的名称修改为"豆类蔬菜组合图"，如图 3-36 所示。

图 3-35　图片排列效果　　　　　图 3-36　修改组合对象的名称

步骤 4 在"形状"下拉列表中选择"线条"类别中的"任意多边形"选项，在幻灯片右侧的合适位置按住鼠标左键并拖动，绘制任意多边形后释放鼠标，然后在"绘图工具 格式"选项卡的"形状样式"组中设置任意多边形的填充颜色为无、轮廓颜色为"黑色，文字 1，淡色 50%"，如图 3-37 所示。

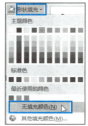

图 3-37　绘制任意多边形并设置其格式

步骤 5 在任意多边形中输入文本"我们是豆类，含有丰富的蛋白质，可以让小朋友长得更壮实哦!"，并在"开始"选项卡中设置文本的格式为华文琥珀、32 磅、RGB（56，133，55），如图 3-38 所示。

图 3-38　在任意多边形中输入文本并设置其格式

步骤 6 保持任意多边形的选中状态，在"动画"选项卡中为其设置单击时播放的出现进入动画效果，然后在"高级动画"组的"触发"下拉列表中选择"单击"/"豆类蔬菜组合图"选项，设置任意多边形动画效果的触发动作为单击"豆类蔬菜组合图"图片，如图 3-39 所示。

图 3-39　设置任意多边形动画效果的触发动作

步骤 7 使用与步骤 1 至步骤 6 相同的方法，或利用复制第 5 张幻灯片并修改其中内容的方式制作第 6～7 张幻灯片（其他两张"学一学"部分幻灯片），如图 3-40 所示。

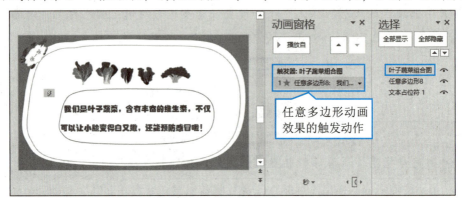

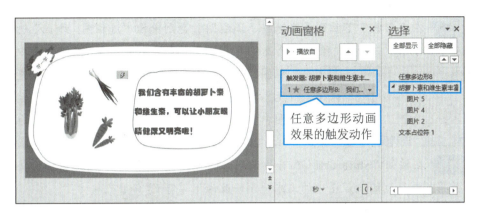

图 3-40　第 6～7 张幻灯片效果

6）制作"看一看"部分内容

步骤 1　在第 7 张幻灯片之后新建一张"1_空白"版式的幻灯片，并在新建幻灯片左上方的文本占位符中输入文本"看一看"。

步骤 2　在"插入"选项卡的"媒体"组中单击"视频"下拉按钮▼，在展开的下拉列表中选择"PC 上的视频"选项，打开"插入视频文件"对话框，选择素材视频"不吃蔬菜危害大"，单击"插入"按钮，如图 3-41 所示。

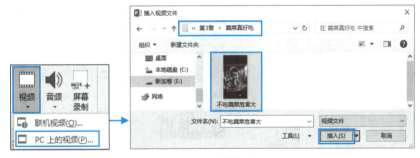

图 3-41　选择视频

步骤 3　保持视频的选中状态，在"视频工具　格式"选项卡的"大小"组中设置视频框的高度为 14 厘米；在"视频样式"组中单击"视频效果"下拉按钮▼，在展开的下拉列表中选择"棱台"/"圆"选项，然后将视频框移到幻灯片左侧，如图 3-42 所示。

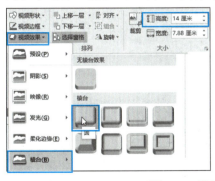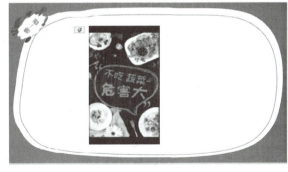

图 3-42　设置视频框的大小、外观和位置

步骤 4 在"形状"下拉列表中选择"流程图"类别中的"流程图:终止"选项（见图 3-43），在幻灯片中单击，绘制所选流程图，并在"绘图工具 格式"选项卡中设置流

图 3-43 选择"流程图:终止"选项

程图的高度为 1.3 厘米、宽度为 4 厘米、填充颜色为无、轮廓颜色为 RGB（56，133，55），然后在流程图中输入文本"播放"，并设置文本的格式为华文琥珀、20 磅、RGB（56，133，55）、右对齐。

步骤 5 在按住"Shift+Ctrl"组合键的同时向下拖动两次"播放"流程图，将其复制两份，并将复制得到的流程图中的文本分别修改为"暂停""停止"。

步骤 6 在幻灯片中同时插入素材图片"南瓜""西红柿""包菜 1"，并设置 3 张图片的背景颜色为透明、高度为 1.2 厘米，然后将"南瓜"图片移到"播放"文本左侧，将"西红柿"图片移到"暂停"文本左侧，将"包菜 1"图片移到"停止"文本左侧，并将相应图片分别与其对应的流程图组合。

步骤 7 同时选择 3 个组合对象，在"绘图工具 格式"选项卡"排列"组的"对齐"下拉列表中选择"纵向分布"选项，将所选组合对象纵向均匀分布，然后将其移到视频框右侧，如图 3-44 所示。

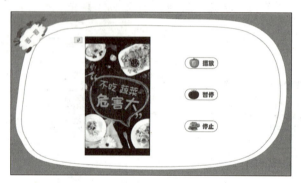

图 3-44 设置组合对象的分布方式和位置

步骤 8 在"选择"任务窗格中将"播放"组合对象、"暂停"组合对象和"停止"组合对象的名称分别修改为"播放""暂停""停止"，如图 3-45 所示。

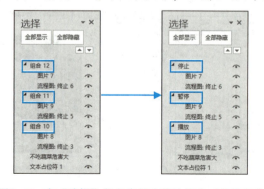

图 3-45 在"选择"任务窗格中修改组合对象的名称

步骤 9 选择视频，在"动画"选项卡"高级动画"组的"添加动画"下拉列表中分别选择"媒体"类别中的"播放"选项和"停止"选项（见图3-46），为视频添加播放、停止播放动画效果。

> **提 示**
>
> 利用"动画"选项卡"高级动画"组的"添加动画"下拉列表可以为同一个对象设置多个动画效果。

步骤 10 在"动画窗格"任务窗格中选择视频的播放动画效果，在"高级动画"组的"触发"下拉列表中选择"单击"/"播放"选项，设置播放视频的触发动作为单击"播放"组合对象，如图3-47所示。

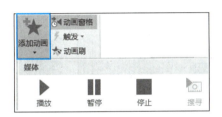

图 3-46 "添加动画"下拉列表 　　　图 3-47 设置播放视频的触发动作

步骤 11 在"动画窗格"任务窗格中选择视频的暂停播放动画效果，在"触发"下拉列表中选择"单击"/"暂停"选项，设置暂停播放视频的触发动作为单击"暂停"组合对象。使用同样的方法设置停止播放视频的触发动作为单击"停止"组合对象，如图3-48所示。

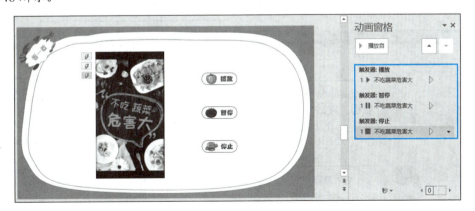

图 3-48 设置暂停播放和停止播放视频的触发动作

7）制作"动一动"部分内容

步骤 1 在第8张幻灯片之后新建一张"1_空白"版式的幻灯片，并在新建幻灯片左上方的文本占位符中输入文本"动一动"，然后在"形状"下拉列表中选择"基本形状"类别中的"椭圆"选项，在幻灯片中单击，绘制圆。

75

步骤2 保持圆的选中状态，在"绘图工具 格式"选项卡的"大小"组中设置圆的直径为3.4厘米（高度和宽度均为3.4厘米），在"形状样式"组的"形状填充"下拉列表中选择"图片"选项，在打开的对话框中选择"从文件"选项，打开"插入图片"对话框，选择素材图片"包菜2"，单击"插入"按钮，使用所选图片填充圆，并设置圆的轮廓颜色为RGB（56，133，55）、轮廓粗细为2.25磅，如图3-49所示。

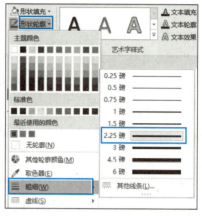

图 3-49　设置圆的大小、填充和轮廓

步骤3 在幻灯片中绘制高度为3.5厘米、宽度为9厘米、填充颜色为无、轮廓颜色为RGB（56，133，55）、轮廓粗细为2.25磅的圆角矩形。

步骤4 在圆角矩形中输入分段文本"包叶菜类""去除外叶，然后剥单片冲洗"并设置其格式，然后将圆角矩形移到圆右侧，并将圆和圆角矩形组合，最后为组合对象设置与上一动画同时播放、自左侧飞入的进入动画效果，如图3-50所示。

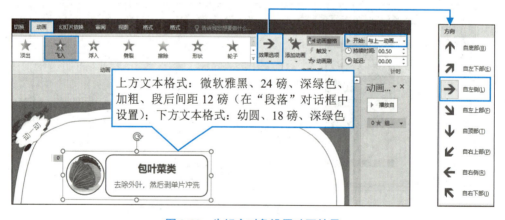

图 3-50　为组合对象设置动画效果

步骤5 在按住"Shift+Ctrl"组合键的同时向下拖动组合对象，将其复制一份，并修改复制得到的组合对象中的文本和图片。使用同样的方法复制组合对象，并修改复制得到的组合对象中的文本和图片，然后根据实际情况调整组合对象的位置，美观即可，如图3-51所示。

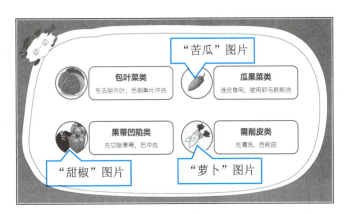

图 3-51　利用拖动复制对象并修改其中内容的方式制作其他内容

8）为导航页添加超链接

步骤 1 在幻灯片窗格中选择第 2 张幻灯片，选择"认一认"文本所在圆角矩形，在"插入"选项卡的"链接"组中单击"超链接"按钮，打开"插入超链接"对话框，在"链接到"设置区选择"本文档中的位置"选项，在"请选择文档中的位置"列表框中选择"3.幻灯片 3"选项，单击"确定"按钮，如图 3-52 所示。

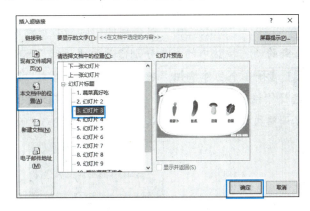

图 3-52　为"认一认"文本所在圆角矩形添加超链接

步骤 2 使用同样的方法依次为"学一学""看一看""动一动"文本所在圆角矩形添加超链接，将它们分别链接到第 5 张、第 8 张和第 9 张幻灯片。

9）为内容页添加动作按钮

步骤 1 进入幻灯片母版视图，在左侧窗格中选择"1_空白 版式"选项。

步骤 2 在"形状"下拉列表中选择"动作按钮"类别中的"动作按钮:自定义"选项，在"1_空白 版式"母版右下方单击，绘制所选动作按钮，同时打开"操作设置"对话框，选中"超链接到"单选钮，在其下方的下拉列表中选择"上一张幻灯片"选项，单击"确定"按钮，如图 3-53 所示。

图 3-53　绘制动作按钮并设置超链接选项

步骤 3　在"绘图工具　格式"选项卡中设置动作按钮的高度为 0.8 厘米、宽度为 1.8 厘米、填充颜色为"白色，背景 1"、轮廓颜色为 RGB（94，176，161），然后在动作按钮中输入文本"上一页"，并设置文本的格式为幼圆、10 磅、RGB（94，176，161）、加粗。

步骤 4　在按住"Shift+Ctrl"组合键的同时向右拖动两次动作按钮，将其复制两份，并将复制得到的动作按钮中的文本分别修改为"返回""下一页"。

步骤 5　选择 3 个动作按钮，在"绘图工具　格式"选项卡"排列"组的"对齐"下拉列表中选择"横向分布"选项，并在"组合"下拉列表中选择"组合"选项，最后根据实际情况调整组合对象的位置，美观即可，如图 3-54 所示。

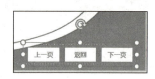

图 3-54　动作按钮排列效果

步骤 6　右击"返回"动作按钮，在弹出的快捷菜单中选择"编辑超链接"选项，打开"操作设置"对话框，在"超链接到"单选钮下方的下拉列表中选择"幻灯片…"选项，打开"超链接到幻灯片"对话框，在"幻灯片标题"列表框中选择"2.幻灯片 2"选项（见图 3-55），单击"确定"按钮，返回"操作设置"对话框，再次单击"确定"按钮。

步骤 7　右击"下一页"动作按钮，在弹出的快捷菜单中选择"编辑超链接"选项，打开"操作设置"对话框，在"超链接到"单选钮下方的下拉列表中选择"下一张幻灯片"选项，单击"确定"按钮，然后退出幻灯片母版视图，此时第 3～9 张幻灯片均显示绘制的动作按钮。至此，幼儿园中班健康活动课件"蔬菜真好吃"制作完毕，保存并关闭演示文稿。

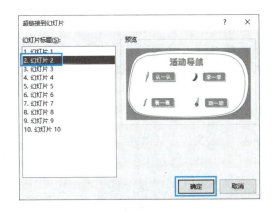

图 3-55　选择"2.幻灯片 2"选项

3.3　实战演练：制作幼儿园中班健康活动课件"安全标志我认识"

本节根据全国职业院校技能大赛（高职组）"幼儿教育技能"赛项中幼儿园保教活动课件制作题目"主题活动——安全标志"制作幼儿园中班健康活动课件"安全标志我认识"，主题活动具体内容如下。

安全问题在生活中无时不有、无处不在。幼儿由于缺少生活经验和常识，不能很好地判断什么事情能做，什么事情不能做，对一些有可能会造成伤害的事件缺乏防范意识和应对能力，因而在日常生活中经常发生一些意外损伤。此外，《幼儿园教育指导纲要（试行）》中也提到："培养幼儿对生活中常见的简单标记和文字符号的兴趣。"因此，加强对幼儿的安全教育，特别是对安全标识的认识，提高他们的自我保护能力尤为重要。

1. 课件要求

幼儿园中班健康活动课件"安全标志我认识"的要求如下。

（1）内容要求：根据给定素材文件夹中的素材完成课件设计，确保内容完整且符合教学目标。课件首页需注明课件名称、适用年龄段及活动领域。

（2）技术要求：适当处理给定素材文件夹中的图片、音频和视频等，合理运用动画效果、超链接和动作按钮等技术，以提高课件的吸引力和互动性，确保课件操作简便、运行稳定。

（3）课件效果：形象、直观，能够有效地服务于教学，符合所注明的年龄段及活动领域。

2. 课件意图

幼儿正处于认知和社会性发展的关键期，对周围环境的探索

制作幼儿园中班健康活动课件"安全标志我认识"

欲强烈，但同时也容易忽视潜在的危险。

设计幼儿园中班健康活动课件"安全标志我认识"旨在通过多维度的教育手段和寓教于乐的方式，让幼儿在轻松愉快的氛围中学习安全知识，提高安全意识，培养问题解决能力和团队合作精神。

（1）问题解决能力。

设计"五爱街怎么走呢？"的情境，让幼儿在遇到问题时学会思考，并做出正确选择。

（2）认知发展。

设置"找一找""看一看""学一学""选一选"等环节，让幼儿识别和理解不同类型的安全标志，如警告标志、禁令标志和指示标志等。

（3）互动体验。

设置"闯一闯"环节，让幼儿在参与活动的过程中加深对安全标志的理解和记忆。

（4）实践应用。

设置为不同场景添加安全标志的环节，让幼儿将学到的知识应用到实际生活中，加深对安全标志的认识和理解。

（5）安全意识。

设置相关活动让幼儿认识到安全标志的重要性，提高他们的安全意识。例如，设置角色扮演游戏，让幼儿扮演安全小卫士，寻找和识别环境中的安全标志。

3．课件展示

幼儿园中班健康活动课件"安全标志我认识"效果如图 3-56 所示。

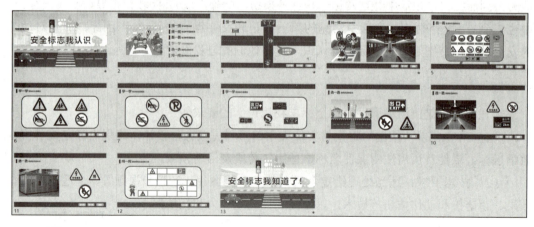

图 3-56　幼儿园中班健康活动课件"安全标志我认识"效果

4．课件制作过程

1）设置母版

步骤1 设置幻灯片母版背景。启动 PowerPoint 2016 并新建"安全标志我认识"空白演示文稿，然后进入幻灯片母版视图。

步骤 2　在左侧窗格中选择"Office 主题 幻灯片母版"选项，在"幻灯片母版"选项卡"背景"组的"背景样式"下拉列表中选择"样式 6"选项，如图 3-57 所示。

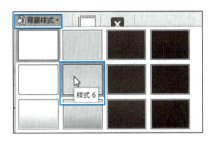

图 3-57　选择背景样式

步骤 3　设置"标题幻灯片 版式"母版。在左侧窗格中选择"标题幻灯片 版式"选项，然后配合"Shift"键在母版中选择标题占位符和副标题占位符，按"Delete"键将其删除。

步骤 4　在"背景样式"下拉列表中选择"设置背景格式"选项，打开"设置背景格式"任务窗格，在"填充"选项中选中"图片或纹理填充"单选钮，单击"文件"按钮，在打开的"插入图片"对话框中选择素材图片"马路"（制作该课件使用的素材均在本书配套素材"素材与实例"/"第 3 章"/"安全标志我认识"文件夹中），单击"插入"按钮，将所选图片作为母版背景，如图 3-58 所示。

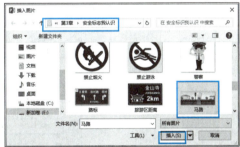

图 3-58　使用图片作为"标题幻灯片 版式"母版的背景

步骤 5　设置"空白 版式"母版。在左侧窗格中选择"空白 版式"选项，并在母版中插入素材图片"分隔线"，然后在"设置图片格式"任务窗格"大小与属性"选项的"大小"设置区取消勾选"锁定纵横比"复选框，并设置图片的高度为 1.73 厘米、宽度为 33.9 厘米，最后将图片相对于幻灯片左侧和顶端对齐。

步骤 6　保持图片的选中状态，在按住"Shift+Ctrl"组合键的同时将其拖到幻灯片底端，如图 3-59 所示。

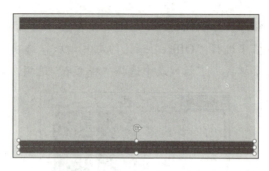

图 3-59　复制图片到幻灯片底端

步骤 7　复制"空白 版式"母版。在左侧窗格中右击"空白 版式"选项，在弹出的快捷菜单中选择"复制母版"选项，复制一份所选母版，然后退出幻灯片母版视图。

2）制作封面页和封底页

步骤 1　制作封面页。在"开始"选项卡"幻灯片"组的"版式"下拉列表中选择"标题幻灯片"选项（见图 3-60），为第 1 张幻灯片重新应用"标题幻灯片"版式。

步骤 2　在幻灯片中绘制高度为 8.85 厘米、宽度为 33.9 厘米、填充颜色为"白色，背景 1"、填充颜色的透明度为 30%、轮廓为无（见图 3-61）的矩形，并将其相对于幻灯片水平且垂直居中对齐。

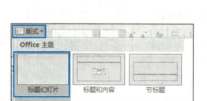

图 3-60　选择"标题幻灯片"选项　　图 3-61　设置矩形的填充颜色及其透明度和轮廓

步骤 3　利用文本框在幻灯片中输入文本"中班健康活动"，并设置文本的格式为微软雅黑、24 磅、RGB（68，84，106）、加粗，然后将文本框移到矩形的左上方，接着将该文本框复制一份，并将复制得到的文本框中的文本修改为"编号：×××"，并将其移到矩形的右下方。

步骤 4　在"插入"选项卡的"文本"组中单击"艺术字"下拉按钮，在展开的下拉列表中选择"填充-黑色，文本 1，轮廓-背景 1，清晰阴影-背景 1"选项，在出现的艺术字占位符中输入文本"安全标志我认识",然后设置文本的格式为微软雅黑、80 磅、深蓝色、字符间距加宽 10 磅,最后将文本框相对于幻灯片水平且垂直居中对齐,如图 3-62 所示。

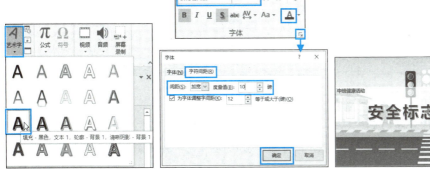

图 3-62 选择艺术字并设置文本的格式和文本框的对齐方式

步骤 5 在幻灯片中插入素材图片"轿车",然后设置图片的高度为 3.9 厘米,并将图片移到幻灯片左下方。

步骤 6 保持"轿车"图片的选中状态,在"动画"选项卡"动画"组的"动画"列表中选择"其他动作路径"选项,打开"更改动作路径"对话框,在"直线和曲线"类别中选择"向右"选项,单击"确定"按钮,如图 3-63 所示。

步骤 7 在"计时"组的"开始"下拉列表中选择"与上一动画同时"选项,持续时间保持默认,然后将鼠标指针移到"轿车"图片动作路径的终点上,待鼠标指针变成形状时,在按住"Shift"键的同时将其拖到幻灯片右侧的合适位置,如图 3-64 所示。

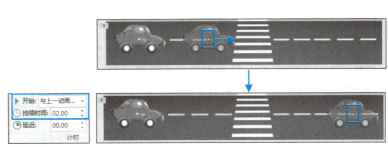

图 3-63 选择动作路径　　图 3-64 为"轿车"图片设置动画效果

步骤 8 在"插入"选项卡"媒体"组的"音频"下拉列表中选择"PC 上的音频"选项,打开"插入音频"对话框,选择素材音频"交通安全拍手歌",单击"插入"按钮,如图 3-65 所示。

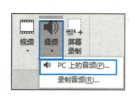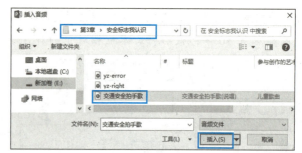

图 3-65　在幻灯片中插入音频

步骤 9 保持音频的选中状态，在"音频工具　播放"选项卡"音频选项"组的"开始"下拉列表中选择"自动"选项，并勾选"放映时隐藏"复选框（见图 3-66），然后在"动画"选项卡"计时"组的"开始"下拉列表中选择"与上一动画同时"选项，持续时间保持默认，最后在"动画"选项卡中为"安全标志我认识"文本所在占位符设置与上一动画同时播放的出现进入动画效果。

图 3-66　设置音频选项

步骤 10 制作封底页。将第 1 张幻灯片复制一份作为封底页，并将封底页中的文本"安全标志我认识"修改为"安全标志我知道了！"，然后删除矩形左上方和右下方的文本框。

3）制作导航页

步骤 1 在幻灯片窗格中选择第 1 张幻灯片，在"开始"选项卡"幻灯片"组的"新建幻灯片"下拉列表中选择"1_空白"选项，在第 1 张幻灯片之后新建一张所选版式的幻灯片，然后在其中插入素材图片"过马路 1"，并在"图片工具　格式"选项卡中设置图片的高度为 10.5 厘米、样式为"居中矩形阴影"，最后将图片移到幻灯片左侧中部。

步骤 2 在幻灯片中绘制高度为 1.4 厘米、宽度为 0.5 厘米、填充颜色为 RGB（68，84，106）、轮廓为无的矩形，然后在该矩形右侧利用文本框输入文本"想一想"，并设置文本的格式为微软雅黑、32 磅、RGB（68，84，106）、加粗。

步骤 3 将"想一想"文本所在文本框复制一份，并将复制得到的文本框中的文本修改为"毛毛该怎么走"，字号修改为 18 磅，然后将该文本框移到"想一想"文本所在文本框右侧，并将矩形和文本框均匀分布，最后将矩形和两个文本框组合，并将组合对象移到图片右上方。

步骤 4 在按住"Shift+Ctrl"组合键的同时将组合对象向下拖动 5 次，将其复制

5 份，然后依次修改复制得到的组合对象中的文本、文本的字体颜色及矩形的填充颜色（两种颜色保持一致），制作导航页其他内容，并纵向分布组合对象，如图 3-67 所示。

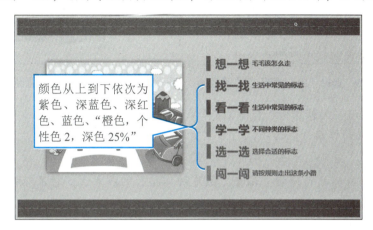

图 3-67　导航页效果

4）制作"想一想"部分内容

步骤 1 在第 2 张幻灯片之后新建一张"空白"版式的幻灯片，然后将第 2 张幻灯片中的"想一想"组合对象复制到新建的幻灯片，并设置组合对象相对于幻灯片左上角沿水平方向的距离为 0.68 厘米、沿垂直方向的距离为 2.11 厘米，如图 3-68 所示。

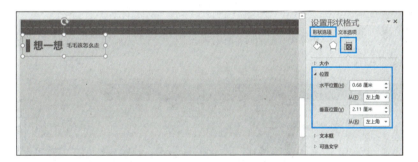

图 3-68　设置组合对象相对于幻灯片的位置

步骤 2 在幻灯片中插入素材图片"分隔线"，然后在"设置图片格式"任务窗格"大小与属性"选项的"大小"设置区取消勾选"锁定纵横比"复选框，并设置图片的高度为 3.6 厘米、宽度为 33.9 厘米，最后将图片相对于幻灯片水平且垂直居中对齐。

步骤 3 将"分隔线"图片复制一份，在"图片工具　格式"选项卡"排列"组的"旋转"下拉列表中选择"向左旋转 90°"选项（见图 3-69），然后设置图片的宽度为 14.5 厘米，并将图片相对于幻灯片底端对齐。

步骤 4 在幻灯片中插入素材图片"路标"，并将其移到垂直分隔线图片的正上方，然后为其设置上一动画之后播放、延迟时间 1 秒的放大/缩小强调动画效果。

步骤 5 在幻灯片中插入素材图片"儿童"，并将其垂直翻转后相对于幻灯片底端对齐，如图 3-70 所示。

图 3-69　选择"向左旋转 90°"选项　　　图 3-70　垂直翻转图片并设置图片的对齐方式

步骤 6　保持"儿童"图片的选中状态，在"动画"选项卡"动画"组的"动画"列表中选择"其他动作路径"选项，打开"更改动作路径"对话框，在"直线和曲线"类别中选择"向上"选项，单击"确定"按钮。

步骤 7　将鼠标指针移到"儿童"图片动作路径的终点上，待鼠标指针变成 形状时，在按住"Shift"键的同时将其拖到"十字路口"。

步骤 8　保持图片的选中状态，在"高级动画"组中为其添加与上一动画同时播放、持续时间 0.25 秒、延迟时间 0.5 秒的消失退出动画效果，如图 3-71 所示。

图 3-71　为图片添加消失动画效果

步骤 9　将"儿童"图片复制一份，并将复制得到的图片向左旋转 90°后移到"十字路口"，如图 3-72 所示。

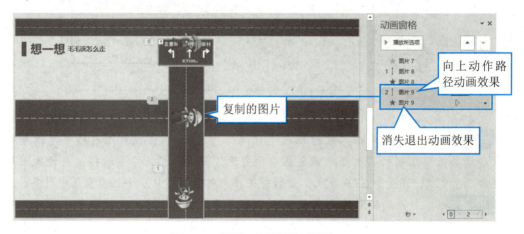

图 3-72　复制、旋转并移动图片

步骤 10　在"动画窗格"任务窗格中选择复制得到的图片的向上动作路径动画效果，在"动画"组的"效果选项"下拉列表中选择"靠左"选项，然后将该图片动作路径的终点拖到幻灯片左侧的合适位置，并在"计时"组中设置动画效果的开始播放方式为上一动画之后。

步骤 11 在"动画窗格"任务窗格中选择复制得到的图片的消失退出动画效果，在"动画"列表中选择"进入"类别中的"出现"选项，在"计时"组中设置动画效果的开始播放方式为上一动画之后。

步骤 12 在幻灯片中绘制高度为 1.5 厘米、宽度为 2.8 厘米、填充颜色为"蓝色，个性色 5"、轮廓颜色为"白色，背景 1"、轮廓粗细为 1 磅的矩形。

步骤 13 将矩形复制一份，并将复制得到的矩形的高度修改为 1.2 厘米，宽度修改为 2.5 厘米，轮廓粗细修改为 2.25 磅，然后在"绘图工具 格式"选项卡"插入形状"组的"编辑形状"下拉列表中选择"更改形状"/"圆角矩形"选项（见图 3-73），接着在圆角矩形中输入文本"五爱街"及其拼音并设置文本的格式，最后将圆角矩形移到矩形中部。

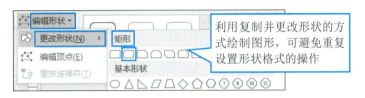

图 3-73 选择"更改形状"/"圆角矩形"选项

步骤 14 在矩形中下方绘制高度为 1.1 厘米、宽度为 0.2 厘米、填充颜色为"蓝-灰，文字 2，淡色 40%"、轮廓为无的矩形，然后将两个矩形和圆角矩形组合，并将组合对象移到幻灯片左上方的合适位置，作为路标，如图 3-74 所示。

步骤 15 在"形状"下拉列表中选择"标注"类别中的"椭圆形标注"选项，在幻灯片中单击，绘制椭圆形标注，并设置其填充颜色为 RGB（105，158，i74）、轮廓为无，然后在其中输入文本"五爱街怎么走呢？"，并设置文本的格式为微软雅黑、24 磅、加粗，最后调整椭圆形标注的大小，使其中的文本以两行显示，并将其移到合适位置，如图 3-75 所示。

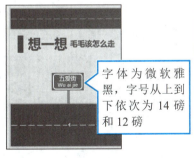

图 3-74 制作路标

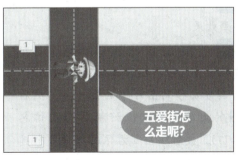

图 3-75 在幻灯片中绘制椭圆形标注

步骤 16 为椭圆形标注设置上一动画之后播放的出现进入动画效果和上一动画之后播放、持续时间 0.25 秒、延迟时间 0.5 秒的消失退出动画效果。

步骤 17 在幻灯片中插入素材音频"yz-right"，在"音频工具 播放"选项卡中设置音频的开始播放方式为自动且放映幻灯片时隐藏音频图标，并将音频图标移到幻灯片右下方，然后为音频设置上一动画之后的播放动画效果。

步骤 18 在"动画窗格"任务窗格中选择"图片8"（"儿童"图片）向上动作路径动画效果，单击"向上移动"按钮▲，将其移到最上方作为第1个动画效果。使用同样的方法调整该幻灯片中其他对象动画效果的播放顺序，如图3-76所示。

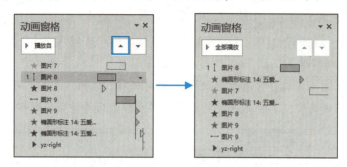

图 3-76 调整动画效果的播放顺序

5）制作"找一找"部分内容

步骤 1 在第3张幻灯片之后新建一张"空白"版式的幻灯片，将第3张幻灯片中的"想一想"组合对象复制到新建的幻灯片，并将复制得到的组合对象中的文本分别修改为"找一找""生活中常见的标志"。

步骤 2 在幻灯片中插入素材图片"过马路2"，在"设置图片格式"任务窗格"大小与属性"选项的"大小"设置区取消勾选"锁定纵横比"复选框，并设置图片的高度为12.7厘米、宽度为10.4厘米；在"图片工具 格式"选项卡中设置图片样式为"居中矩形阴影"，并将其移到幻灯片左侧中部。

步骤 3 在幻灯片中插入素材图片"地铁站"，在"图片工具 格式"选项卡中设置图片的高度为12.7厘米、样式为"居中矩形阴影"，并将其移到幻灯片右侧中部。

步骤 4 从左到右依次选择幻灯片中的两张图片，为其设置与上一动画同时播放的浮入进入动画效果。

步骤 5 在幻灯片中绘制4个填充颜色为无、轮廓颜色为红色、轮廓粗细为4.5磅的椭圆，并将其分别移到图片中的标志上，然后调整椭圆的大小，使其正好框住标志信息（见图3-77），最后从左到右依次选择4个椭圆，为其设置单击时播放、持续时间1秒的轮子进入动画效果。

图 3-77 在幻灯片中绘制4个椭圆并调整其位置和大小

6）制作"看一看"部分内容

步骤 1 在第4张幻灯片之后新建一张"空白"版式的幻灯片，将第4张幻灯片中的"找一找"组合对象复制到新建的幻灯片，并将复制得到的组合对象中的"找一找"文本修改为"看一看"。

步骤 2 在幻灯片中绘制圆角矩形、半闭框、"流程图：延期"、矩形、椭圆、平行四边形、直线、等腰三角形、等号及插入素材图片"警察"（形状的大小、填充颜色和轮廓颜色等可参考效果文件设置，也可自行设置，美观即可），然后参照图3-78将它们排列。

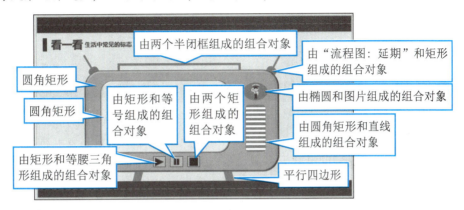

图 3-78 形状和图片效果

步骤 3 在幻灯片中插入素材视频"认识安全标志"，在"视频工具 格式"选项卡的"大小"组中单击"裁剪"按钮，将鼠标指针移到视频框左侧中部的控制点上，待鼠标指针变成 形状后按住鼠标左键并向右拖动，待黑色部分变为半透明后释放鼠标。使用同样的方法裁剪视频框右侧的黑色部分，然后按"Esc"键或单击视频框外的任意位置，退出视频框裁剪状态，如图3-79所示。

图 3-79 裁剪视频框

步骤 4 选择视频，在"设置视频格式"任务窗格"大小与属性"选项的"大小"设置区取消勾选"锁定纵横比"复选框，并设置视频框的高度为7.6厘米、宽度为13.8厘米。

步骤 5 在"视频工具 格式"选项卡"视频样式"组的"视频形状"下拉列表中选择"矩形"类别中的"圆角矩形"选项，然后将视频框移到图形中部的小圆角矩形中。

步骤 6 在"视频工具 格式"选项卡"调整"组的"标牌框架"下拉列表中选择"文件中的图像"选项，在打开的对话框中选择"从文件"选项，再在打开的"插入图片"对话框中选择素材图片"标志"，单击"插入"按钮，将所选图片作为视频封面，如图3-80所示。

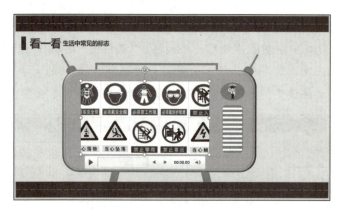

图 3-80 设置视频封面

步骤 7 保持视频的选中状态，在"动画"选项卡"高级动画"组的"添加动画"下拉列表中分别选择"媒体"类别中的"播放"选项和"停止"选项，为视频添加播放和停止播放动画效果。

步骤 8 选择幻灯片中的▶组合对象，在"选择"任务窗格中将其名称修改为"播放"。使用同样的方法在"选择"任务窗格中将⏸和⏹组合对象的名称分别修改为"暂停""停止"。

步骤 9 在"动画窗格"任务窗格中选择视频的播放动画效果，在"动画"选项卡"高级动画"组的"触发"下拉列表中选择"单击"/"播放"选项，设置播放视频的触发动作为单击"播放"组合对象。使用同样的方法设置暂停播放视频和停止播放视频的触发动作分别为单击"暂停"组合对象和单击"停止"组合对象，如图 3-81 所示。

图 3-81 设置播放、暂停播放和停止播放视频的触发动作

7）制作"学一学"部分内容

步骤 1 在第 5 张幻灯片之后新建一张"空白"版式的幻灯片，将第 5 张幻灯片中的"看一看"组合对象复制到新建的幻灯片，并将复制得到的组合对象中的文本分别修改为"学一学""警告标志是哪些"。

步骤 2 在幻灯片中绘制高度为 11.3 厘米、宽度为 28 厘米、填充颜色为"白色，背景 1"、填充颜色的透明度为 50%、轮廓颜色为深蓝色、轮廓粗细为 4.5 磅的圆角矩形，并将其移到幻灯片中下方。

步骤 3 在幻灯片中同时插入素材图片"注意危险""注意儿童""注意行人""禁止

鸣笛""当心触电""禁止游泳",在"图片工具 格式"选项卡"调整"组的"颜色"下拉列表中选择"设置透明色"选项,在图片的白色区域单击,将图片的背景颜色均设置为透明,然后将图片的高度均设置为 5 厘米,并参照图 3-82 排列图片。

步骤 4 在"选择"任务窗格中修改各对象的名称,如图 3-83 所示。

图 3-82 图片排列效果

图 3-83 修改各对象的名称

步骤 5 为圆角矩形设置上一动画之后播放的擦除进入动画效果,并为 6 张图片设置与上一动画同时播放、自底部飞入的进入动画效果。

步骤 6 保持图片的选中状态,为其添加单击时播放的放大/缩小强调动画效果,然后在"动画窗格"任务窗格中右击该强调动画效果,在弹出的快捷菜单中选择"效果选项"选项,在打开的"放大/缩小"对话框的"效果"选项卡中勾选"自动翻转"复选框,单击"确定"按钮,如图 3-84 所示。

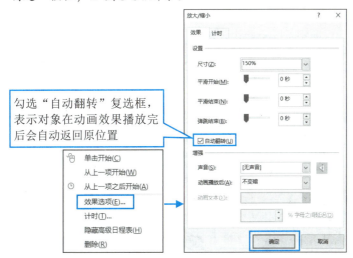

勾选"自动翻转"复选框,表示对象在动画效果播放完后会自动返回原位置

图 3-84 设置动画效果自动翻转

步骤 7 为"禁止鸣笛""禁止游泳"图片添加上一动画之后播放的消失退出动画效果。

步骤 8 在幻灯片中插入素材音频"yz-right""yz-error",将音频图标移到幻灯片右侧外,为音频设置与上一动画同时的播放动画效果,然后将"yz-right"音频复制 3 份,将"yz-error"音频复制一份。

步骤 9 在"动画窗格"任务窗格中选择"注意危险"强调动画效果,在"触发"下拉列表中选择"单击"/"注意危险"选项;选择"yz-right"动画效果,在"触发"下拉列表中选择"单击"/"注意危险"选项。

步骤 10 使用同样的方法为其他 5 张图片的强调动画效果、"禁止鸣笛""禁止游泳"图片的退出动画效果,以及 5 个音频的动画效果设置触发动作,如图 3-85 所示。

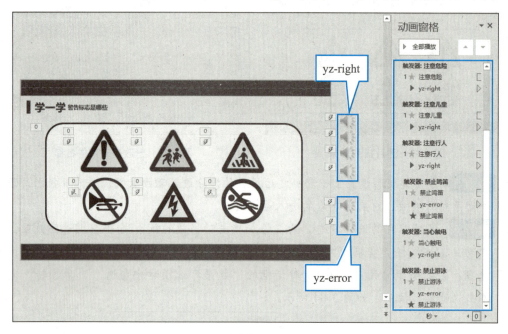

图 3-85 设置图片和音频动画效果的触发动作

步骤 11 使用与步骤 1 至步骤 9 相同的方法,或利用复制第 6 张幻灯片并修改其中内容的方式制作第 7~8 张幻灯片(其他两张"学一学"部分幻灯片),如图 3-86 所示。

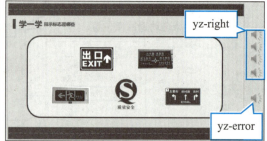

图 3-86 第 7~8 张幻灯片效果

8)制作"选一选"部分内容

步骤 1 在第 8 张幻灯片之后新建一张"空白"版式的幻灯片,将第 8 张幻灯片中的"学一学"组合对象复制到新建的幻灯片,并将复制得到的组合对象中的文本分别修改为"选一选""选择合适的标志"。

步骤 2 在幻灯片中同时插入素材图片"马路""出口标志""禁止烟火""注意行人",根据幻灯片版面调整图片的大小,并设置"马路"图片的叠放次序为置于底层,然后为 4 张图片应用"居中矩形阴影"样式,并参照图 3-87 排列图片。

图 3-87　图片排列效果

步骤 3 在"选择"任务窗格中将幻灯片右侧对象的名称分别修改为"出口标志""禁止烟火""注意行人"。

步骤 4 同时选择"出口标志""禁止烟火"图片,为其设置单击时播放的直线向左动作路径动画效果,然后在"动画窗格"任务窗格中右击任意图片的动作路径动画效果,在弹出的快捷菜单中选择"效果选项"选项,打开"向左"对话框,在"效果"选项卡中设置动画效果的平滑开始时间和平滑结束时间均为 1 秒,并勾选"自动翻转"复选框,单击"确定"按钮,如图 3-88 所示。

步骤 5 将两张图片动作路径的终点分别拖到"马路"图片的合适位置,如图 3-89 所示。

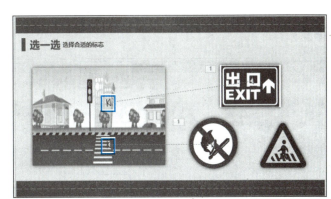

图 3-88　设置图片的动画效果选项　　　图 3-89　调整动作路径的终点位置

步骤 6 为"注意行人"图片设置单击时播放的直线向左动作路径动画效果,并将该图片动作路径的终点拖到"出口标志"图片动作路径的终点位置。

步骤 7 在幻灯片中插入素材音频"yz-right""yz-error",将音频图标移到幻灯片右侧外,并将音频"yz-error"复制一份,然后为音频设置与上一动画同时的播放动画效果。

步骤 8 在"动画窗格"任务窗格中选择"注意行人"动画效果,在"触发"下拉列表中选择"单击"/"注意行人"选项;选择"yz-right"动画效果,在"触发"下拉列表中选择"单击"/"注意行人"选项。

步骤 9 选择"出口标志"动画效果,在"触发"下拉列表中选择"单击"/"出口标志"选项;选择"yz-error"动画效果,在"触发"下拉列表中选择"单击"/"出口标志"选项。

步骤 10 选择"禁止烟火"动画效果,在"触发"下拉列表中选择"单击"/"禁止烟火"选项;选择"yz-error"动画效果,在"触发"下拉列表中选择"单击"/"禁止烟火"选项,如图 3-90 所示。

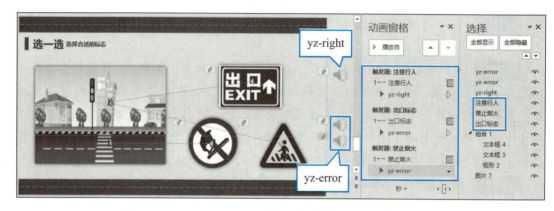

图 3-90 设置图片和音频动画效果的触发动作

步骤 11 使用与步骤 1 至步骤 10 相同的方法,或利用复制第 9 张幻灯片并修改其中内容的方式制作第 10～11 张幻灯片(其他两张"选一选"部分幻灯片),如图 3-91 所示。

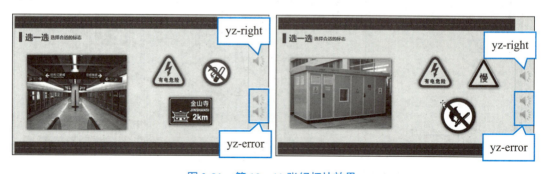

图 3-91 第 10～11 张幻灯片效果

9）制作"闯一闯"部分内容

步骤 1 　在第 11 张幻灯片之后新建一张"空白"版式的幻灯片，将第 11 张幻灯片中的"选一选"组合对象复制到新建的幻灯片，并将复制得到的组合对象中的文本分别修改为"闯一闯""请按规则走出这条小路"，然后将第 8 张幻灯片中的圆角矩形复制到该幻灯片中并删除其动画效果。

步骤 2 　在圆角矩形中绘制高度为 2 厘米、宽度为 3.62 厘米、填充颜色为"白色，背景 1"、轮廓颜色为"黑色，文字 1"、轮廓粗细为 4.5 磅的矩形，然后将矩形复制 16 份，并将它们排成一条小路（见图 3-92），最后组合矩形并将其置于底层。

步骤 3 　在幻灯片中同时插入素材图片"慢行标志""安全出口 2""注意行人""禁止通行""当心触电""儿童"，并设置图片的背景颜色为透明，然后将图片缩放、旋转并参照图 3-93 排列。

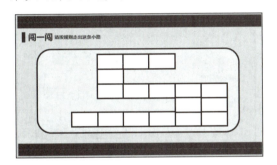

图 3-92　绘制小路

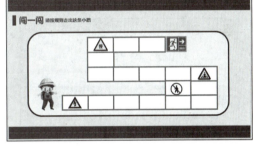

图 3-93　第 12 张幻灯片效果

10）为导航页添加超链接

步骤 1 　在幻灯片窗格中选择第 2 张幻灯片，选择"想一想"文本所在文本框，在"插入"选项卡的"链接"组中单击"超链接"按钮，打开"插入超链接"对话框，在"链接到"设置区选择"本文档中的位置"选项，在"请选择文档中的位置"列表框中选择"3.幻灯片 3"选项，单击"确定"按钮。

步骤 2 　使用同样的方法为"找一找""看一看""学一学""选一选""闯一闯"文本所在文本框添加超链接，将它们分别链接到第 4 张、第 5 张、第 6 张、第 9 张和第 12 张幻灯片。

11）为内容页添加动作按钮

步骤 1 　进入幻灯片母版视图，在左侧窗格中选择"空白 版式"选项。

步骤 2 　在"空白 版式"母版中绘制高度为 1 厘米、宽度为 2.7 厘米、样式为"强烈效果-金色，强调颜色 4"的圆角矩形。

步骤 3 　在圆角矩形中输入文本"上一页"，并设置文本的格式为微软雅黑、加粗，然后在按住"Shift+Ctrl"组合键的同时将圆角矩形向右拖动两次，将其复制两份，并将复制得到的圆角矩形中的文本分别修改为"下一页""返回"。

步骤4 将3个圆角矩形横向分布，并将其移到"空白 版式"母版右下方，如图3-94所示。

步骤5 选择"上一页"文本所在圆角矩形，在"插入"选项卡的"链接"组中单击"动作"按钮，打开"操作设置"对话框，选中"超链接到"单选钮，在其下方的下拉列表中选择"上一张幻灯片"选项，单击"确定"按钮，如图3-95所示。

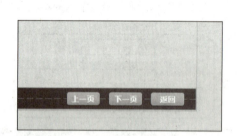

图3-94 绘制动作按钮

图3-95 设置"上一页"文本所在圆角矩形的超链接

步骤6 选择"下一页"文本所在圆角矩形，打开"操作设置"对话框，选中"超链接到"单选钮，保持其下方下拉列表中"下一张幻灯片"选项的选中状态，单击"确定"按钮。

步骤7 选择"返回"文本所在圆角矩形，打开"操作设置"对话框，选中"超链接到"单选钮，在其下方的下拉列表中选择"幻灯片…"选项，打开"超链接到幻灯片"对话框，在"幻灯片标题"列表框中选择"2.幻灯片 2"选项，单击"确定"按钮，返回"操作设置"对话框，再次单击"确定"按钮。

步骤8 退出幻灯片母版视图。至此，幼儿园中班健康活动课件"安全标志我认识"制作完毕，保存并关闭演示文稿。

 课堂实训：制作幼儿园中班健康活动课件
             "我是小小消防员"

使用本书配套素材"素材与实例"/"第3章"/"我是小小消防员"文件夹中的素材，制作幼儿园中班健康活动课件"我是小小消防员"，效果如图3-96所示。

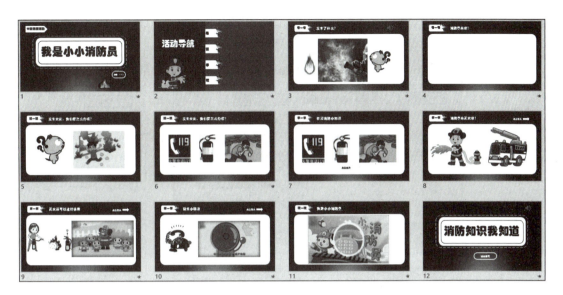

图 3-96　幼儿园中班健康活动课件"我是小小消防员"效果

【操作提示】

（1）设置幻灯片母版的背景颜色。进入幻灯片母版视图，在左侧窗格中选择"Office 主题 幻灯片母版"选项，删除母版中的标题占位符和文本占位符，在"设置背景格式"任务窗格中选中"渐变填充"单选钮，在"预设渐变"下拉列表中选择"底部聚光灯-个性色 2"选项，并设置渐变类型为射线，删除第 2 个渐变光圈，然后设置其他 3 个渐变光圈的颜色和位置，如图 3-97 所示。

（2）设置"标题幻灯片 版式"母版。在左侧窗格中选择"标题幻灯片 版式"选项，删除母版中的标题占位符和副标题占位符，在母版中绘制 3 个圆角矩形并对其进行设置，如图 3-98 所示。

（3）设置"节标题 版式"母版。在左侧窗格中选择"节标题 版式"选项，删除母版中的标题占位符，并设置母版的背景颜色为 RGB（240，60，56）。

（4）设置"标题和内容 版式"母版。在左侧窗格中选择"标题和内容 版式"选项，删除母版中的标题占位符和内容占位符，在母版中绘制圆角矩形，插入图片、文本占位符，并对它们进行设置，如图 3-99 所示。

（5）参照效果文件使用"标题幻灯片""节标题""标题和内容"版式制作幻灯片。

① 第 1 张和第 12 张幻灯片的版式均为"标题幻灯片"，第 2 张幻灯片的版式为"节标题"，第 3～11 张幻灯片的版式均为"标题和内容"。

② 将第 2 张幻灯片中"看一看""说一说""学一学""玩一玩"文本所在矩形和相应图片组合，将组合对象移到幻灯片左侧形状下层合适位置，并为组合对象设置上一动画之后播放的直线向右动作路径动画效果，如图 3-100 所示。

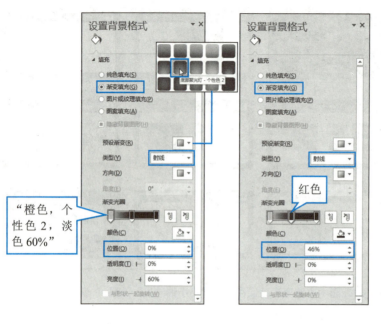

图 3-97 幻灯片母版渐变背景设置参数

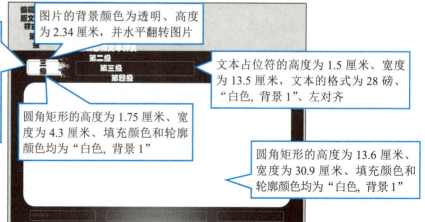

高度为 8.8 厘米、宽度为 26.3 厘米、填充颜色为无、轮廓颜色为 "白色, 背景 1"、轮廓粗细为 2.25 磅、轮廓线型为长划线

高度为 6.3 厘米、宽度为 23.7 厘米、填充颜色为 "白色, 背景 1"、轮廓颜色为红色、轮廓粗细为 2.25 磅

高度为 7.7 厘米、宽度为 24.9 厘米、填充颜色和轮廓颜色均为 "白色, 背景 1"

图 3-98 "标题幻灯片 版式" 母版效果

图片的背景颜色为透明、高度为 2.34 厘米,并水平翻转图片

文本占位符的高度为 1.3 厘米、宽度为 3.5 厘米,文本的格式为华文琥珀、24 磅、红色、水平且垂直居中对齐、无项目符号格式

文本占位符的高度为 1.5 厘米、宽度为 13.5 厘米,文本的格式为 28 磅、"白色, 背景 1"、左对齐

圆角矩形的高度为 1.75 厘米、宽度为 4.3 厘米、填充颜色和轮廓颜色均为 "白色, 背景 1"

圆角矩形的高度为 13.6 厘米、宽度为 30.9 厘米、填充颜色和轮廓颜色均为 "白色, 背景 1"

图 3-99 "标题和内容 版式" 母版效果

图 3-100 导航页效果

③ 设置第 3 张幻灯片中音频的开始播放方式为自动且放映幻灯片时隐藏音频图标、开始播放时间为"00:16.213"、结束播放时间为"00:32.160"，如图 3-101 所示。

图 3-101 设置音频的开始播放方式、开始播放时间和结束播放时间

④ 设置第 12 张幻灯片中音频的开始播放方式为自动且放映幻灯片时隐藏音频图标、开始播放时间为"00:11.622"、结束播放时间为"01:50.915"。

⑤ 设置第 9 张幻灯片中视频的开始播放方式为自动、开始播放时间为"01:20.299"、结束播放时间为"01:54.466"（设置方法与设置音频类似）。

⑥ 设置第 10 张幻灯片中视频的开始播放方式为自动、开始播放时间为"00:51.998"、结束播放时间为"01:17.000"。

⑦ 设置第 11 张幻灯片中视频的开始播放方式为自动。

⑧ 为第 4 张和第 12 张幻灯片中的消防员图片设置直线动作路径动画效果，并根据实际情况调整动作路径终点的位置。

（6）添加超链接。

① 为第 2 张幻灯片中"看一看""说一说""学一学""玩一玩"文本所在矩形添加超链接，将它们分别链接到第 3 张、第 5 张、第 7 张和第 11 张幻灯片。

② 为第 7 张幻灯片中的 3 张图片添加超链接，将它们分别链接到第 8 张、第 9 张和第 10 张幻灯片。

③ 为第 8~10 张幻灯片右上方的右箭头添加超链接，将它们均链接到第 7 张幻灯片。

④ 为第 12 张幻灯片中"返回首页"文本所在圆角矩形添加超链接，将其链接到第 1 张幻灯片。

第 4 章

幼儿园语言领域
保教活动课件设计与制作

本章导读

　　幼儿期是语言发展，特别是口语发展的重要时期。幼儿语言的发展贯穿于各个领域，对其他领域的学习与发展也有着重要的影响。

　　本章主要介绍《3～6岁儿童学习与发展指南》中语言领域的主要内容及其目标，并根据目标给出相应年龄段幼儿活动课件的设计与制作思路，同时根据全国职业院校技能大赛（高职组）"幼儿教育技能"赛项中幼儿园保教活动课件制作题目，制作幼儿园语言活动课件。

学习目标

知识目标

- 了解语言领域的主要内容及不同年龄段幼儿语言发展的目标。
- 掌握幼儿园语言领域保教活动课件的设计与制作方法。

能力目标

- 能够根据幼儿年龄特点和发展水平设计语言教育活动。
- 能够在幼儿园语言领域保教活动课件中插入和编辑形状、图片、音频和视频等对象。
- 能够在幼儿园语言领域保教活动课件中合理运用动画效果、超链接和动作按钮等技术。

素质目标

- 关注最新的语言发展理论和教学方法，不断提升自己的教育水平。
- 具备良好的师德修养和职业素养，为幼儿的全面发展提供有力的保障。

4.1　语言领域的主要内容

　　语言是交流和思维的工具。幼儿语言的发展贯穿于各个领域，对其他领域的学习与发展也有着重要的影响：幼儿在运用语言进行交流的同时，也在发展着人际交往能力、理解他人和判断交往情境的能力、组织自己思想的能力。

　　语言领域的主要内容可划分为两个方面，包括倾听与表达、阅读与书写准备。

语言领域的主要内容

4.1.1　倾听与表达

　　幼儿在倾听与表达方面的学习与发展目标包括认真听并能听懂常用语言，愿意讲话并能清楚地表达，具有文明的语言习惯。对于不同的目标，设计与制作活动课件的思路也不同。

1. 认真听并能听懂常用语言

　　各年龄段幼儿在认真听并能听懂常用语言方面的目标如表 4-1 所示。

表 4-1　认真听并能听懂常用语言

年龄	3～4 岁	4～5 岁	5～6 岁
目标	（1）他人对自己说话时能注意听并做出回应。 （2）能听懂日常会话	（1）在群体中能有意识地听与自己有关的信息。 （2）能结合情境感受到不同语气、语调所表达的不同意思。 （3）方言地区和少数民族幼儿能基本听懂普通话	（1）在集体中能注意听老师或其他人说话。 （2）听不懂或有疑问时能主动提问。 （3）能结合情境理解一些表示因果、假设等相对复杂的语句

　　要实现让幼儿认真听并能听懂常用语言的目标，在设计与制作各年龄段幼儿活动课件时可参考以下思路。

　　（1）3～4 岁幼儿（小班）活动课件可以设计一些日常简单的会话，如"我去上学啦""爸爸妈妈再见""老师好""放学啦""老师再见"等，并设置动画展现"爸爸妈妈把小美送到幼儿园，小美对爸爸妈妈说再见"等类似情境。

　　（2）4～5 岁幼儿（中班）活动课件可以设置一些不同的情境，让幼儿感受不同情境中不同语气、语调所表达的不同意思，如设置动画展现"小强认错说对不起""小花过生日，小朋友跟小花说生日快乐"等不同场合表达的情境。

　　（3）5～6 岁幼儿（大班）活动课件可以设置一些给定情境，如设置动画展现"小公鸡今天上学的时候带了一把雨伞"等类似情境，并描述为什么会出现这些情境，以帮助幼儿理解相对复杂、需要思考才能完成的语句。

2．愿意讲话并能清楚地表达

各年龄段幼儿在愿意讲话并能清楚地表达方面的目标如表 4-2 所示。

表 4-2　愿意讲话并能清楚地表达

年龄	3～4 岁	4～5 岁	5～6 岁
目标	（1）愿意在熟悉的人面前说话，能大方地与人打招呼。 （2）基本会说本民族或本地区的语言。 （3）愿意表达自己的需要和想法，必要时能配以手势动作。 （4）能口齿清晰地说儿歌、童谣或复述简短的故事	（1）愿意与他人交谈，喜欢谈论自己感兴趣的话题。 （2）会说本民族或本地区的语言，基本会说普通话。少数民族聚居地区幼儿会用普通话进行日常会话。 （3）能基本完整地讲述自己的所见所闻和经历的事情。 （4）讲述比较连贯	（1）愿意与他人讨论问题，敢在众人面前说话。 （2）会说本民族或本地区的语言和普通话，发音正确清晰。少数民族聚居地区幼儿基本会说普通话。 （3）能有序、连贯、清楚地讲述一件事情。 （4）讲述时能使用常见的形容词、同义词等，语言比较生动

要实现让幼儿愿意讲话并能清楚地表达的目标，在设计与制作各年龄段幼儿活动课件时可参考以下思路。

（1）3～4 岁幼儿（小班）活动课件可以添加一些儿歌、童谣或简短的故事，并尽量用动画形式呈现这些内容，如使用小兔子蹦蹦跳跳的动画、小公鸡打鸣的视频等展现相关内容。

（2）4～5 岁幼儿（中班）活动课件可以设置一些让幼儿多说的环节，如插入一张图片或设置动画展现"三只蝴蝶在花园里玩，突然下雨了"的情境，让幼儿对情境进行描述。

（3）5～6 岁幼儿（大班）活动课件应尽量设置让幼儿多说的环节，如插入一张图片或设置一组动画，让幼儿用不同的形容词、同义词等进行描述，或用开心、悲伤等不同的情绪进行描述。

3．具有文明的语言习惯

各年龄段幼儿在具有文明的语言习惯方面的目标如表 4-3 所示。

表 4-3　具有文明的语言习惯

年龄	3～4 岁	4～5 岁	5～6 岁
目标	（1）与他人交谈时知道眼睛要看着对方。 （2）说话自然，声音大小适中。 （3）能在成人的提醒下使用恰当的礼貌用语	（1）他人对自己说话时能做出回应。 （2）能根据场合调节自己说话声音的大小。 （3）能主动使用礼貌用语，不说脏话、粗话	（1）他人说话时能积极主动地回应。 （2）能根据谈话对象和需要，调整自己说话的语气。 （3）懂得按次序轮流说话，不随意打断他人说话。 （4）能依据所处情境使用恰当的语言，如在他人难过时会用恰当的语言表示安慰

要实现让幼儿具有文明的语言习惯的目标，在设计与制作各年龄段幼儿活动课件时可参考以下思路。

（1）3～4岁幼儿（小班）活动课件可以设置一些常用的礼貌用语，如"请""谢谢""您好""对不起"等；加入一些展现正确交流方式的体态语言动画，如"小强早上到了幼儿园，看到了花花老师，他跟花花老师说早上好"等。

（2）4～5岁幼儿（中班）活动课件可以设置"请原谅""请稍等""别客气""不用谢""没关系""祝您一路顺风"等稍微难一点的礼貌用语，并设置动画展现"小乌龟要去旅游了，其他小动物跟它说'祝你一路顺风'"等类似情境。

（3）5～6岁幼儿（大班）活动课件可以设置一些给定情境，如插入一张图片或设置一组动画，展现"小明的手工作业得到了老师的表扬，他很开心，我们应该跟他说什么"等类似情境，让幼儿思考应该用什么样的语言来表达。

4.1.2　阅读与书写准备

幼儿在阅读与书写准备方面的学习与发展目标包括喜欢听故事、看图书，具有初步的阅读理解能力，具有书面表达的愿望和初步技能。对于不同的目标，设计与制作活动课件的思路也不同。

1. 喜欢听故事、看图书

各年龄段幼儿在喜欢听故事、看图书方面的目标如表4-4所示。

表4-4　喜欢听故事、看图书

年龄	3～4岁	4～5岁	5～6岁
目标	（1）主动要求成人讲故事、读图书。 （2）喜欢跟读韵律感强的儿歌、童谣。 （3）爱护图书，不乱撕、乱扔	（1）反复看自己喜欢的图书。 （2）喜欢把听过的故事或看过的图书讲给他人听。 （3）对生活中常见的标识、符号感兴趣，知道它们表示一定的意义	（1）专注地阅读图书。 （2）喜欢与他人谈论图书和故事的有关内容。 （3）对图书和生活中的文字符号感兴趣，知道文字表示一定的意义

要实现让幼儿喜欢听故事、看图书的目标，在设计与制作各年龄段幼儿活动课件时可参考以下思路。

（1）3～4岁幼儿（小班）活动课件可以添加一些韵律感强的儿歌，在给幼儿讲故事、读图书之前或同时进行播放。

（2）4～5岁幼儿（中班）活动课件可以插入一些图书中的画面图片，让幼儿尝试进行讲解；对生活中常见的标识、符号使用动画或其他形式突出显示，加深幼儿对这些标识和符号的印象和理解。

（3）5～6岁幼儿（大班）活动课件可以插入一些图片，让幼儿有针对性地进行描述和讨论，还可以通过动画或其他形式，教授一些简单的汉字。

2．具有初步的阅读理解能力

各年龄段幼儿在具有初步的阅读理解能力方面的目标如表4-5所示。

表4-5　具有初步的阅读理解能力

年龄	3～4岁	4～5岁	5～6岁
目标	（1）能听懂短小的儿歌或故事。 （2）会看画面，能根据画面说出有什么、发生了什么事等。 （3）能理解图书上的文字是和画面对应的，是用来表达画面意义的	（1）能说出所听故事的主要内容。 （2）能根据连续画面提供的信息，大致说出故事情节。 （3）能随着作品的展开产生喜悦、担忧等相应的情绪反应，体会作品所表达的情绪、情感	（1）能说出所阅读的幼儿文学作品的主要内容。 （2）能根据故事的部分情节或图书画面的线索猜想故事情节的发展，或续编、创编故事。 （3）对看过的图书、听过的故事说出自己的看法。 （4）能初步感受文学语言的美

要实现让幼儿具有初步的阅读理解能力的目标，在设计与制作各年龄段幼儿活动课件时可参考以下思路。

（1）3～4岁幼儿（小班）活动课件可以插入一些简单的图片，让幼儿说出图中有什么、发生了什么事等，如插入一张"三只蝴蝶在花园里玩"的图片，让幼儿描述"三只蝴蝶在哪里，发生了什么事"等。

（2）4～5岁幼儿（中班）活动课件可以插入一组连续的画面图片，让幼儿尝试完整地描述出来，如插入一组"龟兔赛跑"图片，让幼儿尝试描述"乌龟和兔子在比赛中发生了什么事"等。

（3）5～6岁幼儿（大班）活动课件可以通过插入一组图片来给定部分故事情节，让幼儿发挥想象，对故事进行续编或创编，还可以通过动画或其他形式，教授一些简单的汉字。

3．具有书面表达的愿望和初步技能

各年龄段幼儿在具有书面表达的愿望和初步技能方面的目标如表4-6所示。

表4-6　具有书面表达的愿望和初步技能

年龄	3～4岁	4～5岁	5～6岁
目标	喜欢用涂涂画画表达一定的意思	（1）愿意用图画和符号表达自己的愿望和想法。 （2）在成人的提醒下，写写画画时能够保持正确姿势	（1）愿意用图画和符号表现事物或故事。 （2）会正确书写自己的名字。 （3）写写画画时能够保持正确姿势

要实现让幼儿具有书面表达的愿望和初步技能的目标，在设计与制作各年龄段幼儿活动课件时可参考以下思路。

（1）3～4岁幼儿（小班）活动课件可以插入一些实物图片，让幼儿通过观察了解这些实物的特征，然后让他们自己涂鸦，帮助幼儿快速把握物体的特征。

（2）4～5岁幼儿（中班）活动课件可以插入符号和对应的图片，让幼儿了解符号的意义，然后让幼儿尝试使用符号和图片表达自己的愿望和想法；还可以适当展示一些正确的写画姿势，提醒幼儿在写画时保持正确姿势。

（3）5～6岁幼儿（大班）活动课件可以通过动画或其他形式教授一些简单的汉字，同时展示一些不正确的写画姿势，通过动画效果让幼儿了解其带来的危害。

4.2　实战演练：制作幼儿园中班语言活动课件"三只蝴蝶"

本节根据全国职业院校技能大赛（高职组）"幼儿教育技能"赛项中幼儿园保教活动课件制作题目"主题活动——美丽的蝴蝶"制作幼儿园中班语言活动课件"三只蝴蝶"，主题活动具体内容如下。

动物与人类有着密切的关系，幼儿对各种小动物有着天生的好奇。蝴蝶是我们生活中常见的小昆虫，由于其外观美丽，颜色鲜艳，生长过程奇特，幼儿非常感兴趣。

1. 课件要求

幼儿园中班语言活动课件"三只蝴蝶"的要求如下。

（1）内容要求：根据给定素材文件夹中的素材完成课件设计，确保内容完整且符合教学目标。课件首页需注明课件名称、适用年龄段及活动领域。

（2）技术要求：适当处理给定素材文件夹中的文本、图片、音频和视频等，合理运用动画效果、超链接和动作按钮等技术，以提高课件的吸引力和互动性，确保课件操作简便、运行稳定。

制作幼儿园中班语言
活动课件"三只蝴蝶"

（3）课件效果：形象、直观，能够有效地服务于教学，符合所注明的年龄段及活动领域。

2. 课件意图

"三只蝴蝶"是一个经典且富有教育意义的童话故事，它通过三只蝴蝶在雨中寻找避雨之处的情节，展现了朋友间深厚的友谊、团结互助的精神及面对困难时的勇敢与坚持。

设计幼儿园中班语言活动课件"三只蝴蝶"旨在通过多样化的教学活动形式，提升幼儿的语言理解能力和表达能力，同时渗透情感教育，培养幼儿的社会性发展，为幼儿的健康成长奠定坚实的基础。

（1）激发语言表达兴趣，锻炼语言表达能力。

① 在"认一认"环节，通过生动的语言和直观的图片引出主题，激发幼儿参与活动的兴趣。

② 在"听一听"环节，让幼儿聆听故事，感受语言的韵律美和故事情节的吸引力。

③ 在"说一说"环节，引导幼儿复述三只蝴蝶与红花姐姐、黄花姐姐和白花姐姐的对话，加深幼儿对故事内容的理解，锻炼幼儿的口语表达能力和记忆力。

（2）培养社会情感与感恩意识。

① 故事中的三只蝴蝶在面对困难时相互依偎、不离不弃，体现了团结友爱的精神。通过故事讲解和复述，能够让幼儿认识到朋友间应该互相关心、互相帮助，从而培养幼儿的社会情感。

② 故事中太阳公公最终帮助了三只蝴蝶，传递了乐于助人的美德。通过讨论"谁帮助了三只蝴蝶"这一问题，引导幼儿理解并感恩他人的帮助，学会知恩图报。

（3）促进逻辑思维与创造力的发展。

① 通过多项"说一说"活动，引导幼儿从不同角度思考问题，如"三只蝴蝶为什么不愿意分开""红花姐姐、黄花姐姐和白花姐姐为什么不能同时收留它们"等，促进幼儿逻辑思维和批判性思维的发展。

② 在"演一演"环节，鼓励幼儿通过角色扮演将故事的情节和对话生动再现，这不仅能够加深幼儿对故事的理解，还能激发幼儿的想象力和创造力，培养其表演才能。

（4）增强文化认同感，培养审美情趣。

① "三只蝴蝶"作为中国传统童话故事之一，其丰富的文化内涵和优美的语言风格，能够让幼儿在听故事、讲故事的过程中感受到中华文化的魅力，增强其文化认同感。

② 在整个活动过程中，引导幼儿欣赏故事中的美好情感和积极向上的价值观，培养其审美情趣和道德情操。

3．课件展示

幼儿园中班语言活动课件"三只蝴蝶"效果如图4-1所示。

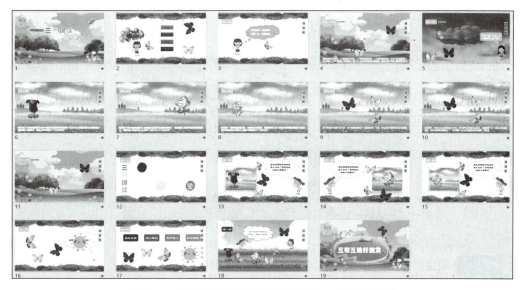

图 4-1　幼儿园中班语言活动课件"三只蝴蝶"效果

4. 课件制作过程

1) 设置母版

步骤1 设置"标题幻灯片 版式"母版。启动 PowerPoint 2016 并新建"三只蝴蝶"空白演示文稿，进入幻灯片母版视图，在左侧窗格中保持"标题幻灯片 版式"选项的选中状态，删除母版中的标题占位符和副标题占位符。

步骤2 在"设置背景格式"任务窗格中设置"标题幻灯片 版式"母版的背景为素材图片"背景2"（制作该课件使用的素材均在本书配套素材"素材与实例"/"第4章"/"三只蝴蝶"文件夹中），并勾选"将图片平铺为纹理"复选框后再取消其勾选状态，将图片显示完全，如图 4-2 所示。

图 4-2　使用图片作为"标题幻灯片 版式"母版背景

步骤3 在"标题幻灯片 版式"母版中同时插入素材图片"太阳公公""蘑菇"，并设置两张图片的背景颜色为透明，然后设置"太阳公公"图片的高度为 4 厘米，并将其移到该母版左上方，最后设置"蘑菇"图片的高度为 7 厘米，并将其移到该母版右下方，如图 4-3 所示。

"太阳公公"图片

"蘑菇"图片

图 4-3　"标题幻灯片 版式"母版效果

步骤 4　设置"空白 版式"母版。在左侧窗格中选择"空白 版式"选项，在母版中插入素材图片"装饰"，并设置图片的高度为 2.9 厘米，将其相对于幻灯片左侧和底端对齐，然后向右拖动图片右侧中部的控制点，到幻灯片右侧后释放鼠标，将其宽度设置为与幻灯片的宽度相等。

步骤 5　将"装饰"图片复制一份，并将复制得到的图片垂直翻转，然后将其相对于幻灯片顶端和左侧对齐（见图 4-4），最后退出幻灯片母版视图。

图 4-4　"空白 版式"母版效果

2）制作封面页和封底页

步骤 1　制作封面页。为第 1 张幻灯片重新应用"标题幻灯片"版式。

步骤 2　在"艺术字"下拉列表中选择"填充-黑色，文本 1，轮廓-背景 1，清晰阴影-背景 1"选项，并在出现的艺术字占位符中输入文本"三只蝴蝶"，然后设置文本的格式为微软雅黑、66 磅、字符间距加宽 12 磅，最后设置文本"三""只""蝴""蝶"的字体颜色分别为红色、橙色、紫色、绿色。

步骤 3　为"三只蝴蝶"文本设置与上一动画同时播放、持续时间 0.5 秒的缩放进入动画效果。

步骤 4 利用文本框在"三只蝴蝶"文本左侧输入文本"中班语言活动"，设置文本的格式为微软雅黑、24 磅、紫色、加粗，并为文本框设置与上一动画同时播放、持续时间 0.5 秒、自左侧擦除的进入动画效果。

步骤 5 将"中班语言活动"文本所在文本框复制一份，并将复制得到的文本框中的文本修改为"编号：×××"，字号修改为 20 磅，字体颜色修改为"黑色，文字 1"，然后将该文本框移到"蘑菇"图片上，并删除其动画效果。

步骤 6 将"三只蝴蝶"文本和"中班语言活动"文本向上移动到合适位置。

步骤 7 在幻灯片中同时插入素材图片"白蝴蝶""红蝴蝶""黄蝴蝶"，并设置图片的高度为 3 厘米，适当旋转后移到合适位置，美观即可，如图 4-5 所示。

图 4-5　在幻灯片中插入图片

步骤 8 选择"白蝴蝶"图片，为其设置与上一动画同时播放、持续时间 0.3 秒的放大/缩小强调动画效果，然后在"动画窗格"任务窗格中右击该强调动画效果，在弹出的快捷菜单中选择"效果选项"选项，打开"放大/缩小"对话框，在其中设置动画效果的缩放比例为 50%、方向为水平、旋转方式为自动翻转、重复次数为直到幻灯片末尾，如图 4-6 所示。

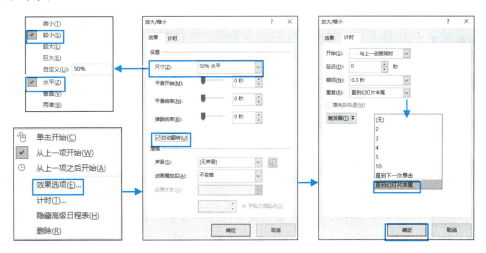

图 4-6　设置"白蝴蝶"图片的动画效果选项

步骤9 选择"红蝴蝶"图片，在"动画"列表中选择"动作路径"类别中的"自定义路径"选项，在幻灯片中按住鼠标左键并拖动绘制一条路径，路径绘制完毕双击鼠标完成绘制操作（动作路径可随意绘制，确保效果为红蝴蝶飞舞即可），然后设置动作路径动画效果的开始播放方式为与上一动画同时、持续时间为20秒，如图4-7所示。

图4-7 为"红蝴蝶"图片设置自定义动作路径动画效果

步骤10 使用与步骤9相同的方法为"黄蝴蝶"图片设置与上一动画同时播放、持续时间20秒的自定义动作路径动画效果，如图4-8所示。

图4-8 为"黄蝴蝶"图片设置自定义动作路径动画效果

步骤11 在幻灯片中插入素材音频"快乐音乐"，在"音频工具 播放"选项卡中设置音频的开始播放方式为自动且放映幻灯片时隐藏音频图标，然后将音频图标移到幻灯片右下方，最后在"动画"选项卡中为音频设置与上一动画同时的播放动画效果。

步骤12 制作封底页。将第1张幻灯片复制一份作为封底页，并将封底页中的所有文本删除。

步骤13 删除"红蝴蝶""黄蝴蝶"图片的自定义动作路径动画效果，并为这两张蝴蝶图片设置与上一动画同时播放、持续时间1秒的飞入进入动画效果，然后为"白蝴蝶"图片添加与上一动画同时播放、持续时间1秒的飞入进入动画效果，最后在"动画窗格"任务窗格中将"白蝴蝶"图片的飞入进入动画效果移到最上方。

步骤14 在幻灯片中插入素材图片"池塘"，并将其置于底层，然后参照图4-9排列图片。

步骤15 利用文本框在幻灯片中输入文本"互帮互助好朋友"，设置文本的格式为华文琥珀、66磅、"白色，背景1"，并将文本框移到"池塘"图片上，如图4-10所示。

图 4-9　图片排列效果

图 4-10　封底页效果

3）制作导航页

步骤 1　在第 1 张幻灯片之后新建一张"空白"版式的幻灯片，在其中同时插入素材图片"小女孩 1""黄蝴蝶""红蝴蝶""白蝴蝶""气球"，并将图片适当缩放、旋转后移到合适位置，如图 4-11 所示。

图 4-11　图片排列效果

步骤 2　将"小女孩 1"和"气球"图片组合，并为组合对象设置与上一动画同时播放、持续时间 2 秒的弹跳进入动画效果。

步骤 3　为 3 张蝴蝶图片设置与上一动画同时播放、持续时间 0.5 秒的淡出进入动画效果，然后为"白蝴蝶"图片添加与上一动画同时播放、缩放比例为 50%、方向为水平、旋转方式为自动翻转、持续时间 0.3 秒、重复次数为直到幻灯片末尾的放大/缩小强调动画效果（目的是让白蝴蝶出现两只翅膀持续扇动的效果）。

步骤 4　利用文本框在"气球"图片上输入文本"活动导航"，并设置文本的格式为华文琥珀、36 磅、紫色，然后为文本框设置与上一动画同时播放、持续时间 1 秒的挥鞭式进入动画效果。

步骤 5　在幻灯片中上方绘制高度为 1.6 厘米、宽度为 4.8 厘米、轮廓为无、填充颜色为绿色的矩形，并在矩形上部绘制一条长度为 4.8 厘米、轮廓颜色为"蓝-灰，文字 2，淡色 80%"、轮廓粗细为 1 磅、轮廓线型为短划线的虚线，然后在矩形中输入文本"认一认"，并设置文本的格式为幼圆、18 磅、加粗、文字阴影，最后将矩形和虚线组合。

步骤 6 为矩形和虚线组合对象设置与上一动画同时播放、持续时间 0.5 秒的切入进入动画效果。

步骤 7 在按住"Shift+Ctrl"组合键的同时将矩形和虚线组合对象向下拖动 3 次，将其复制 3 份，并将复制得到的组合对象中的文本分别修改为"听一听""说一说""演一演"，将复制得到的组合对象中矩形的填充颜色从上到下依次修改为紫色、RGB（0，153，153）、RGB（204，0，102），然后根据实际情况调整 4 个组合对象使其纵向均匀分布，如图 4-12 所示。

图 4-12　导航页效果

4）制作"认一认"部分内容

步骤 1 在第 2 张幻灯片之后新建一张"空白"版式的幻灯片，然后在幻灯片中绘制高度为 1.7 厘米、宽度为 4.2 厘米、填充颜色为 RGB（197，219，66）、轮廓为无、效果为"预设"/"预设 5"的圆角矩形。

步骤 2 在圆角矩形中输入文本"认一认"，并设置文本的格式为隶书、32 磅，然后在"设置形状格式"任务窗格的"形状选项"选项卡中设置圆角矩形相对于幻灯片左上角沿水平方向的距离为 1.3 厘米、沿垂直方向的距离为 2.5 厘米。

步骤 3 在幻灯片中插入素材图片"小女孩 1"，并设置图片的高度为 6.7 厘米，将图片水平翻转后移到幻灯片左下方，然后为其设置上一动画之后播放、持续时间 2 秒的淡出进入动画效果。

步骤 4 在幻灯片中绘制高度为 5.3 厘米、宽度为 12.8 厘米、填充颜色为 RGB（133，206，206）、轮廓颜色为"橙色，个性色 2"的云形标注。

步骤 5 在云形标注中输入文本"长相俊俏，爱舞爱跳，春花一开，它就来到。"，设置文本的格式为幼圆、22 磅、加粗、1.5 倍行距，并为其设置上一动画之后播放、持续时间 2 秒的淡出进入动画效果，然后将其移到"小女孩 1"图片右上方，并拖动云形标注的黄色控制点，使其指向小女孩。

步骤 6 在幻灯片中插入素材图片"黄蝴蝶"，对其进行缩放后移到云形标注下方，并为其设置单击时播放、持续时间 2 秒的淡出进入动画效果，如图 4-13 所示。

图 4-13 第 3 张幻灯片效果

5）制作"听一听"部分内容

步骤 1 在第 3 张幻灯片之后新建一张"仅标题"版式的幻灯片，删除其中的标题占位符，然后使用素材图片"背景 2"作为该幻灯片的背景，并使图片完全显示。

步骤 2 将第 3 张幻灯片中的圆角矩形复制到新建的幻灯片，并将复制得到的圆角矩形中的文本修改为"听一听"。

步骤 3 利用文本框在"听一听"圆角矩形右侧输入文本"分段讲故事"，并设置文本的格式为微软雅黑、绿色、加粗。

步骤 4 在幻灯片中同时插入素材图片"红蝴蝶""黄蝴蝶""白蝴蝶"，然后将图片缩放、旋转后参照图 4-14 排列。

图 4-14 图片排列效果

步骤 5 为"红蝴蝶""黄蝴蝶"图片设置与上一动画同时播放、持续时间 35 秒的自定义动作路径动画效果（动作路径可随意绘制，确保效果为蝴蝶飞舞即可）。

步骤 6 为"白蝴蝶"图片设置与上一动画同时播放、持续时间 0.3 秒、缩放比例为 50%、方向为水平、旋转方式为自动翻转、重复次数为直到幻灯片末尾的放大/缩小强调动画效果。

步骤 7 保持"白蝴蝶"图片的选中状态，为其添加与上一动画同时播放、持续时间 35 秒的自定义路径动画效果（动作路径可随意绘制，确保效果为蝴蝶飞舞即可），然后在"动画窗格"任务窗格中右击该动画效果，在弹出的快捷菜单中选择"效果选项"选项，打开"自定义路径"对话框，在"效果"选项卡中设置动画效果的平滑开始时间为 3.5 秒、平滑结束时间为 0 秒，最后单击"确定"按钮，如图 4-15 所示。

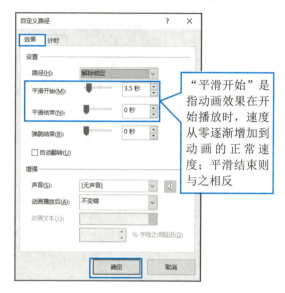

图 4-15　设置"白蝴蝶"图片的动画效果选项

步骤 8　利用文本框在幻灯片中下方输入文本"花园里有三只蝴蝶，一只蝴蝶是红色的，一只蝴蝶是黄色的，一只蝴蝶是白色的。它们天天在花园里一块儿游玩、一块儿跳舞，非常快乐。有一天，它们正在草地上捉迷藏，突然下起了大雨，雨点好大好大。"，并设置文本的格式为微软雅黑、20 磅、"白色，背景 1"、加粗，然后为其设置与上一动画同时播放、持续时间 10 秒、以上浮方式浮入的进入动画效果。

步骤 9　在幻灯片中插入素材音频"幼儿故事：三只蝴蝶"，在"音频工具　播放"选项卡中设置音频的开始播放方式为自动且放映幻灯片时隐藏音频图标，然后为其设置与上一动画同时的播放动画效果。

步骤 10　保持音频图标的选中状态，在"音频工具　播放"选项卡的"编辑"组中单击"剪裁音频"按钮，在打开的对话框中设置音频的开始播放时间为"00:03.059"、结束播放时间为"00:39.046"，单击"确定"按钮，如图 4-16 所示。

图 4-16　设置音频的开始播放时间和结束播放时间

步骤 11　在第 4 张幻灯片之后新建一张"仅标题"版式的幻灯片，删除其中的标题占位符，然后使用素材图片"阴天 1"作为该幻灯片的背景。

步骤 12 将第 4 张幻灯片中的"听一听"和"分段讲故事"文本所在对象复制到新建的幻灯片，并修改"分段讲故事"文本的字体颜色为 RGB（197，219，66）。

步骤 13 在幻灯片中插入素材图片"下雨1"，通过拖动图片的控制点，调整其大小为稍大于半张幻灯片后置于底层，然后将该图片复制一份，并将两张图片水平排列，使其充满整张幻灯片，制造雨点密集的效果（见图 4-17），最后为这两张图片设置与上一动画同时播放、持续时间自动的出现进入动画效果。

步骤 14 在幻灯片中插入素材图片"小女孩2"，将其水平翻转后移到幻灯片右下方。

步骤 15 在幻灯片中绘制填充颜色为 RGB（197，219，66）、轮廓为无的圆角矩形标注，在其中输入文本"突然下起了大雨，三只蝴蝶怎么避雨呢？"，并设置文本的格式为黑体、24 磅，然后拖动圆角矩形标注的黄色控制点，使其指向右下方，最后将圆角矩形标注移到"小女孩2"图片左上方，如图 4-18 所示。

图 4-17　在幻灯片中插入图片　　　　图 4-18　在幻灯片中绘制圆角矩形标注

步骤 16 为"小女孩2"图片和圆角矩形标注设置与上一动画同时播放、持续时间1.5 秒、自右侧飞入的进入动画效果。

步骤 17 在幻灯片中插入素材音频"下雨声"，在"音频工具　播放"选项卡中设置音频的开始播放方式为自动且放映幻灯片时隐藏音频图标，然后为其设置与上一动画同时的播放动画效果，最后在"动画窗格"任务窗格中将音频的动画效果移到最上方。

步骤 18 将第 2 张幻灯片中的 3 张蝴蝶图片复制到第 5 张幻灯片，保持默认的动画效果，并参照图 4-19 排列图片（根据实际情况缩放和旋转图片）。

图 4-19　第 5 张幻灯片效果

步骤 19 在第 5 张幻灯片之后新建一张"仅标题"版式的幻灯片，删除其中的标题占位符，然后使用素材图片"背景 3"作为该幻灯片的背景，并使图片完全显示。

步骤 20 将第 5 张幻灯片中"听一听"和"分段讲故事"文本所在对象和两张"下雨 1"图片复制到第 6 张幻灯片，并保持图片默认的动画效果。

步骤 21 在幻灯片中插入素材图片"红花 1"，将其缩放后移到幻灯片左侧，并为其设置与上一动画同时播放、持续时间 2 秒、重复次数为直到幻灯片末尾的跷跷板强调动画效果。

步骤 22 将第 5 张幻灯片中的 3 张蝴蝶图片复制到第 6 张幻灯片，并将其移到幻灯片右侧外（相关图片需旋转），删除 3 张图片的淡出进入动画效果，然后为 3 张图片添加与上一动画同时播放、持续时间 45 秒、平滑开始时间和平滑结束时间均 0 秒的自定义路径动画效果，使它们犹如在花园中飞舞，如图 4-20 所示。

图 4-20 设置 3 张蝴蝶图片的自定义路径动画效果

步骤 23 将第 4 张幻灯片下方的文本框复制到第 6 张幻灯片，并将复制得到的文本框中的文本修改为"它们一起飞到红花姐姐那里，齐声向红花请求说：'红花姐姐，红花姐姐，大雨把我们的翅膀打湿了，大雨把我们淋得很冷，让我们飞到你的叶子下面避避雨吧？'"

保持文本框默认动画效果的同时，再为其添加与上一动画同时播放、持续时间自动、延迟时间 22 秒的消失退出动画效果，如图 4-21 所示。

图 4-21 在幻灯片中输入文本并为其设置动画效果

步骤 24 将文本框复制一份，并将复制得到的文本框中的文本修改为"红花却说："红蝴蝶的颜色像我，请进来，黄蝴蝶和白蝴蝶快飞开。'三只蝴蝶一起说：'我们三个是好朋友，不能分开，我们一块儿走吧。'"

删除复制得到的文本框的消失退出动画效果，保持浮入进入动画效果的同时设置其延迟时间为 22 秒，然后将两个文本框重叠排列。

步骤 25 在幻灯片中插入素材音频"幼儿故事：三只蝴蝶"，然后在"音频工具　播放"选项卡中设置音频的开始播放方式为自动且放映幻灯片时隐藏音频图标，并剪辑音频，使音频的开始播放时间为"00:39.364"、结束播放时间为"01:22.712"，最后为其设置与上一动画同时的播放动画效果。

步骤 26 在幻灯片中插入素材音频"下雨声"，并在"音频工具　播放"选项卡中设置音频的音量为低、开始播放方式为自动且放映幻灯片时隐藏音频图标，音频的结束播放时间为"00:40.401"，然后将两个音频图标移到幻灯片右下方，最后为其设置与上一动画同时的播放动画效果，如图 4-22 所示。

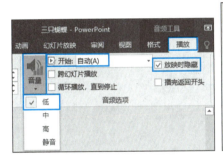

图 4-22　插入音频并设置其播放选项和音频图标的位置

步骤 27 在"动画窗格"任务窗格中调整两个音频动画效果的播放顺序，如图 4-23 所示。

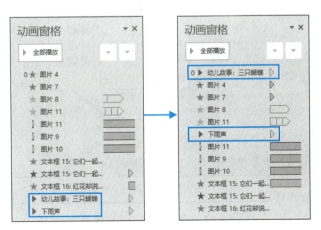

图 4-23　调整音频动画效果的播放顺序

步骤28 参照效果文件，使用复制第6张幻灯片并修改其中内容的方法制作第7～9张幻灯片，如图4-24所示。

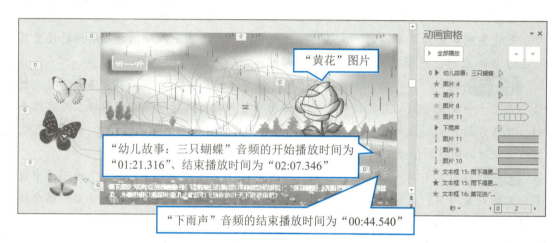

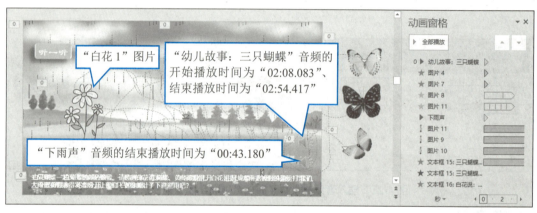

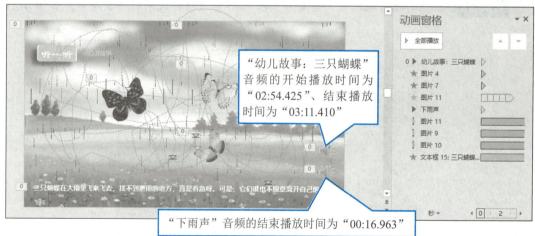

图4-24 第7～9张幻灯片效果

步骤 29 将第 9 张幻灯片复制一份，并将复制得到的幻灯片中的文本修改为"这时候啊，太阳公公从云缝里看见了它们，连忙把天空中的乌云赶走，让雨别再下了。太阳公公发出热的光，把三只蝴蝶的翅膀晒干了，三只蝴蝶一块儿在花园里快乐地跳舞、做游戏。"。

步骤 30 将 3 张蝴蝶图片的自定义路径动画效果的持续时间修改为 29 秒。

步骤 31 保持两张"下雨 1"图片出现进入动画效果的同时，再为其添加与上一动画同时播放、持续时间 5 秒、延迟时间 5 秒的消失退出动画效果。

步骤 32 保持"下雨声"音频播放动画效果的同时，再为其添加与上一动画同时播放、持续时间自动、延迟时间 5 秒的消失退出动画效果。

步骤 33 在幻灯片中插入素材图片"太阳公公"，设置图片的背景颜色为透明，并将其移到幻灯片右侧外，然后为其设置与上一动画同时播放、持续时间 2 秒、延迟时间 5 秒、从幻灯片外到幻灯片右上方的自定义动作路径动画效果。

步骤 34 选择"幼儿故事：三只蝴蝶"音频，设置其开始播放时间为"03:11.057"、结束播放时间为"03:41.077"，如图 4-25 所示。

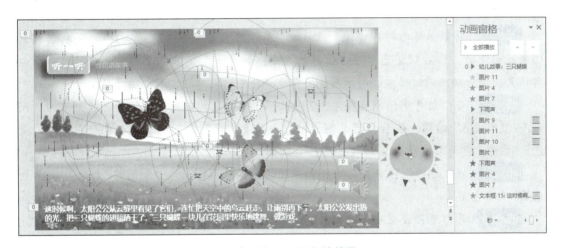

图 4-25　第 10 张幻灯片效果

步骤 35 将第 4 张幻灯片复制一份作为第 11 张幻灯片，然后将第 11 张幻灯片中的"分段讲故事"文本修改为"完整讲故事"，并删除幻灯片下方的文本框。

步骤 36 保留 3 张蝴蝶图片的自定义动作路径动画效果，并设置动画效果的重复次数为直到幻灯片末尾，然后将"幼儿故事：三只蝴蝶"音频的结束播放时间修改为"03:49.355"，如图 4-26 所示。

图 4-26　第 11 张幻灯片效果

6）制作"说一说"部分内容

步骤1 在第 11 张幻灯片之后新建一张"空白"版式的幻灯片，然后将第 11 张幻灯片中的"听一听"文本所在圆角矩形复制到新建的幻灯片，并将复制得到的圆角矩形中的文本修改为"说一说"。

步骤2 将第 1 张幻灯片中的"三只蝴蝶"文本复制到第 12 张幻灯片，并将其移到圆角矩形下方，然后调整艺术字占位符的大小，使其中的文本以竖排方式显示，最后为其设置与上一动画同时播放、持续时间 0.5 秒、自左侧飞入的进入动画效果。

步骤3 在幻灯片中绘制直径为 3.7 厘米、填充颜色为红色、轮廓为无、效果为"预设"/"预设 5"的圆，然后将圆复制 3 份，并将复制得到的圆的填充颜色分别修改为黄色、"白色，背景 1"、绿色，最后参照图 4-27 排列圆。

步骤4 在"选择"任务窗格中将相应圆的名称分别修改为"红色圆""黄色圆""白色圆""绿色圆"。

步骤5 为红色圆设置单击时播放、持续时间 0.5 秒、自底部飞入的进入动画效果，为黄色圆、白色圆和绿色圆设置与上一动画同时播放、持续时间 0.5 秒、自底部飞入的进入动画效果，然后再为 4 个圆添加与上一动画同时播放、持续时间自动的消失退出动画效果。

步骤6 在幻灯片中同时插入素材图片"黄蝴蝶""红蝴蝶""白蝴蝶"，然后在"选择"任务窗格中分别修改为相应名称，并将它们缩放、旋转后移到幻灯片下方外侧，接着为 3 张蝴蝶图片设置单击时播放、持续时间 4 秒、平滑开始时间和平滑结束时间均 0 秒的自定义路径动画效果，使动作路径的终点分别在对应颜色的圆上，最后再为"白蝴蝶"图片添加与上一动画同时播放、缩放比例为 50%、方向为水平、旋转方式为自动翻转、持续时间 0.5 秒、重复次数为直到幻灯片末尾的放大/缩小强调动画效果，如图 4-28 所示。

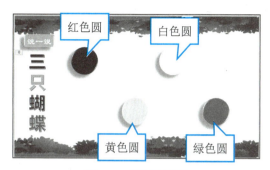

图 4-27　圆排列效果

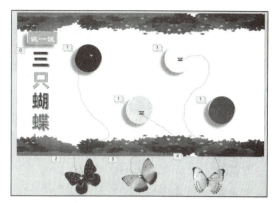

图 4-28　设置蝴蝶图片的动画效果

步骤 7　在幻灯片中插入素材图片"卡通"，并将其缩放后移到绿色圆中，然后在"选择"任务窗格中将其名称修改为"no"，并为其设置与上一动画同时播放、持续时间自动的出现进入动画效果，最后再为其添加与上一动画同时播放、持续时间 0.5 秒、延迟时间 2 秒的擦除退出动画效果。

步骤 8　在幻灯片中插入素材音频"yz-right"，设置放映幻灯片时隐藏音频图标，并将该音频图标移到幻灯片右侧外，然后为其设置与上一动画同时的播放动画效果，最后将音频复制两份。

步骤 9　在幻灯片中插入素材音频"yz-error"，设置放映幻灯片时隐藏音频图标，并将该音频图标移到幻灯片右侧外，然后为其设置与上一动画同时的播放动画效果。

步骤 10　在"动画窗格"任务窗格中选择"红蝴蝶"动作路径动画效果，在"动画"选项卡"高级动画"组的"触发"下拉列表中选择"单击"/"红色圆"选项；选择一个"yz-right"动画效果，在"触发"下拉列表中选择"单击"/"红色圆"选项；选择"红色圆"退出动画效果，在"触发"下拉列表中选择"单击"/"红色圆"选项。

步骤 11　使用同样的方法设置黄蝴蝶和白蝴蝶动作路径动画效果的触发动作分别为单击黄色圆和白色圆。

步骤 12　选择"yz-error"动画效果，在"触发"下拉列表中选择"单击"/"绿色圆"选项；选择"绿色圆"退出动画效果，在"触发"下拉列表中选择"单击"/"绿色圆"选项；选择"no"出现进入动画效果，在"触发"下拉列表中选择"单击"/"绿色圆"选项，选择"no"退出动画效果，在"触发"下拉列表中选择"单击"/"绿色圆"选项，如图 4-29 所示。

步骤 13　在第 12 张幻灯片之后新建一张"空白"版式的幻灯片，然后将第 12 张幻灯片中的"说一说"文本所在圆角矩形复制到新建的幻灯片。

步骤 14　在第 13 张幻灯片中同时插入素材图片"背景 3""红花 1""小女孩 3"，并将第 2 张幻灯片中的 3 张蝴蝶图片复制到第 13 张幻灯片，然后将相关图片缩放、应用样式、旋转、水平翻转后参照图 4-30 排列。

图 4-29　第 12 张幻灯片效果

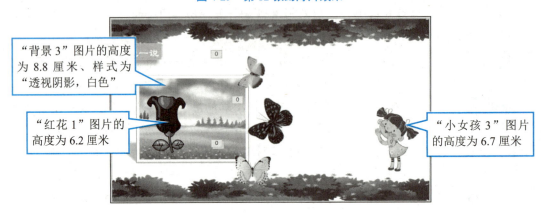

"背景 3"图片的高度为 8.8 厘米、样式为"透视阴影，白色"

"红花 1"图片的高度为 6.2 厘米

"小女孩 3"图片的高度为 6.7 厘米

图 4-30　图片排列效果

步骤 15　在幻灯片中绘制填充颜色为无、轮廓颜色为 RGB（197，219，66）的云形标注，并在其中输入文本"三只蝴蝶对红花姐姐怎么说的？红花姐姐是怎么回答的？"，并设置文本的格式为隶书、24 磅、"黑色，文字 1"、文字阴影，然后拖动云形标注的黄色控制点，使其指向右下方，最后将其移到"小女孩 3"图片左上方。

步骤 16　为"背景 3"和"红花 1"图片均设置持续时间 1 秒的翻转式由远及近的进入动画效果，其中"背景 3"图片进入动画效果的开始播放方式为上一动画之后，"红花 1"图片进入动画效果的开始播放方式为与上一动画同时。

步骤 17　为"小女孩 3"图片和云形标注均设置持续时间 1 秒的浮入进入动画效果，其中"小女孩 3"图片进入动画效果的开始方式为单击时，云形标注进入动画效果的开始方式为与上一动画同时，如图 4-31 所示。

图 4-31　第 13 张幻灯片效果

步骤 18 利用复制第 13 张幻灯片并修改其中内容（包括更换图片、修改文本、插入素材音频、设置对象动画效果的触发动作及播放的音频、调整动画效果的播放顺序等）的方式，制作第 14～17 张幻灯片（其他"说一说"部分幻灯片），如图 4-32 所示。

（a）

（b）

123

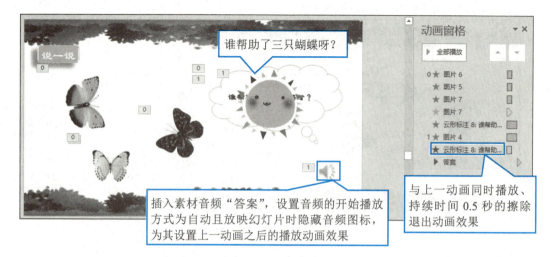

谁帮助了三只蝴蝶呀？

插入素材音频"答案"，设置音频的开始播放方式为自动且放映幻灯片时隐藏音频图标，为其设置上一动画之后的播放动画效果

与上一动画同时播放、持续时间 0.5 秒的擦除退出动画效果

（c）

4 个圆角矩形的高度为 2.7 厘米、宽度为 5.7 厘米，填充颜色从左到右依次为 RGB（204，0，102）、"蓝色，个性色 5"、"橙色，个性色 2"、"绿色，个性色 6"、轮廓为无，动画效果为上一动画之后播放的缩放进入动画效果

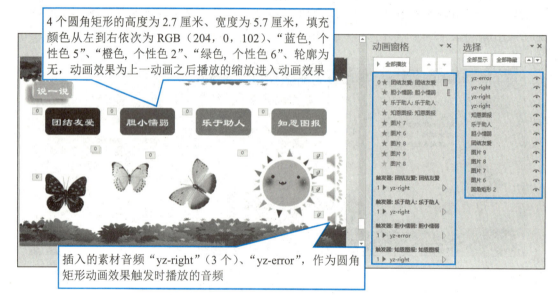

插入的素材音频"yz-right"（3 个）、"yz-error"，作为圆角矩形动画效果触发时播放的音频

（d）

图 4-32　第 14～17 张幻灯片

7）制作"演一演"部分内容

步骤 1 在第 17 张幻灯片之后新建一张"仅标题"版式的幻灯片，删除其中的标题占位符，然后使用素材图片"背景 5"作为幻灯片的背景，并将图片完全显示。

步骤 2 将第 17 张幻灯片中的"说一说"文本所在圆角矩形复制到第 18 张幻灯片，并将复制得到的圆角矩形中的文本修改为"演一演"，然后将圆角矩形的填充颜色修改为 RGB（204，0，102）。

步骤 3 在幻灯片中同时插入素材图片"红花 1""黄花""白花 1""小男孩""小女孩 3"，然后将第 4 张幻灯片中的 3 张蝴蝶图片复制到第 18 张幻灯片，并将图片缩放、旋转后参照图 4-33 排列。

图 4-33　图片排列效果

步骤 4 为"红花 1""黄花""白花 1"图片设置与上一动画同时播放、持续时间 1 秒、翻转式由远及近的进入动画效果，然后再为其添加与上一动画同时播放、持续时间 1 秒、重复次数为直到幻灯片末尾的跷跷板强调动画效果。

步骤 5 为"小女孩 3"图片设置与上一动画同时播放、持续时间 5 秒、延迟时间 4 秒、自左侧飞入的进入动画效果，为"小男孩"图片设置与上一动画同时播放、持续时间 5 秒、延迟时间 4 秒、自右侧飞入的进入动画效果。

步骤 6 在幻灯片中绘制填充颜色为"白色，背景 1"、轮廓颜色为绿色的云形标注，并在其中输入文本"选一选你们喜欢的角色，来玩一玩吧！"，然后设置文本的格式为隶书、24 磅、浅蓝色，调整云形标注的大小，使其正好容纳输入的文本，接着为其设置与上一动画同时播放、持续时间 5 秒、延迟时间 4 秒的随机线条进入动画效果，最后将云形标注置于底层后移到"小女孩 3"图片右上方。

步骤 7 在幻灯片中插入素材音频"蝴蝶飞"，在"音频工具　播放"选项卡中设置音频的开始播放方式为自动且放映幻灯片时隐藏音频图标，然后将音频图标移到幻灯片的右下方，并为音频设置与上一动画同时的播放动画效果。

步骤 8 在"动画窗格"任务窗格中将音频的动画效果移到最上方，如图 4-34 所示。

图 4-34　第 18 张幻灯片效果

8）为导航页添加超链接

步骤 1 在幻灯片窗格中选择第 2 张幻灯片，选择"认一认"文本，在"插入"选项卡的"链接"组中单击"超链接"按钮，打开"插入超链接"对话框，在"链接到"列表中选择"本文档中的位置"选项，在"请选择文档中的位置"列表框中选择"3.幻灯片 3"选项，单击"确定"按钮。

步骤 2 使用同样的方法依次为"听一听""说一说""演一演"文本添加超链接，将它们分别链接到第 4 张、第 12 张和第 18 张幻灯片。

9）为内容页添加动作按钮

步骤 1 在幻灯片窗格中选择第 3 张幻灯片，然后在幻灯片右上方从上到下依次绘制"动作按钮：后退或前一项""动作按钮：第一张""动作按钮：前进或下一项"动作按钮。其中，"动作按钮：后退或前一项""动作按钮：前进或下一项"动作按钮链接到的幻灯片均为默认，"动作按钮：第一张"动作按钮链接到的幻灯片为第 2 张幻灯片。

步骤 2 选择 3 个动作按钮，设置其高度为 1.1 厘米、宽度为 1 厘米、填充颜色为浅绿色、轮廓为无、效果为"预设"/"预设 1"，将它们纵向分布后进行组合，如图 4-35 所示。

图 4-35　动作按钮效果

步骤 3 保持组合对象的选中状态，按"Ctrl+C"组合键将其复制，按"Page Down"键切换到第 4 张幻灯片，按"Ctrl+V"组合键将动作按钮复制到第 4 张幻灯片。使用同样的方法将组合对象复制到第 5～18 张幻灯片。至此，幼儿园中班语言活动课件"三只蝴蝶"制作完毕，保存并关闭演示文稿。

4.3　实战演练：制作幼儿园中班语言活动课件"热闹的元宵节"

本节根据全国职业院校技能大赛（高职组）"幼儿教育技能"赛项中幼儿园保教活动课件制作题目"主题活动——元宵节"制作幼儿园中班语言活动课件"热闹的元宵节"，主题活动具体内容如下。

制作幼儿园中班语言活动
课件"热闹的元宵节"

元宵节作为我国传统节日之一，也称为"上元节"或"灯节"。在民间，正月十五"闹元宵"的习俗源远流长，它伴随着人们迎来春天的脚步。幼儿对我国的传统文化了解多少呢？元宵节是如何起源的？元宵节期间，人们通常会做些什么，吃些什么？一系列关于元宵节的疑问在幼儿的脑海中涌现。

1．课件要求

幼儿园中班语言活动课件"热闹的元宵节"的要求如下。

（1）内容要求：根据给定素材文件夹中的素材完成课件设计，确保内容完整且符合教学目标。课件首页需注明课件名称、适用年龄段及活动领域。

（2）技术要求：适当处理给定素材文件夹中的图片、音频和视频等，合理运用动画效果、超链接和动作按钮等技术，以提高课件的吸引力和互动性，确保课件操作简便、运行稳定。

（3）课件效果：形象、直观，能够有效地服务于教学，符合所注明的年龄段及活动领域。

2．课件意图

元宵节是我国的传统节日之一，承载着丰富的文化内涵和民俗风情。对于中班幼儿而言，节日活动不仅能增进他们对传统文化的了解和认同，还能提高其语言表达、情感交流和社会交往等多方面的能力。

设计幼儿园中班语言活动课件"热闹的元宵节"旨在通过丰富多彩的系列活动，让幼儿在轻松愉快的氛围中体验我国传统节日，感受节日的热闹与温馨，同时促进幼儿语言表达能力和社会情感的发展。

（1）文化教育。

通过介绍元宵节的来历和习俗，让幼儿了解我国传统节日的文化背景和意义。

（2）语言发展。

通过"看一看""说一说"环节，鼓励幼儿观察图片或实物，然后用自己的语言进行描述和表达，促进其语言表达能力和理解能力的发展。

（3）观察与探索。

在"找一找"环节中，要求幼儿在图片或环境中寻找与元宵节相关的元素，锻炼其观察能力和探索精神。

（4）动手能力。

"做一做"环节涉及相关手工艺品或食品制作，如灯笼或汤圆的制作，以提高幼儿的动手操作能力和创造力。

（5）社交互动。

集体参与的语言活动可以增进幼儿之间的交流和合作，促进其社交技能的发展。

（6）情感体验。

通过参与元宵节的庆祝活动，幼儿可以体验节日的快乐和温馨，增强对传统节日的情感认同。

3. 课件展示

幼儿园中班语言活动课件"热闹的元宵节"效果如图 4-36 所示。

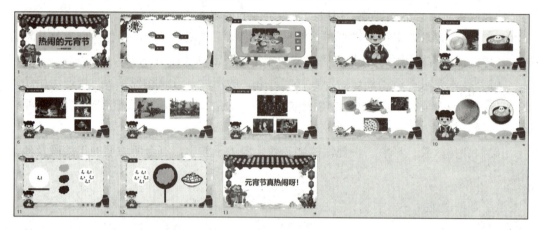

图 4-36 幼儿园中班语言活动课件"热闹的元宵节"效果

4. 课件制作过程

1) 设置母版

步骤 1 设置"标题幻灯片 版式"母版。启动 PowerPoint 2016 并新建"热闹的元宵节"空白演示文稿，进入幻灯片母版视图，在左侧窗格中保持"标题幻灯片 版式"选项的选中状态，删除母版中的标题占位符和副标题占位符。

步骤 2 在"标题幻灯片 版式"母版中同时插入素材图片"修饰1""猜字谜""狮子"（制作该课件使用的素材均在本书配套素材"素材与实例"/"第 4 章"/"热闹的元宵节"文件夹中），然后将"修饰 1"图片相对于幻灯片左侧和顶端对齐，并向右拖动图片右侧中部的控制点到幻灯片右侧，向下拖动图片下方中部的控制点到幻灯片底端，使图片充满整个幻灯片，最后将图片置于底层。

步骤 3 将"猜字谜"图片的背景颜色设置为透明，并将其相对于幻灯片左侧和底端对齐；将"狮子"图片的高度设置为 6.7 厘米，并将其相对于幻灯片右侧和底端对齐，如图 4-37 所示。

步骤 4 设置"仅标题 版式"母版。在左侧窗格中选择"仅标题 版式"选项，删除母版

图 4-37 "标题幻灯片 版式"母版效果

中的标题占位符，然后在"幻灯片母版"选项卡"背景"组的"背景样式"下拉列表中选择"设置背景格式"选项，打开"设置背景格式"任务窗格，在"填充"选项的"填充"设置区选中"图片或纹理填充"单选钮并单击"文件"按钮，在打开的对话框中选择素材图片"修饰3"，单击"插入"按钮。

步骤 5 在"仅标题 版式"母版中绘制高度为 15.6 厘米、宽度为 29.4 厘米、填充颜色为"白色，背景 1"、轮廓颜色为红色、轮廓粗细为 2.25 磅、轮廓线型为"长划线-点-点"的圆角矩形，并将其相对于幻灯片水平且垂直居中对齐，如图 4-38 所示。

步骤 6 设置"空白 版式"母版。在左侧窗格中选择"空白 版式"选项，使用素材图片"烟花"作为母版的背景，并设置图片的透明度为 81%。

步骤 7 在"空白 版式"母版中插入素材图片"修饰2"，设置图片的高度为 9.2 厘米，并将其相对于幻灯片底端对齐。

步骤 8 将"仅标题 版式"母版中的圆角矩形复制到"空白 版式"母版，并将其置于底层（见图 4-39），然后退出幻灯片母版视图。

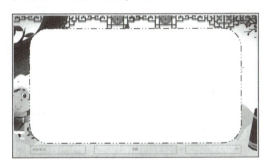

图 4-38 "仅标题 版式"母版效果 　　　图 4-39 "空白 版式"母版效果

2）制作封面页和封底页

步骤 1 制作封面页。为第 1 张幻灯片重新应用"标题幻灯片"版式。

步骤 2 在幻灯片中绘制高度为 6.6 厘米、宽度为 20.5 厘米、填充颜色为"橙色，个性色 2，淡色 60%"、轮廓为无、相对于幻灯片水平且垂直居中对齐的圆角矩形，并在其中输入文本"热闹的元宵节"，设置文本的格式为微软雅黑、88 磅、深红色、加粗。

步骤 3 利用文本框在圆角矩形中下部输入文本"——中班语言活动"，设置文本的格式为微软雅黑、18 磅、"黑色，文字 1"、加粗；将该文本框复制一份，并将复制得到的文本框中的文本修改为"编号：×××"，然后将复制得到的文本框移到圆角矩形右下方。

步骤 4 为"热闹的元宵节"文本设置与上一动画同时播放、持续时间 0.5 秒、中央向左右展开的劈裂进入动画效果；为"——中班语言活动"和"编号：×××"文本设置与上一动画同时播放、持续时间 0.5 秒的淡出进入动画效果。

步骤 5 在幻灯片中插入素材音频"幼儿歌曲：看花灯"，在"音频工具 播放"选项卡中设置音频的开始播放方式为自动且放映幻灯片时隐藏音频图标，音频的开始播放时间为"00:02",然后将音频图标移到幻灯片中下方,最后为音频设置与上一动画同时的播放动画效果,如图 4-40 所示。

步骤 6 制作封底页。将第 1 张幻灯片复制一份作为封底页,并将封底页圆角矩形中的文本修改为"元宵节真热闹呀!",字号修改为 75 磅,调整文本框的宽度,使其中的文本相对于幻灯片居中显示;将"元宵节"文本的字体颜色修改为红色,并为"元宵节真热闹呀!"文本应用"阴影"/"右上对角透视"效果。

步骤 7 将两个文本框和音频删除,并将圆角矩形的填充颜色设置为无,如图 4-41 所示。

图 4-40 封面页效果

图 4-41 封底页效果

3)制作导航页

步骤 1 在第 1 张幻灯片之后新建一张"仅标题"版式的幻灯片,在幻灯片中同时插入素材图片"元宵节""汤圆 1",并设置图片的背景颜色为透明,然后设置"元宵节"图片的高度为 4.6 厘米,并将其移到圆角矩形的左上方。

步骤 2 在幻灯片中绘制高度为 1.5 厘米、宽度为 3.5 厘米、填充颜色为红色、轮廓为无的圆角矩形,并在其中输入文本"看一看"。

步骤 3 设置"汤圆 1"图片的高度为 2.1 厘米,将其移到圆角矩形左上方后置于顶层,并将"汤圆 1"图片和"看一看"文本所在圆角矩形组合。

步骤 4 将组合对象复制 3 份,并将复制得到的组合对象中的文本分别修改为"说一说""找一找""做一做",然后参照图 4-42 排列组合对象。

图 4-42 导航页效果

4）制作"看一看"部分内容

步骤 1 在第 2 张幻灯片之后新建一张"空白"版式的幻灯片，然后将第 2 张幻灯片中的"看一看"组合对象复制到新建的幻灯片，并将复制得到的组合对象移到幻灯片的左上方。

步骤 2 在幻灯片中绘制圆角矩形、闪电形、椭圆、矩形、等腰三角形、等号、梯形等（形状的大小、填充颜色和轮廓颜色等可参考效果文件设置，也可自行设置，美观即可），然后参照图 4-43 将它们排列，最后为两个闪电形设置与上一动画同时播放、持续时间 0.5 秒、重复次数为直到幻灯片末尾的脉冲强调动画效果。

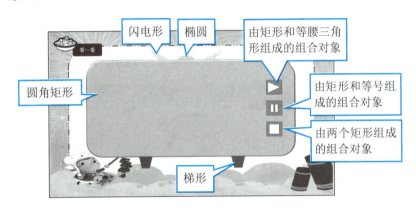

图 4-43 形状效果

步骤 3 在幻灯片中插入素材视频"幼儿故事：元宵节的来历"，设置视频框的高度为 8.7 厘米、宽度为 18 厘米，并将视频框移到圆角矩形中，然后在"视频工具 格式"选项卡中设置视频框的形状为圆角矩形，并为其应用"预设"/"预设 2"效果，如图 4-44所示。

图 4-44 视频插入效果

步骤 4 保持视频的选中状态，在"动画"选项卡"高级动画"组的"添加动画"下拉列表中分别选择"媒体"类别中的"播放"选项和"停止"选项，为视频添加播放和停止播放动画效果，然后选择▶、⏸、⏹组合对象，在"选择"任务窗格中将其名称分别修改为"播放""暂停""停止"。

步骤 5 在"动画窗格"任务窗格中选择视频的播放动画效果,在"动画"选项卡"高级动画"组的"触发"下拉列表中选择"单击"/"播放"选项,设置播放视频的触发动作为单击"播放"组合对象。使用同样的方法设置暂停播放视频和停止播放视频的触发动作分别为单击"暂停"组合对象和单击"停止"组合对象。

5)制作"说一说"部分内容

步骤 1 在第 3 张幻灯片之后新建一张"空白"版式的幻灯片,将第 3 张幻灯片中的"看一看"组合对象复制到新建的幻灯片,并将复制得到的组合对象中的文本修改为"说一说元宵节的来历",然后调整组合对象中文本框的宽度,使其正好容纳其中的文本。

步骤 2 在幻灯片中插入素材图片"小女孩",并设置图片的背景颜色为透明、高度为 14 厘米,将其相对于幻灯片水平且垂直居中对齐,然后为图片设置与上一动画同时播放、持续时间 1 秒的跷跷板强调动画效果,如图 4-45 所示。

图 4-45 第 4 张幻灯片效果

步骤 3 将第 4 张幻灯片复制一份作为第 5 张幻灯片,并将第 5 张幻灯片组合对象中的文本修改为"说一说元宵节的习俗",然后将"小女孩"图片的高度调整为 6.5 厘米,并将其移到幻灯片左下方。

步骤 4 在幻灯片中同时插入素材图片"汤圆 2""汤圆 5",并设置两张图片的高度为 7.5 厘米、样式为"简单框架,白色",然后将图片移到圆角矩形中上部,并为其设置与上一动画同时播放、持续时间 0.5 秒、自底部飞入的进入动画效果,如图 4-46 所示。

图 4-46 第 5 张幻灯片效果

步骤 5 使用复制第 5 张幻灯片并修改其中内容的方式制作第 6～8 张幻灯片（其他
"说一说"部分幻灯片），如图 4-47 所示。

图 4-47 第 6～8 张幻灯片效果

6）制作"找一找"部分内容

步骤 1 在第 8 张幻灯片之后新建一张"空白"版式的幻灯片，将第 3 张幻灯片中的
"看一看"组合对象复制到新建的幻灯片，并将复制得到的组合对象中的文本修改为
"找一找"。

步骤 2 在幻灯片中同时插入素材图片"月饼""粽子""花灯 1""汤圆 3""哭脸"
"OK"，将"粽子""哭脸""OK"图片的背景颜色设置为透明，并为"月饼""粽子"
"花灯 1""汤圆 3"图片应用"居中矩形阴影"样式，然后将图片缩放，并分别复制一份
"哭脸""OK"图片，最后参照图 4-48 排列图片。

图 4-48 图片排列效果

步骤 3 在"选择"任务窗格中将相应图片的名称分别修改为"月饼""粽子""花灯""汤圆""哭脸""OK"。

步骤 4 为"哭脸"和"OK"图片设置单击时播放、持续时间 1 秒、自底部飞入的进入动画效果。

步骤 5 在"动画窗格"任务窗格中右击"哭脸"动画效果，在弹出的快捷菜单中选择"效果选项"选项，打开"飞入"对话框，在"效果"选项卡的"声音"下拉列表中选择"其他声音"选项，在打开的"添加音频"对话框中选择素材音频"yz-error"，单击"确定"按钮（见图 4-49），返回"飞入"对话框，单击"确定"按钮，为动画效果添加音效。

图 4-49　为动画效果添加音效

步骤 6 使用同样的方法为另外一个"哭脸"动画效果添加"yz-error"音效，为两个"OK"动画效果添加"yz-right"音效。

步骤 7 为两张"哭脸"图片和两张"OK"图片添加上一动画之后播放、持续时间自动的消失退出动画效果。

步骤 8 在"动画窗格"任务窗格中选择"月饼"图片右下方的"哭脸"图片的进入动画效果，在"动画"选项卡"高级动画"组的"触发"下拉列表中选择"单击"/"月饼"选项；选择同一"哭脸"图片的退出动画效果，在"触发"下拉列表中选择"单击"/"月饼"选项。使用同样的方法设置另一张"哭脸"图片的进入和退出动画效果的触发动作均为单击"粽子"图片。

步骤 9 选择"花灯"图片右下方的"OK"图片的进入动画效果，在"触发"下拉列表中选择"单击"/"花灯"选项；选择同一"OK"图片的退出动画效果，在"触发"

下拉列表中选择"单击"/"花灯"选项。使用同样的方法设置另一张"OK"图片的进入和退出动画效果的触发动作均为单击"汤圆"图片，如图4-50所示。

图 4-50　第 9 张幻灯片效果

7）制作"做一做"部分内容

步骤 **1**　将第 5 张幻灯片复制一份作为第 10 张幻灯片，并将第 10 张幻灯片中组合对象中的文本修改为"做一做"，然后调整组合对象中文本框的宽度，使其正好容纳其中的文本。

步骤 **2**　将"小女孩"图片的高度设置为 11.2 厘米，并将其移到幻灯片左下方。

步骤 **3**　将其他两张图片依次更换为素材图片"汤圆 4""汤圆 5"，并设置两张图片的高度和宽度均为 8.7 厘米、样式为"棱台形椭圆，黑色"、轮廓颜色为橙色，并将其移到合适位置，然后将 3 张图片的动画效果删除。

步骤 **4**　在幻灯片中绘制高度为 1.8 厘米、宽度为 2 厘米、样式为"强烈效果-金色，强调颜色 4"的右箭头，然后将其移到两张汤圆图片之间。

步骤 **5**　在幻灯片中插入素材音频"儿童歌曲：卖汤圆"，在"音频工具　播放"选项卡中设置音频的开始播放方式为自动且放映幻灯片时隐藏音频图标，音频的开始播放时间为"00:17.812"，然后将音频图标移到幻灯片右上方，最后为音频设置与上一动画同时的播放动画效果，如图4-51所示。

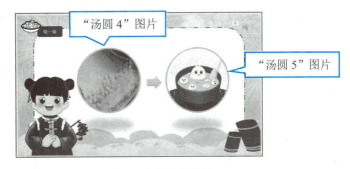

图 4-51　第 10 张幻灯片效果

步骤 **6**　将第 10 张幻灯片复制一份作为第 11 张幻灯片，保留第 11 张幻灯片中的

"小女孩"图片和"做一做"文本所在组合对象，删除其他图片、右箭头和音频。

步骤 7 设置"小女孩"图片的高度为 6.5 厘米、叠放次序为置于顶层，并将其移到幻灯片左下方。

步骤 8 在幻灯片中绘制高度为 15.4 厘米、宽度为 29.2 厘米、填充颜色为 RGB（255，242，204）、轮廓为无、叠放次序为置于底层的圆角矩形，并将其移到幻灯片中的虚线线型圆角矩形上。

步骤 9 在幻灯片中绘制直径为 7.3 厘米、填充颜色为"白色，背景 1"、轮廓为无的圆，将其移到幻灯片左侧（见图 4-52），然后复制一份圆，并将复制得到的圆的直径修改为 3 厘米。

图 4-52 在幻灯片中绘制圆

步骤 10 在幻灯片中插入素材图片"汤圆 1"，将该图片进行裁剪，只保留汤圆中的笑脸，然后将裁剪后的图片移到直径为 3 厘米的小圆中，并将其与小圆组合，如图 4-53 所示。

图 4-53 裁剪图片并将裁剪后的图片与小圆组合

步骤 11 将组合对象复制 7 份，并将其中 3 个组合对象移到左侧直径为 7 厘米的大圆中重叠排列，剩余 5 个组合对象移到幻灯片右侧，如图 4-54 所示。

3 个重叠排列的组合对象

图 4-54 组合对象排列效果

步骤 12 在幻灯片中绘制 3 个高度为 2.9 厘米、宽度为 3.8 厘米、轮廓为无的云形，然后将它们移到幻灯片中部并排成一列，最后设置它们的填充颜色从上到下分别为橙色、红色和"黑色，文字 1"，如图 4-55 所示。

步骤 13 在幻灯片中绘制高度为 7.7 厘米、宽度为 0.7 厘米、填充颜色为"橙色，个性色 2，深色 50%"、轮廓为无的圆柱形，并将其向右旋转 90°后移到左侧大圆下方，作为擀面杖，如图 4-56 所示。

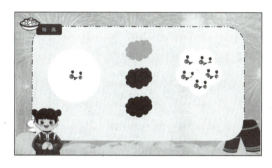

图 4-55　绘制 3 个云形

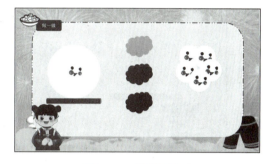

图 4-56　绘制圆柱形

步骤 14 在"选择"任务窗格中将左侧大圆中的 3 个组合对象的名称分别修改为"面皮上的汤圆 1""面皮上的汤圆 2""面皮上的汤圆 3"，将幻灯片右侧 5 个组合对象的名称分别修改为"汤圆"，将 3 个云形的名称按填充颜色分别修改为"橙色汤圆馅""红色汤圆馅""黑色汤圆馅"，将圆柱形的名称修改为"擀面杖"。

步骤 15 在"选择"任务窗格中选择"擀面杖"对象，为其设置单击时播放、持续时间 2 秒、自动翻转的直线向上动作路径动画效果。

步骤 16 为"橙色汤圆馅"对象设置单击时播放、持续时间 2 秒的直线向下动作路径动画效果，并将动作路径的终点拖到幻灯片左侧的大圆中，然后为"橙色汤圆馅"对象添加上一动画之后播放、持续时间自动的消失退出动画效果。

步骤 17 为"面皮上的汤圆 1"对象设置单击时播放、持续时间自动的出现进入动画效果，然后为"面皮上的汤圆 1"对象添加单击时播放、持续时间 2 秒的直线向下动作路径动画效果，并将动作路径的终点拖到幻灯片右侧的汤圆上。

步骤 18 为"红色汤圆馅"对象设置单击时播放、持续时间 2 秒的直线向下动作路径动画效果，并将动作路径的终点拖到幻灯片左侧的大圆中，然后为"红色汤圆馅"对象添加上一动画之后播放、持续时间自动的消失退出动画效果。

步骤 19 为"面皮上的汤圆 2"对象设置单击时播放、持续时间自动的出现进入动画效果，然后为"面皮上的汤圆 2"对象添加单击时播放、持续时间 2 秒的直线向下动作路径动画效果，并将动作路径的终点拖到幻灯片右侧的汤圆上。

步骤 20 为"黑色汤圆馅"对象设置单击时播放、持续时间 2 秒的直线向下动作路径动画效果，并将动作路径的终点移到幻灯片左侧的大圆中，然后为"黑色汤圆馅"对象添加上一动画之后播放、持续时间自动的消失退出动画效果。

步骤 21 为"面皮上的汤圆 3"对象设置单击时播放、持续时间自动的出现进入动画效果,然后为"面皮上的汤圆 3"对象添加单击时播放、持续时间 2 秒的直线向下动作路径动画效果,并将动作路径的终点拖到幻灯片右侧的汤圆上,如图 4-57 所示。

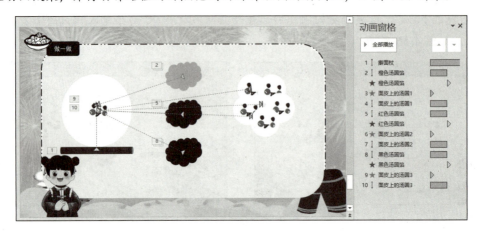

图 4-57 第 11 张幻灯片效果

步骤 22 将第 11 张幻灯片复制一份作为第 12 张幻灯片,只保留第 12 张幻灯片左上方的组合对象、中下方的"小女孩"图片和右侧的 5 个组合对象,然后将右侧的 5 个组合对象组合,设置其叠放次序为置于顶层,并将其移到幻灯片左侧,最后在"选择"任务窗格中将组合对象的名称修改为"生汤圆"。

步骤 23 在幻灯片中分别绘制直径为 9 厘米、填充颜色为"黑色,文字 1"、轮廓为无的圆,高度为 5 厘米、宽度为 0.7 厘米、填充颜色为"黑色,文字 1"、轮廓为无的矩形,高度为 6 厘米、宽度为 6.7 厘米、填充颜色为"蓝色,个性色 1,淡色 40%"、轮廓为无的云形,然后将它们组成锅的形状(见图 4-58),并在"选择"任务窗格中将组合对象的名称修改为"锅",最后将其移到"生汤圆"组合对象右侧。

步骤 24 在幻灯片中插入素材图片"汤圆 1",设置其背景颜色为透明,将其缩放后移到幻灯片右侧(见图 4-59),并在"选择"任务窗格中将其名称修改为"煮熟的汤圆"。

图 4-58 绘制锅形状

图 4-59 在幻灯片中插入图片

步骤 25 为"生汤圆"对象设置单击时播放、持续时间 2 秒的直线向右动作路径动画效果，并保持动作路径的终点在"锅"对象中；再为其添加上一动画之后播放、持续时间 2 秒的陀螺旋强调动画效果。

步骤 26 为"煮熟的汤圆"对象设置单击时播放、持续时间 1 秒的翻转式由远及近进入动画效果，如图 4-60 所示。

图 4-60 第 12 张幻灯片效果

8）为导航页添加超链接

步骤 1 在幻灯片窗格中选择第 2 张幻灯片，选择"看一看"文本所在圆角矩形，在"插入"选项卡的"链接"组中单击"超链接"按钮，打开"插入超链接"对话框，在"链接到"设置区选择"本文档中的位置"选项，在"请选择文档中的位置"列表框中选择"3.幻灯片 3"选项，最后单击"确定"按钮。

步骤 2 使用同样的方法为第 2 张幻灯片中"说一说""找一找""做一做"文本所在圆角矩形添加超链接，将它们分别链接到第 4 张、第 9 张和第 10 张幻灯片。

9）为内容页添加动作按钮

步骤 1 进入幻灯片母版视图，在左侧窗格中选择"空白 版式"选项。

步骤 2 在"空白 版式"母版右下方依次绘制"动作按钮：后退或前一项""动作按钮：第一张""动作按钮：前进或下一项"动作按钮。其中，"动作按钮：第一张"动作按钮链接到的幻灯片为第 2 张幻灯片，其他两个动作按钮链接到的幻灯片均为默认。

步骤 3 设置 3 个动作按钮的高度为 1.2 厘米、宽度为 1.4 厘米、填充颜色为橙色、轮廓为无、效果为"预设"/"预设 5"，然后参照图 4-61 排列动作按钮，最后退出幻灯片母版视图。至此，幼儿园中班语言活动课件"热闹的元宵节"制作完毕，保存并关闭演示文稿。

图 4-61 动作按钮效果

课堂实训：制作幼儿园大班语言活动课件 "小船悠悠"

使用本书配套素材"素材与实例"/"第4章"/"小船悠悠"文件夹中的素材，制作幼儿园大班语言活动课件"小船悠悠"，效果如图4-62所示。

图4-62　幼儿园大班语言活动课件"小船悠悠"效果

【操作提示】

（1）设置"空白 版式"母版。进入幻灯片母版视图，在左侧窗格中选择"空白 版式"选项，设置母版的背景为素材图片"大海2"。

（2）参照效果文件使用"标题幻灯片""空白"版式制作幻灯片。

① 第1张和第16张幻灯片的版式均为"标题幻灯片"，并使用完全显示的素材图片"大海1"作为幻灯片背景，第2～15张幻灯片的版式均为"空白"。

② 设置第3张幻灯片中视频的开始播放时间为"00:02.177"、结束播放时间为"02:32.332"，播放视频、暂停播放视频和停止播放视频的触发动作分别为单击"播放"组合对象、单击"暂停"组合对象、单击"停止"组合对象。

③ 设置第5～11张幻灯片中音频的开始播放方式为自动，幻灯片下方的文本可根据音频输入，各幻灯片中音频的开始播放时间和结束播放时间如下。

第 5 张幻灯片中音频的开始播放时间为"00:04.250"、结束播放时间为"00:08.112"。

第 6 张幻灯片中音频的开始播放时间为"00:14.986"、结束播放时间为"00:26.800"。

第 7 张幻灯片中音频的开始播放时间为"00:27.850"、结束播放时间为"00:36.060"。

第 8 张幻灯片中音频的开始播放时间为"00:37.200"、结束播放时间为"00:49.870"。

第 9 张幻灯片中音频的开始播放时间为"00:50.500"、结束播放时间为"01:05.576"。

第 10 张幻灯片中音频的开始播放时间为"01:11.200"、结束播放时间为"01:19.976"。

第 11 张幻灯片中音频的开始播放时间为"01:25.500"、结束播放时间为"01:46.137"。

（3）添加超链接。为第 2 张幻灯片中"看一看""猜一猜""听一听""说一说"文本所在圆角矩形添加超链接，将它们分别链接到第 3 张、第 4 张、第 5 张和第 12 张幻灯片。

（4）添加动作按钮。在第 3 张幻灯片右下方依次绘制"动作按钮：后退或前一项""动作按钮：第一张""动作按钮：前进或下一项"动作按钮。其中，"动作按钮：第一张"动作按钮链接到的幻灯片为第 2 张幻灯片，其他两个动作按钮链接到的幻灯片均为默认（动作按钮的格式可自由设置，美观即可），将动作按钮组合后复制到第 4～15 张幻灯片。

第 5 章

幼儿园社会领域
保教活动课件设计与制作

本章导读

　　幼儿社会领域的发展是幼儿成长中不可或缺的重要部分，它涉及幼儿与人交往、理解并遵守社会规范、初步形成社会责任感和道德观念等多个方面。因此，在幼儿的成长过程中，社会领域的学习至关重要。

　　本章主要介绍《3～6岁儿童学习与发展指南》中社会领域的主要内容及其目标，并根据目标给出相应年龄段幼儿活动课件的设计与制作思路，同时根据全国职业院校技能大赛（高职组）"幼儿教育技能"赛项中幼儿园保教活动课件制作题目，制作幼儿园社会活动课件。

学习目标

知识目标
- 了解社会领域的主要内容及不同年龄段幼儿人际交往和社会适应的目标。
- 掌握幼儿园社会领域保教活动课件的设计与制作方法。

能力目标
- 能够根据幼儿年龄特点和发展水平设计社会教育活动。
- 能够在幼儿园社会领域保教活动课件中合理运用动画效果、超链接和动作按钮等技术。

素质目标
- 掌握幼儿心理发展特点，不断学习新的教育方法，提高教育实践能力。
- 增强社会责任意识，积极承担社会责任。

5.1 社会领域的主要内容

　　幼儿社会领域的学习与发展过程是幼儿社会性不断完善并奠定健全人格基础的过程。人际交往和社会适应是幼儿社会学习的主要内容，也是其社会性发展的基本途径。幼儿在与成人和同伴交往的过程中，不仅学习如何与人友好相处，也学习如何看待自己、对待他人，从而不断提高适应社会生活的能力。良好的社会性发展对幼儿身心健康和其他各方面的发展都具有重要影响。

　　社会领域的主要内容可划分为两个方面，包括人际交往、社会适应。

5.1.1 人际交往

　　幼儿在人际交往方面的学习与发展目标包括愿意与人交往，能与同伴友好相处，具有自尊、自信、自主的表现，关心尊重他人。对于不同的目标，设计与制作活动课件的思路也不同。

1. 愿意与人交往

　　各年龄段幼儿在愿意与人交往方面的目标如表 5-1 所示。

社会领域的主要内容

表 5-1　愿意与人交往

年龄	3～4 岁	4～5 岁	5～6 岁
目标	（1）愿意和小朋友一起玩游戏。 （2）愿意和熟悉的长辈一起活动	（1）喜欢和小朋友一起玩游戏，有经常一起玩的小伙伴。 （2）喜欢和长辈交谈，有事愿意告诉长辈	（1）有自己的好朋友，也喜欢结交新朋友。 （2）有问题时愿意向别人请教。 （3）有高兴的或有趣的事愿意和大家分享

　　要实现让幼儿愿意与人交往的目标，在设计与制作各年龄段幼儿活动课件时可参考以下思路。

　　（1）3～4 岁幼儿（小班）活动课件可以设计一些活动，如"朋友树""今天谁没来""我会关心朋友"等，还可以插入一些图片并将其设置成动画，实现"和小朋友一起玩游戏"等类似场景。

　　（2）4～5 岁幼儿（中班）活动课件可以设计一些环节，如播放爷爷、奶奶、爸爸、妈妈、老师、朋友或小伙伴等对幼儿爱的表达的视频，让幼儿通过观看视频感受别人的关心，激发幼儿与他人建立友好关系的愿望。

（3）5～6岁幼儿（大班）活动课件可以设置一些给定情境，播放一些相关的视频，如"礼仪好宝宝"，让幼儿先了解与人交往的方式，然后通过实践更好地体会与人交往的乐趣。

2. 能与同伴友好相处

各年龄段幼儿在能与同伴友好相处方面的目标如表 5-2 所示。

表 5-2　能与同伴友好相处

年龄	3～4岁	4～5岁	5～6岁
目标	（1）想加入同伴的游戏时，能友好地提出请求。 （2）在成人指导下，不争抢、不独霸玩具。 （3）与同伴发生冲突时，能听从成人的劝解	（1）会运用介绍自己、交换玩具等简单技巧加入同伴游戏。 （2）对大家都喜欢的东西愿意轮流使用、分享。 （3）与同伴发生冲突时，能在他人帮助下和平解决。 （4）活动时愿意接受同伴的意见和建议。 （5）不欺负弱小	（1）能想办法吸引同伴和自己一起游戏。 （2）活动时能与同伴分工合作，遇到困难时能与同伴一起克服。 （3）与同伴发生冲突时能自己协商解决。 （4）知道别人的想法有时和自己的想法不一样，能倾听和接受别人的意见，不能接受时会说明理由。 （5）不欺负别人，也不允许别人欺负自己

要实现让幼儿能与同伴友好相处的目标，在设计与制作各年龄段幼儿活动课件时可参考以下思路。

（1）3～4岁幼儿（小班）活动课件可以添加一些儿歌、童谣或简短的故事，让幼儿在具体的情境中学习如何与同伴友好相处，还可以设计一些活动，如"熊猫的客人""做小主人""大家一起真快乐"等，通过互动让幼儿学习受欢迎的行为和如何获得他人的接纳与喜爱。

（2）4～5岁幼儿（中班）活动课件可以设置一些情境，如幼儿争抢玩具等不友好行为，引导幼儿思考"假如你是别人，你有什么感受？"让幼儿懂得理解他人的想法和感受并学会分享。

（3）5～6岁幼儿（大班）活动课件可以设计一些活动，如"蚂蚁搬家""我们都是好朋友"等，让幼儿明白团队合作与相互帮助的重要性。

3. 具有自尊、自信、自主的表现

各年龄段幼儿在具有自尊、自信、自主的表现方面的目标如表 5-3 所示。

表 5-3　具有自尊、自信、自主的表现

年龄	3～4 岁	4～5 岁	5～6 岁
目标	（1）能根据自己的兴趣选择游戏或其他活动。 （2）为自己的正确行为或获得的活动成果感到高兴。 （3）自己能做的事情愿意自己做。 （4）喜欢承担一些小任务	（1）能按自己的想法进行游戏或其他活动。 （2）知道自己的一些优点和长处，并对此感到满意。 （3）自己的事情尽量自己做，不愿意依赖别人。 （4）敢于承担有一定难度的活动和任务	（1）能主动发起活动或在活动中出主意、想办法。 （2）做好事或取得成功后还想做得更好。 （3）自己的事情自己做，不会做的事情愿意学。 （4）主动承担任务，遇到困难能够坚持而不轻易求助。 （5）与别人的看法不同时，敢于坚持自己的意见并说出理由

要实现让幼儿具有自尊、自信、自主的表现的目标，在设计与制作各年龄段幼儿活动课件时可参考以下思路。

（1）3～4 岁幼儿（小班）活动课件可以设计一些互动环节，如让幼儿观看图片并根据自己的喜好或判断做出选择，每次选择后通过播放"你真棒"的欢快音效或展示"大拇指"图片作为奖励，给予他们肯定和表扬，以此明确表达对他们选择的尊重与肯定，促进幼儿的自信心与自我认同感的建立。

（2）4～5 岁幼儿（中班）活动课件可以设计一些活动，如"我就是我""小花熊和小黑熊"等，让幼儿把自尊、自信通过情绪和动作表现出来，培养幼儿的自我管理能力和自我认同感。

（3）5～6 岁幼儿（大班）活动课件可以设计一些活动，如"相信自己，我能行""不一样的我""小河马的长处"等，让幼儿学会在做事中树立自尊和自信，在尝试中感受经过努力获得的成就感。

4. 关心尊重他人

各年龄段幼儿在关心尊重他人方面的目标如表 5-4 所示。

表 5-4　关心尊重他人

年龄	3～4 岁	4～5 岁	5～6 岁
目标	（1）长辈讲话时能认真听，并能听从长辈的要求。 （2）身边的人生病或不开心时表示同情。 （3）在提醒下能做到不打扰别人	（1）会用礼貌的方式向长辈表达自己的要求和想法。 （2）能注意到别人的情绪，并有关心、体贴的表现。 （3）知道父母的职业，能体会父母为养育自己所付出的辛劳	（1）能有礼貌地与人交往。 （2）能关注别人的情绪和需要，并能给予力所能及的帮助。 （3）尊重为大家提供服务的人，珍惜他们的劳动成果。 （4）接纳、尊重与自己的生活方式或习惯不同的人

要实现让幼儿关心尊重他人的目标，在设计与制作各年龄段幼儿活动课件时可参考以下思路。

（1）3～4岁幼儿（小班）活动课件可以设置一些情境，展示成人的积极行为，如经常问候老人、主动做家务、礼貌对待老年人、坐车时主动让座等，引导幼儿学习和模仿。

（2）4～5岁幼儿（中班）活动课件可以设计一些培养幼儿社交礼仪和家庭责任感等的活动，帮助幼儿全面发展社交技能并提高情感认知能力。

（3）5～6岁幼儿（大班）活动课件可以设置商场、邮局、医院等区角情境，并结合职业角色进行游戏，让幼儿体验不同社会机构为人们提供的服务和便利，从而懂得尊重他人，珍惜他人的劳动成果。

5.1.2　社会适应

幼儿在社会适应方面的学习与发展目标包括喜欢并适应群体生活，遵守基本的行为规范，具有初步的归属感。对于不同的目标，设计与制作活动课件的思路也不同。

1. 喜欢并适应群体生活

各年龄段幼儿在喜欢并适应群体生活方面的目标如表5-5所示。

表5-5　喜欢并适应群体生活

年龄	3～4岁	4～5岁	5～6岁
目标	（1）对群体活动感兴趣。 （2）对幼儿园的生活好奇，喜欢上幼儿园	（1）愿意并主动参加群体活动。 （2）愿意与家长一起参加社区的一些群体活动	（1）积极参加群体活动并感到快乐。 （2）对小学生活好奇和向往

要实现让幼儿喜欢并适应群体生活的目标，在设计与制作各年龄段幼儿活动课件时可参考以下思路。

（1）3～4岁幼儿（小班）活动课件可以设计一些群体性活动，让幼儿体验参与群体活动的乐趣，进而增强他们对群体活动的兴趣。

（2）4～5岁幼儿（中班）活动课件可以通过图片或视频展示一些群体活动的画面，让幼儿感受群体生活的乐趣，鼓励幼儿主动参与群体活动。

（3）5～6岁幼儿（大班）活动课件可以展示一些小学生活的图片，并讲述有趣的故事，激发幼儿对小学生活的好奇和向往，帮助他们为新阶段的学习生活做好心理准备。

2. 遵守基本的行为规范

各年龄段幼儿在遵守基本的行为规范方面的目标如表5-6所示。

表 5-6　遵守基本的行为规范

年龄	3~4 岁	4~5 岁	5~6 岁
目标	（1）在提醒下，能遵守游戏和公共场所的规则。 （2）知道不经允许不能拿别人的东西，借别人的东西要归还。 （3）在提醒下，爱护玩具和其他物品	（1）感受规则的意义，并能基本遵守规则。 （2）不私自拿别人的东西。 （3）知道说谎是不对的。 （4）知道接受的任务要努力完成。 （5）在提醒下，能节约粮食、水电等	（1）理解规则的意义，能与同伴协商制订游戏和活动规则。 （2）爱惜物品，用别人的东西时也知道爱护。 （3）做了错事敢于承认，不说谎。 （4）能认真负责地完成自己所接受的任务。 （5）爱护身边的环境，注意节约资源

要实现让幼儿遵守基本的行为规范的目标，在设计与制作各年龄段幼儿活动课件时可参考以下思路。

（1）3~4 岁幼儿（小班）活动课件可以设置一些贴近幼儿生活的情境，介绍生活中必要的规则，并说明遵守这些规则的重要性。

（2）4~5 岁幼儿（中班）活动课件可以设计一些游戏环节，教导幼儿在生活中应遵守共同制订的规则，同时在幼儿园的区域活动中创设情境，让幼儿体会没有规则的不方便，鼓励他们制订规则并自觉遵守。

（3）5~6 岁幼儿（大班）活动课件可以设计一些活动，如"我是小警察""我是诚实的小孩""水资源"等，通过互动环节，培养幼儿的规则意识、诚实品质及节约用水的习惯。

3. 具有初步的归属感

各年龄段幼儿在具有初步的归属感方面的目标如表 5-7 所示。

表 5-7　具有初步的归属感

年龄	3~4 岁	4~5 岁	5~6 岁
目标	（1）知道和自己一起生活的家庭成员及与自己的关系，体会到自己是家庭的一员。 （2）能感受到家庭生活的温暖，爱父母，亲近与信赖长辈。 （3）能说出自己家乡所在街道、小区（乡镇、村）的名称。 （4）认识国旗，知道国歌	（1）喜欢自己所在的幼儿园和班级，积极参加集体活动。 （2）能说出自己家乡所在省、市、县（区）的名称，知道当地有代表性的物产或景观。 （3）知道自己是中国人。 （4）奏国歌、升国旗时能自动站好	（1）愿意为集体做事并为集体的成绩感到高兴。 （2）能感受到家乡的发展变化并为此感到高兴。 （3）知道自己的民族，知道中国是一个多民族的大家庭，各民族之间互相尊重，团结友爱。 （4）知道国家一些重大成就，爱祖国，为自己是中国人感到自豪

要实现让幼儿具有初步的归属感的目标,在设计与制作各年龄段幼儿活动课件时可参考以下思路。

(1)3~4岁幼儿(小班)活动课件可以添加一些幼儿成长故事,让幼儿感受家庭的温暖,同时培养他们的集体荣誉感。此外,还可以展示中国地图,让幼儿在地图上找一找自己家乡的位置。

(2)4~5岁幼儿(中班)活动课件可以通过展示家乡和祖国各地的风景名胜、著名建筑、独特物产等图片,让幼儿在观看和欣赏的过程中增强对家乡和祖国的自豪感,培养他们的爱国情感。

(3)5~6岁幼儿(大班)活动课件可以介绍反映中国人聪明才智的发明和创造,激发幼儿对科学和技术的兴趣,培养他们的民族自豪感。

5.2 实战演练:制作幼儿园中班社会活动课件"寻找秋天"

本节根据全国职业院校技能大赛(高职组)"幼儿教育技能"赛项中幼儿园保教活动课件制作题目"主题活动——秋天"制作幼儿园中班社会活动课件"寻找秋天",主题活动具体内容如下。

一年有四季:春、夏、秋、冬。秋天,人们常常想到的是落叶飘飘和瓜果蔬菜的成熟。对幼儿来说,秋天是金色的季节,落叶铺满地;秋天是丰收的季节,硕果累累……秋天,身边的一切都发生着变化,幼儿对这个季节充满了兴趣和好奇。

1. 课件要求

幼儿园中班社会活动课件"寻找秋天"的要求如下。

(1)内容要求:根据给定素材文件夹中的素材完成课件设计,确保内容完整且符合教学目标。课件首页需注明课件名称、适用年龄段及活动领域。

(2)技术要求:适当处理给定素材文件夹中的图片、音频和视频等,合理运用动画效果、超链接和动作按钮等技术,以提高课件的吸引力和互动性,确保课件操作简便、运行稳定。

(3)课件效果:形象、直观,能够有效地服务于教学,符合所注明的年龄段及活动领域。

制作幼儿园中班社会活动
课件"寻找秋天"

2. 课件意图

秋天是一年四季中最为绚烂多彩的季节,金黄的稻田在阳光的照耀下闪烁着耀眼的光芒,火红的枫叶如同天边的晚霞,湛蓝的天空一望无际,洁白的云朵悠闲地飘荡着,硕果累累的果园里,苹果、葡萄等挂满了枝头,散发出诱人的香气,人们在这美丽的季节里，感受大自然的魅力，收获生活的喜悦。

设计幼儿园中班社会活动课件"寻找秋天"旨在通过丰富多彩的系列活动，引导幼儿全面、深入地认识秋天，激发幼儿对大自然的热爱之情，促进幼儿在认知、情感、能力和社会性等多方面的全面发展，让幼儿在活动中感受秋天的美好，体验成长的快乐。

（1）认知发展。

① 认识秋天的特征：通过"认一认"环节，让幼儿认识秋天的庄稼（如高粱、小米、小麦等）、蔬菜（如南瓜、萝卜、茄子等）和水果（如橘子、葡萄、苹果等），帮助他们建立对秋天自然环境的初步认知。

② 丰富自然知识和生活经验：通过活动，让幼儿明白秋天是收获的季节，各种农作物和果蔬在这个季节成熟，从而丰富他们的自然知识和生活经验。

（2）情感培养。

① 激发对大自然的热爱：通过展示秋天的美景和成果，让幼儿感受大自然的神奇与美丽，培养他们热爱大自然、珍惜劳动成果的情感。

② 增强季节意识和时间观念：通过活动，让幼儿对季节变化有更深刻的认识，增强他们的季节意识和时间观念。

（3）能力提高。

① 观察力和注意力：通过"认一认""赏一赏"环节，让幼儿仔细观察秋天的各种事物，提高他们的观察力和注意力。

② 语言表达能力和逻辑思维能力：通过"学一学""填一填"环节，鼓励幼儿用语言表达自己对秋天的感受和认识，提高他们的语言表达能力和逻辑思维能力。

③ 创造力和想象力：通过"想一想"环节，引导幼儿思考并分享自己对秋天的独特见解，激发他们的创造力和想象力。

（4）社会性发展。

① 培养团队合作意识和社交能力：在活动中，可以组织小组合作完成任务，如共同制作秋天的手工作品或进行秋天的故事表演，培养幼儿的团队合作意识和社交能力。

② 培养社会责任感和感恩之心：通过展示秋天的农作物和展现农民辛勤劳动的场景，让幼儿懂得珍惜他人的劳动成果，培养他们的社会责任感和感恩之心。

3．课件展示

幼儿园中班社会活动课件"寻找秋天"效果如图 5-1 所示。

4．课件制作过程

1）设置母版

步骤 1　设置"标题幻灯片 版式"母版。启动 PowerPoint 2016 并新建"寻找秋天"空白演示文稿，进入幻灯片母版视图，在左侧窗格中保持"标题幻灯片 版式"选项的选中状态，删除母版中的标题占位符和副标题占位符。

图 5-1　幼儿园中班社会活动课件"寻找秋天"效果

步骤 2 在"幻灯片母版"选项卡"背景"组的"背景样式"下拉列表中选择"设置背景格式"选项，在打开的"设置背景格式"任务窗格中保持"纯色填充"单选钮的选中状态，然后在"颜色"下拉列表中选择"金色，个性色4，淡色80%"选项，为母版设置背景颜色。

步骤 3 在"标题幻灯片 版式"母版中同时插入素材图片"柿子""枫叶1""枫叶2""松鼠""丰收"（制作该课件使用的素材均在本书配套素材"素材与实例"/"第5章"/"寻找秋天"文件夹中），并设置"松鼠"图片的背景颜色为透明、高度为8.6厘米，"丰收"图片的高度为12厘米，然后参照图5-2排列图片。

步骤 4 在"标题幻灯片 版式"母版中上方绘制高度为7.7厘米、宽度为23.5厘米、填充颜色为"白色，背景1"、轮廓颜色为"橙色，个性色2，淡色40%"、轮廓粗细为6磅、轮廓线型为"长划线-点-点"的圆角矩形，如图5-3所示。

图 5-2　图片排列效果

图 5-3　在母版中上方绘制圆角矩形

步骤 5 设置"空白 版式"母版。在左侧窗格中选择"空白 版式"选项，并设置母版的背景颜色为"金色，个性色4，淡色80%"。

步骤 6 将 "标题幻灯片 版式" 母版中的圆角矩形复制到 "空白 版式" 母版中，并将复制得到的圆角矩形的高度修改为 16 厘米，宽度修改为 31 厘米，然后将该圆角矩形相对于幻灯片水平且垂直居中对齐。

步骤 7 在 "空白 版式" 母版中插入素材图片 "枫叶 1"，并设置图片的高度为 3.7 厘米、宽度为 13 厘米，然后将图片移到该母版右上方，接着在母版四周绘制直径和填充颜色不同、轮廓为无的圆（圆的大小和填充颜色可参考效果文件设置，也可自行设置，美观即可），最后配合 "Ctrl" 键在 "选择" 任务窗格中选择幻灯片编号占位符、页脚占位符和日期占位符，将其拖到最下方，如图 5-4 所示。

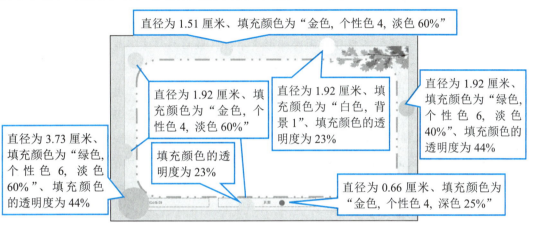

直径为 1.51 厘米、填充颜色为 "金色, 个性色 4, 淡色 60%"

直径为 1.92 厘米、填充颜色为 "金色, 个性色 4, 淡色 60%"

直径为 1.92 厘米、填充颜色为 "白色, 背景 1"、填充颜色的透明度为 23%

直径为 1.92 厘米、填充颜色为 "绿色, 个性色 6, 淡色 40%"、填充颜色的透明度为 44%

直径为 3.73 厘米、填充颜色为 "绿色, 个性色 6, 淡色 60%"、的透明度为 44%

填充颜色的透明度为 23%

直径为 0.66 厘米、填充颜色为 "金色, 个性色 4, 深色 25%"

图 5-4　在母版四周绘制圆

步骤 8 设置 "1_空白 版式" 母版。复制一份 "空白 版式" 母版，并将 "标题幻灯片 版式" 母版中的 "松鼠" 图片复制到 "1_空白 版式" 母版中，然后修改复制得到的图片的高度为 3.7 厘米，并将该图片移到该母版左上方。

步骤 9 在 "松鼠" 图片右侧插入一个高度为 1.5 厘米、宽度为 3.5 厘米的文本占位符，然后设置文本的格式为黑体、28 磅、"橙色, 个性色 2"、水平且垂直居中对齐，并取消段落的项目符号格式（见图 5-5），最后退出幻灯片母版视图。

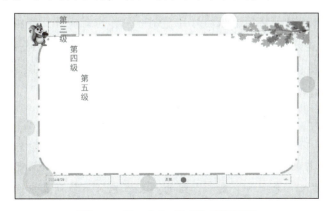

图 5-5　"1_空白 版式" 母版效果

2）制作封面页和封底页

步骤 1 ▶ 制作封面页。为第1张幻灯片重新应用"标题幻灯片"版式，然后利用文本框在幻灯片中输入文本"寻找秋天"，并设置文本的格式为华文琥珀、88磅，"寻""找""秋""天"文本的字体颜色分别为浅蓝色、浅绿色、橙色、紫色，最后将文本框移到圆角矩形中上部。

步骤 2 为"寻找秋天"文本所在文本框设置与上一动画同时播放、持续时间2秒、以下浮方式浮入的进入动画效果。

步骤 3 利用文本框在幻灯片中输入文本"中班社会活动编号：×××"（"动"和"编"文本之间用多个空格分隔），然后设置文本的格式为黑体、18磅、"橙色，个性色2"、居中对齐，并将文本框移到圆角矩形中下部，最后为该文本框设置与上一动画同时播放、持续时间2秒、以上浮方式浮入的进入动画效果。

步骤 4 在幻灯片中插入素材音频"秋天多美丽"，在"音频工具 播放"选项卡中设置音频的开始播放方式为自动且放映幻灯片时隐藏音频图标，音频的开始播放时间为"00:12.277"、结束播放时间为"00:16.473"，并将音频图标向右旋转90°后移到幻灯片中上方，然后为音频设置与上一动画同时的播放动画效果，如图5-6所示。

图5-6 封面页效果

步骤 5 ▶ 制作封底页。将第1张幻灯片复制一份作为封底页，并将封底页中的文本修改为"秋天秋天真美好"，文本格式修改为黑体、80磅、"橙色，个性色2"，然后删除"中班……"文本所在文本框和音频图标，最后调整文本框的大小，使其正好容纳其中的文本，并将文本框移到圆角矩形中部。

3）制作导航页

步骤 1 在第1张幻灯片之后新建一张"空白"版式的幻灯片，在其中插入素材图片"松鼠"，并设置图片的高度为10.2厘米，然后将其移到幻灯片左侧中部。

步骤 2 在"插入"选项卡"文本"组的"文本框"下拉列表中选择"竖排文本框"选项，在幻灯片中"松鼠"图片右侧单击，绘制竖排文本框并在其中输入文本"活动导航"，然后设置文本的格式为黑体、66 磅、"橙色，个性色 2"，最后在"绘图工具　格式"选项卡的"艺术字样式"组中设置文本效果为"转换"/"倒 V 形"，如图 5-7 所示。

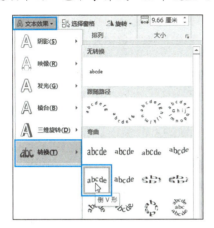

图 5-7　设置文本效果

步骤 3　将竖排文本框和"松鼠"图片组合，并为组合对象设置与上一动画同时播放、持续时间 1 秒的形状进入动画效果。

步骤 4　在"插入"选项卡的"插图"组中单击"SmartArt"按钮，在打开的"选择 SmartArt 图形"对话框中选择"列表"/"垂直曲形列表"选项，单击"确定"按钮（见图 5-8），在幻灯片中插入所选 SmartArt 图形。

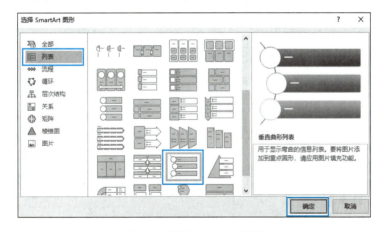

图 5-8　选择 SmartArt 图形

步骤 5　选择 SmartArt 图形，在"SmartArt 工具　设计"选项卡的"创建图形"组中单击两次"添加形状"按钮，在已有形状后面添加两组形状，然后在"SmartArt 样式"组中单击"更改颜色"下拉按钮 ，在展开的下拉列表中选择"个性色 4"类别中的"渐变范围-个性色 4"选项，如图 5-9 所示。

步骤 6　选择 SmartArt 图形，在"SmartArt 工具　格式"选项卡的"大小"组中设置 SmartArt 图形的高度为 15 厘米、宽度为 12 厘米，并将其移到幻灯片右侧中部。

步骤7 选择 SmartArt 图形第 1 组形状中的矩形，输入文本"认一认"。使用同样的方法在 SmartArt 图形其他组形状的矩形中输入文本"赏一赏""学一学""填一填""想一想"，如图 5-10 所示。

图 5-9 添加形状并更改 SmartArt 图形的颜色　　　图 5-10 在 SmartArt 图形中输入文本

步骤8 选择 SmartArt 图形，在"动画"列表中选择"进入"类别中的"擦除"选项，在"效果选项"下拉列表中选择"逐个"选项，在"开始"下拉列表中选择"上一动画之后"选项，并单击两次"持续时间"右侧▾的按钮，为 SmartArt 图形设置上一动画之后播放、持续时间 1 秒、自顶部逐个擦除的进入动画效果，如图 5-11 所示。

图 5-11 设置 SmartArt 图形的动画效果

4）制作"认一认"部分内容

步骤1 在第 2 张幻灯片之后新建一张"1_空白"版式的幻灯片，并在新建幻灯片左上方的文本占位符中输入文本"认一认"。

步骤2 利用文本框在幻灯片中输入文本"秋天的庄稼"，并设置文本的格式为黑体、48 磅、"橙色，个性色 2"、居中对齐，然后将文本框移到幻灯片中上方。

步骤3 为"秋天的庄稼"文本所在文本框设置与上一动画同时播放、持续时间 1 秒、以下浮方式浮入的进入动画效果。

步骤4 在幻灯片中同时插入素材图片"高粱""小米""小麦"，设置 3 张图片的高度为 5.7 厘米、宽度为 7.6 厘米、样式为"棱台形椭圆，黑色"、边框颜色为"橙色，个性色 2"、轮廓粗细为 4.5 磅，并参照图 5-12 排列图片，然后从左到右依次选择 3 张图片，为其设置上一动画之后播放、持续时间 1 秒、以上浮方式浮入的进入动画效果。

图 5-12　第 3 张幻灯片效果

步骤 5 使用复制第 3 张幻灯片并修改其中内容的方式制作第 4～5 张幻灯片（其他两张"认一认"部分幻灯片），如图 5-13 所示。

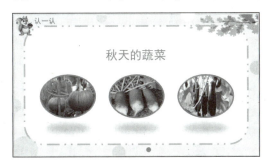 

图 5-13　第 4～5 张幻灯片效果

5）制作"赏一赏"部分内容

步骤 1 在第 5 张幻灯片之后新建一张"1_空白"版式的幻灯片，并在新建幻灯片左上方的文本占位符中输入文本"赏一赏"。

步骤 2 在幻灯片中绘制圆角矩形、矩形和圆，然后参照图 5-14 设置它们的大小、填充颜色、轮廓效果、叠放次序、旋转角度并排列，最后将绘制的形状组合，并在"选择"任务窗格中将组合对象的名称修改为"电视机"。

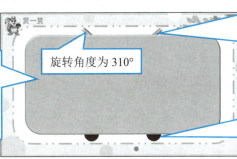

高度为 13.5 厘米、宽度为 27.5 厘米、填充颜色为"金色，个性色 4"、轮廓为无、效果为"棱台"/"圆"的圆角矩形

旋转角度为 310°

高度为 1.6 厘米、宽度为 0.5 厘米、填充颜色为"金色，个性色 4"、轮廓为无、效果为"棱台"/"圆"、叠放次序为置于底层、旋转角度为 50°的矩形

直径为 2 厘米、填充颜色为"黑色，文字 1"、轮廓为无、效果为"棱台"/"圆"、叠放次序为置于底层的圆

图 5-14　形状效果

步骤 3 在幻灯片中绘制直径为 1.4 厘米、填充颜色为"金色，个性色 4，深色 25%"、轮廓为无的圆，然后绘制高度和宽度均为 0.88 厘米、填充颜色为"白色，背

景1"、轮廓为无的等腰三角形，并将等腰三角形向右旋转90°后移到圆中，最后将圆和等腰三角形组合，并在"选择"任务窗格中将组合对象的名称修改为"播放"。

图 5-15　组合对象排列效果

步骤4　将"播放"组合对象复制两份，并在"绘图工具格式"选项卡"插入形状"组的"编辑形状"下拉列表中将复制得到的组合对象中的等腰三角形分别更改为等号和矩形，然后在"选择"任务窗格中将这两个组合对象的名称分别修改为"暂停""停止"，最后参照图5-15排列组合对象。

步骤5　在幻灯片中插入素材视频"秋天真美好"，并设置视频框的高度为11.5厘米、宽度为22厘米、形状为圆角矩形，然后将其移到3个组合对象左侧合适位置。

步骤6　保持视频的选中状态，在"动画"选项卡"高级动画"组的"添加动画"下拉列表中分别选择"媒体"类别中的"播放"选项和"停止"选项，为视频添加播放和停止播放动画效果。

步骤7　在"动画窗格"任务窗格中选择视频的播放动画效果，在"动画"选项卡"高级动画"组的"触发"下拉列表中选择"单击"/"播放"选项，设置播放视频的触发动作为单击"播放"组合对象。使用同样的方法设置暂停播放视频和停止播放视频的触发动作分别为单击"暂停"组合对象和单击"停止"组合对象，如图5-16所示。

图 5-16　设置播放、暂停播放和停止播放视频的触发动作

6）制作"学一学"部分内容

步骤1　在第6张幻灯片之后新建一张"1_空白"版式的幻灯片，并在新建幻灯片左上方的文本占位符中输入文本"学一学"。

步骤2　在幻灯片中插入素材图片"棉花"，并设置图片的高度为10厘米、样式为"柔化边缘矩形"，然后将图片相对于幻灯片水平且垂直居中对齐，最后为图片设置与上一动画同时播放、持续时间2秒的跷跷板强调动画效果。

步骤3　在"动画窗格"任务窗格中右击"棉花"图片的强调动画效果，在弹出的快捷菜单中选择"效果选项"选项，在打开的"跷跷板"对话框"计时"选项卡的"重复"下拉列表中选择"直到幻灯片末尾"选项，单击"确定"按钮，如图5-17所示。

步骤 4 在幻灯片中插入素材音频"秋天"，在"音频工具 播放"选项卡中设置音频的开始播放方式为自动且放映幻灯片时隐藏音频图标，并将音频图标移到幻灯片右上方，然后为音频设置与上一动画同时的播放动画效果。

步骤 5 保持音频图标的选中状态，在"音频工具 播放"选项卡的"编辑"组中单击"剪裁音频"按钮，打开"剪裁音频"对话框，在其中设置音频的结束播放时间为"00:40"，然后单击"确定"按钮，如图5-18所示。

图 5-17 设置动画效果的重复次数

图 5-18 设置音频的结束播放时间

步骤 6 使用复制第7张幻灯片并修改其中内容的方式制作第8～9张幻灯片（其他两张"学一学"部分幻灯片），如图5-19所示。其中，第8张幻灯片中音频的开始播放时间为"00:40"、结束播放时间为"01:16"，第9张幻灯片中音频的开始播放时间为"01:16"、结束播放时间为"01:51"。

图 5-19 第8～9张幻灯片效果

7）制作"填一填"部分内容

步骤 1 在第9张幻灯片之后新建一张"1_空白"版式的幻灯片，并在新建幻灯片左上方的文本占位符中输入文本"填一填"，然后利用文本框在幻灯片左上方输入文本"请把秋天的农作物填完整吧"，并设置文本的字符格式为黑体、20磅、"橙色，个性色2"。

步骤2 在幻灯片中同时插入素材图片"高粱""棉花""辣椒""果篮""小麦"，设置"辣椒"图片的高度为2.85厘米，其他图片的高度为3.8厘米，并设置"高粱""棉花""小麦"图片的宽度为5.2厘米、样式为"柔化边缘矩形"，然后参照图5-20排列图片。

图5-20 图片排列效果

步骤3 在"选择"任务窗格中将5张图片的名称分别修改为对应素材图片的名称。

步骤4 在幻灯片中下方绘制3个边长为5.2厘米、填充颜色为无、轮廓颜色为"橙色，个性色2"的正方形，并将它们连续排列，然后在3个正方形中分别输入文本"1""2""3"，并设置文本的格式为Arial、54磅、"橙色，个性色2"，如图5-21所示。

图5-21 在绘制正方形中输入文本并设置文本的格式

步骤5 为"高粱"图片设置单击时播放、持续时间2秒的直线动作路径动画效果，并将动作路径的终点拖到1号正方形中部，如图5-22所示。

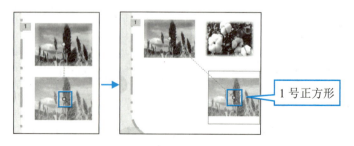

图5-22 为"高粱"图片设置动画效果

步骤 6 使用同样的方法为"棉花""小麦"图片设置单击时播放、持续时间 2 秒的直线动作路径动画效果，并将动作路径的终点分别拖到 2 号正方形中部和 3 号正方形中部，如图 5-23 所示。

图 5-23 为"棉花"和"小麦"图片设置动画效果

步骤 7 为"辣椒""果篮"图片设置单击时播放、持续时间 2 秒的跷跷板强调动画效果。

步骤 8 在"动画窗格"任务窗格中选择"高粱"图片动画效果，在"动画"选项卡"高级动画"组的"触发"下拉列表中选择"单击"/"高粱"选项。使用同样的方法设置其他 4 张图片动画效果的触发动作分别为单击对应的农作物图片，如图 5-24 所示。

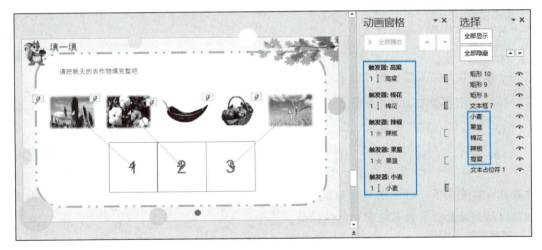

图 5-24 设置图片动画效果的触发动作

8）制作"想一想"部分内容

步骤 1 在第 10 张幻灯片之后新建一张"1_空白"版式的幻灯片，并在新建幻灯片左上方的文本占位符中输入文本"想一想"。

步骤 2 在幻灯片中插入素材图片"小女孩"，并设置图片的高度为 10 厘米，然后将图片移到幻灯片左下方，并为图片设置与上一动画同时播放、持续时间 2 秒的跷跷板强调动画效果。

步骤 3 在幻灯片中绘制填充颜色为"金色，个性色 4，淡色 60%"、轮廓为无的云形标注，并在其中输入文本"你对秋天还有哪些了解呢？"，然后设置文本的格式为黑体、36 磅、"金色，个性色 4，深色 50%"，并将云形标注移到"小女孩"图片右上方，接着调整云形标注的大小，使其中的文本正好以两行显示，最后拖动云形标注的黄色控制点，使其指向小女孩。

步骤 4 为云形标注设置与上一动画同时播放、持续时间 1 秒的淡出进入动画效果，如图 5-25 所示。

图 5-25　第 11 张幻灯片效果

9）为导航页添加超链接

步骤 1 在幻灯片窗格中选择第 2 张幻灯片，为"认一认"文本所在矩形添加超链接，将其链接到第 3 张幻灯片。

步骤 2 为"赏一赏""学一学""填一填""想一想"文本所在矩形添加超链接，将它们分别链接到第 6 张、第 7 张、第 10 张和第 11 张幻灯片。

10）为内容页添加动作按钮

步骤 1 进入幻灯片母版视图，在左侧窗格中选择"1_空白 版式"选项。

步骤 2 在"1_空白 版式"母版中依次绘制"动作按钮：后退或前一项""动作按钮：第一张""动作按钮：前进或下一项"动作按钮。其中，"动作按钮：后退或前一项""动作按钮：前进或下一项"动作按钮链接到的幻灯片均为默认，"动作按钮：第一张"动作按钮链接到的幻灯片为第 2 张幻灯片。

步骤 3 设置 3 个动作按钮的高度和宽度均为 0.8 厘米、填充颜色为"金色，个性色 4，淡色 80%"、轮廓为无、效果为"阴影"/"右下斜偏移"，然后参照图 5-26 排列动作按钮，最后退出幻灯片母版视图。至此，幼儿园中班社会活动课件"寻找秋天"制作完毕，保存并关闭演示文稿。

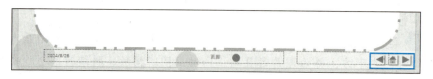

图 5-26　动作按钮效果

5.3　实战演练：制作幼儿园大班社会活动课件"我给垃圾分分类"

本节根据全国职业院校技能大赛（高职组）"幼儿教育技能"赛项中幼儿园保教活动课件制作题目"主题活动——垃圾分类"制作幼儿园大班社会活动课件"我给垃圾分分类"，主题活动具体内容如下。

如今，生活垃圾越来越多，不仅影响自然环境，还危害人们的健康。然而，在幼儿眼中，垃圾可能显得过于平常而不被重视，这是因为他们对垃圾的危害及正确的处理方式缺乏足够的了解，更不懂得垃圾分类的重要性及意义，因此需要通过广泛的宣传教育和正确的引导，增强他们对垃圾分类的认识。

1．课件要求

幼儿园大班社会活动课件"我给垃圾分分类"的要求如下。

（1）内容要求：根据给定素材文件夹中的素材完成课件设计，确保内容完整且符合教学目标。课件首页需注明课件名称、适用年龄段及活动领域。

（2）技术要求：适当处理给定素材文件夹中的图片、音频和视频等，合理运用动画效果、超链接和动作按钮等技术，以提高课件的吸引力和互动性，确保课件操作简便、运行稳定。

（3）课件效果：形象、直观，能够有效地服务于教学，符合所注明的年龄段及活动领域。

制作幼儿园大班社会活动课件"我给垃圾分分类"

2．课件意图

地球是人们永恒的家园，但目前正面临垃圾和污染等严峻的环境挑战。为了保护生活环境，每个人都必须提高环保意识，从身边的小事做起。对幼儿来说，从小培养他们的环保习惯，使他们成为环保小能手至关重要。

设计幼儿园大班社会活动课件"我给垃圾分分类"旨在通过互动、参与和体验的方式，培养幼儿的环保意识和社会责任感，促进幼儿对垃圾分类知识的理解和实践能力的提升。

（1）增强幼儿的环保意识。

随着城市化进程的加快，垃圾问题日益严重，对环境和生态造成了巨大压力。通过活动，让幼儿了解垃圾对环境的影响，增强他们的保环意识，使他们从小树立"爱护环境，人人有责"的观念。

（2）培养幼儿的观察力和判断力。

在活动中，通过两张对比鲜明的生活环境图片（如蓝天白云和垃圾成山场景的图片），引导幼儿观察并思考，培养他们的观察力和判断力。同时，让幼儿运用所学知识对垃圾进行准确判断和分类，进一步提升他们的判断力。

（3）普及垃圾分类知识。

垃圾分类是缓解垃圾问题、实现资源循环利用的重要手段。在活动中，通过展示不同种类的垃圾和对应的垃圾分类标志，让幼儿了解垃圾分类的基本原则，为他们能够在生活中正确地进行垃圾分类打下基础。

（4）培养幼儿的语言表达能力。

在活动中，通过提问、引导等方式，鼓励幼儿表达自己的观点和想法，如喜欢的生活环境、生活中产生的垃圾种类及处理方式等，培养幼儿的语言表达能力。

（5）激发幼儿的学习兴趣和动手能力。

活动设计注重趣味性和互动性，通过儿歌、游戏等形式激发幼儿的学习兴趣，使他们在轻松愉快的氛围中学习垃圾分类知识。同时，通过设计实际操作环节，如将垃圾放入对应的垃圾桶，培养幼儿的动手能力，加深他们对垃圾分类的理解和记忆。

3．课件展示

幼儿园大班社会活动课件"我给垃圾分分类"效果如图 5-27 所示。

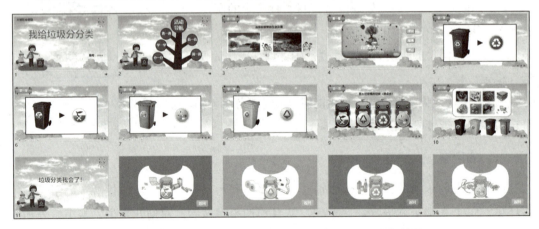

图 5-27　幼儿园大班社会活动课件"我给垃圾分分类"效果

4．课件制作过程

1）设置母版

步骤 1 设置幻灯片母版背景。启动 PowerPoint 2016 并新建"我给垃圾分分类"空白演示文稿，进入幻灯片母版视图，在左侧窗格中选择"Office 主题 幻灯片母版"选项，在"设置背景格式"任务窗格中设置母版的背景为素材图片"背景"（制作该课件使用的素材均在本书配套素材"素材与实例"/"第 5 章"/"我给垃圾分分类"文件夹中）。

步骤 2 设置"标题幻灯片 版式"母版。在左侧窗格中选择"标题幻灯片 版式"选项，在母版中同时插入素材图片"回收""太阳"，并设置这两张图片的背景颜色为透明，然后设置"回收"图片的高度为16厘米，并将其移到该母版左下方；设置"太阳"图片的高度为3.6厘米，并将其移到该母版右上方，如图5-28所示。

步骤 3 设置"空白 版式"母版。在左侧窗格中选择"空白 版式"选项，在母版中插入素材图片"装饰"，并设置图片的背景颜色为透明，然后将图片移到该母版左上方。

步骤 4 在"空白 版式"母版中插入高度为1.6厘米、宽度为4.8厘米的文本占位符，然后设置文本的格式为微软雅黑、"白色，背景1"、水平且垂直居中对齐，并取消段落的项目符号格式，接着设置文本占位符相对于幻灯片左上角沿水平方向的距离为0.8厘米、沿垂直方向的距离为0.6厘米（见图5-29），最后退出幻灯片母版视图。

图 5-28 "标题幻灯片 版式"母版效果

图 5-29 "空白 版式"母版效果

2）制作封面页和封底页

步骤 1 制作封面页。在第1张幻灯片的标题占位符中输入文本"我给垃圾分分类"，并设置文本的字符格式为微软雅黑、96磅、加粗、绿色，轮廓颜色为"白色，背景1"，然后将标题占位符向上移动到合适位置，最后为标题占位符设置与上一动画同时播放、持续时间1秒的浮入进入动画效果。

步骤 2 在副标题占位符中输入文本"大班社会活动"，并设置文本的字符格式为微软雅黑、28磅、加粗、"绿色，个性色6，深色50%"，调整副标题占位符的大小，使其正好容纳其中的文本，然后将其移到幻灯片左上方，最后为副标题占位符设置与上一动画同时播放、持续时间1秒、延迟时间1.1秒的浮入进入动画效果。

步骤 3 将副标题占位符复制一份，并将复制得到的副标题占位符中的文本修改为"编号：×××"，然后将其移到幻灯片右下方。

步骤 4 在幻灯片中插入素材音频"快乐音乐"，在"音频工具 播放"选项卡中设置音频的开始播放方式为自动，并将音频图标移到幻灯片右侧外，然后为音频设置与上一动画同时、延迟时间为0秒的播放动画效果，如图5-30所示。

步骤 5 制作封底页。将第1张幻灯片复制一份作为封底页，并将封底页中的标题文本修改为"垃圾分类我会了！"，标题文本的字号修改为60磅，字体颜色修改为"绿色，个性色6，深色50%"，删除副标题占位符，并将标题占位符移到合适位置，如图5-31所示。

图 5-30　封面页效果

图 5-31　封底页效果

3）制作导航页

步骤 1 在第 1 张幻灯片之后新建一张"标题幻灯片"版式的幻灯片，删除其中的标题占位符和副标题占位符。

步骤 2 在幻灯片中绘制高度为 15 厘米、宽度为 3 厘米、填充颜色为"橙色，个性色 2，深色 50%"、轮廓为无的梯形，如图 5-32 所示。

步骤 3 右击梯形，在弹出的快捷菜单中选择"编辑顶点"选项，此时梯形的 4 个顶点变为黑色的控制点，将鼠标指针移到梯形左上角的控制点上，待鼠标指针变成形状时按住鼠标左键并向下拖动，到合适位置后释放鼠标，然后将鼠标指针移到梯形右上角的控制点上，待鼠标指针变成形状时按住鼠标左键并向右上方拖动，到合适位置后释放鼠标，最后在梯形外单击，调整梯形的外观，如图 5-33 所示。

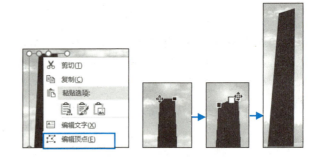

图 5-32　在幻灯片中绘制梯形　　　图 5-33　通过编辑顶点的方式调整梯形的外观

知识库

编辑顶点是 PowerPoint 的一个功能，利用该功能除可以改变形状的顶点位置外，还可以通过单击形状边框的任意位置添加顶点，或选择顶点后在其右键快捷菜单中选择"删除顶点"选项，删除所选顶点。

步骤 4 将绘制的梯形复制 5 份，调整复制得到的梯形的大小和外观，并将其旋转一定角度，然后将 6 个梯形排成树形，并将其组合，最后将树形移到幻灯片合适位置，如图 5-34 所示。

步骤 5 在幻灯片中绘制直径为 5.8 厘米、填充颜色为"绿色，个性色 6，深色 25%"、轮廓颜色为"绿色，个性色 6，深色 50%"、轮廓粗细为 6 磅的圆。

步骤 6 利用文本框在幻灯片中输入文本"活动导航"（"导航"文本在第二行显示），并设置文本的格式为微软雅黑、48 磅、"白色，背景 1"、加粗、文字阴影，然后将文本框移到圆中部，并将圆和文本框组合，最后将组合对象移到树形上方，如图 5-35 所示。

图 5-34　绘制树形　　　　　　图 5-35　"活动导航"文本组合对象效果

步骤 7 为组合对象设置与上一动画同时播放、持续时间 1 秒的形状进入动画效果。

步骤 8 将组合对象复制一份，并将复制得到的组合对象中的圆的直径修改为 4 厘米，文本修改为"选一选"，文本的字号修改为 32 磅，然后将文本框移到圆中部，并将该组合对象动画效果的开始播放方式修改为上一动画之后，最后将该组合对象移到树形左上方，如图 5-36 所示。

步骤 9 将"选一选"文本所在组合对象复制 4 份，并将复制得到的组合对象中的文本分别修改为"看一看""学一学""说一说""分一分"，然后参照图 5-37 排列组合对象。

图 5-36　"选一选"文本组合对象效果　　　　图 5-37　导航页效果

4）制作"选一选"部分内容

步骤 1 在第 2 张幻灯片之后新建一张"空白"版式的幻灯片，并在新建幻灯片左上方的文本占位符中输入文本"选一选"，利用文本框在幻灯片中上方输入文本"选择你想要的生活环境"，设置文本的格式为微软雅黑、28 磅、"绿色，个性色 6，深色 50%"、加粗。

步骤 2 在幻灯片中同时插入素材图片"蓝天白云""废弃物仓库"，设置图片的高度为 7 厘米、样式为"简单框架，白色"，在"选择"任务窗格中将这两张图片的名称分别修改为"干净""杂乱",并参照图5-38排列图片。

步骤3 在幻灯片中同时插入素材图片"卡通1""卡通2",设置图片的背景颜色为透明,在"选择"任务窗格中将这两张图片的名称分别修改为"OK""NO",并将"OK"图片移到"干净"图片右侧,将"NO"图片移到"杂乱"图片右侧(见图5-39),最后为"OK""NO"图片设置单击时播放、持续时间1秒的出现进入动画效果。

图5-38　"干净""杂乱"图片排列效果　　　　　图5-39　"OK""NO"图片排列效果

步骤4 在幻灯片中插入素材音频"对""错",并将"对"音频图标移到"OK"图片下方,将"错"音频图标移到"NO"图片下方,然后设置放映幻灯片时隐藏音频图标。

步骤5 在"动画窗格"任务窗格中选择"OK"图片的进入动画效果,在"动画"选项卡"高级动画"组的"触发"下拉列表中选择"单击"/"干净"选项;在"动画窗格"任务窗格中选择"对"音频的播放动画效果,在"触发"下拉列表中选择"单击"/"干净"选项,然后将"对"音频动画效果的开始播放方式修改为与上一动画同时。

步骤6 使用与步骤5相同的方法设置"NO"图片的进入动画效果和"错"音频的播放动画效果的触发动作为单击"杂乱"图片,并设置"错"音频播放动画效果的开始播放方式为与上一动画同时,如图5-40所示。

图5-40　第3张幻灯片效果

5)制作"看一看"部分内容

步骤1 在第3张幻灯片之后新建一张"空白"版式的幻灯片,并在新建幻灯片左上方的文本占位符中输入文本"看一看"。

步骤 2　在幻灯片中插入素材视频"垃圾分类，从我做起"，设置视频框的高度为 12 厘米、形状为圆角矩形、效果为"棱台"/"圆"。

步骤 3　右击视频，在弹出的快捷菜单中选择"设置视频格式"选项，打开"设置视频格式"任务窗格，在"效果"选项的"三维格式"设置区设置视频框顶部棱台的宽度为 30 磅、高度为 9 磅，光源的角度为 70°（见图 5-41），然后将视频框移到幻灯片中部偏左位置。

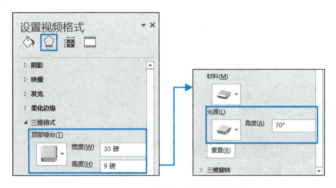

图 5-41　设置视频框的三维格式

步骤 4　保持视频的选中状态，在"动画"选项卡"高级动画"组的"添加动画"下拉列表中分别选择"媒体"类别中的"播放"选项和"停止"选项，为视频添加播放和停止播放动画效果。

步骤 5　在幻灯片中绘制高度为 1.5 厘米、宽度为 3 厘米、填充颜色为 RGB（122，211，241）、轮廓为无、效果为"棱台"/"圆"的圆角矩形，在其中输入文本"播放"，并设置文本的格式为微软雅黑、28 磅，然后在"选择"任务窗格中将圆角矩形的名称修改为"播放"，最后将圆角矩形移到视频框右侧合适位置，如图 5-42 所示。

图 5-42　在幻灯片中绘制"播放"圆角矩形

步骤 6　在"动画窗格"任务窗格中选择视频的播放动画效果，在"动画"选项卡"高级动画"组的"触发"下拉列表中选择"单击"/"播放"选项，设置播放视频的触发动作为单击"播放"圆角矩形。

步骤 7　选择"播放"圆角矩形，在按住"Shift+Ctrl"组合键的同时向下拖动，将其复制一份，并将复制得到的圆角矩形中的文本修改为"暂停"，然后在"选择"任务窗格中将该圆角矩形的名称修改为"暂停"。

步骤 8 在"动画窗格"任务窗格中选择视频的暂停播放动画效果，在"触发"下拉列表中选择"单击"/"暂停"选项，设置暂停播放视频的触发动作为单击"暂停"圆角矩形。

步骤 9 使用与步骤 7 和步骤 8 相同的方法设置停止播放视频的触发动作为单击"停止"圆角矩形，如图 5-43 所示。

图 5-43 设置播放、暂停播放和停止播放视频的触发动作

6）制作"学一学"部分内容

步骤 1 在第 4 张幻灯片之后新建一张"空白"版式的幻灯片，并在新建幻灯片左上方的文本占位符中输入文本"学一学"。

步骤 2 在幻灯片中绘制高度为 13 厘米、宽度为 26 厘米、填充颜色为"白色，背景 1"、轮廓颜色为"蓝色，个性色 1，深色 50%"、轮廓粗细为 6 磅的矩形，并将其移到幻灯片中部。

步骤 3 在幻灯片中同时插入素材图片"可回收垃圾桶""可回收标志"，设置"可回收垃圾桶"图片的高度为 10.8 厘米、"可回收标志"图片的高度为 6 厘米，然后将它们移到矩形中，在两张图片之间绘制高度和宽度均为 2 厘米、填充颜色为"蓝色，个性色 1，深色 50%"、轮廓为无的等腰三角形，并将其向右旋转 90°，如图 5-44 所示。

图 5-44 在幻灯片中插入图片、绘制形状

步骤4　在"选择"任务窗格中将"可回收标志"图片的名称修改为"可回收垃圾"，并为其设置与上一动画同时播放的消失退出动画效果。

步骤5　利用文本框在幻灯片中输入文本"可回收垃圾请交给我"（"请交给我"文本在第二行显示），设置文本的格式为微软雅黑、28磅、蓝色、居中对齐，并为文本框设置单击时播放的出现进入动画效果，然后将文本框移到"可回收垃圾"图片上，并将"可回收垃圾"图片置于顶层。

步骤6　在"动画窗格"任务窗格中选择"可回收垃圾请交给我"文本所在文本框的动画效果，在"动画"选项卡"高级动画"组的"触发"下拉列表中选择"单击"/"可回收垃圾"选项，然后选择"可回收垃圾"图片的消失动画效果，在按住鼠标左键的同时将其拖到最下方，如图5-45所示。

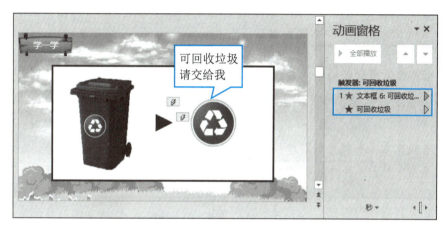

图5-45　第5张幻灯片效果

步骤7　使用复制第5张幻灯片并修改其中内容的方式制作第6～8张幻灯片（其他3张"学一学"部分幻灯片，其中矩形的轮廓颜色、等腰三角形的填充颜色与相应垃圾桶的颜色基本一致），如图5-46所示。

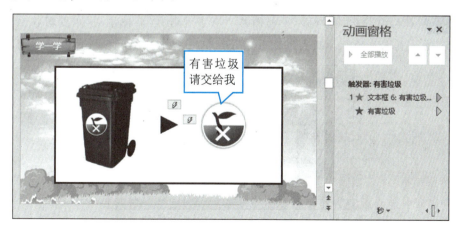

169

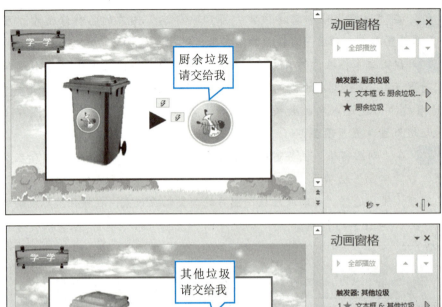

图 5-46 第 6～8 张幻灯片效果

7）制作"说一说"部分内容

步骤 1 在第 8 张幻灯片之后新建一张"空白"版式的幻灯片，并在新建幻灯片左上方的文本占位符中输入文本"说一说"，然后将第 3 张幻灯片上方的文本框复制到新建的幻灯片，并将复制得到的文本框中的文本修改为"各个垃圾桶的垃圾（请点击）"。

步骤 2 在幻灯片中同时插入素材图片"有害卡通""其他卡通""可回收卡通""厨余卡通"，并设置图片的背景颜色为透明、高度为 11 厘米，然后参照图 5-47 排列图片。

图 5-47 图片排列效果

步骤3 在第9张幻灯片之后新建一张"空白"版式的幻灯片，并在新建的幻灯片中绘制填充颜色为红色、轮廓为无、大小与幻灯片相等的矩形。

步骤4 在幻灯片中绘制高度为10.5厘米、宽度为19厘米的圆角矩形，向右拖动圆角矩形的黄色控制点，调整其外观，如图5-48所示。

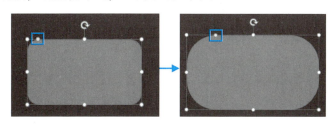

图 5-48 调整圆角矩形的外观

步骤5 在幻灯片中绘制高度为5.6厘米、宽度为11.3厘米的椭圆，将椭圆移到圆角矩形中上方，依次选择圆角矩形和椭圆，在"绘图工具 格式"选项卡"插入形状"组的"合并形状"下拉列表中选择"剪除"选项，得到一个任意多边形，如图5-49所示。

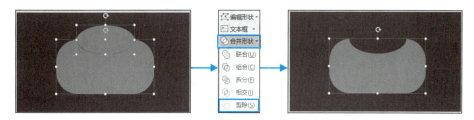

图 5-49 在幻灯片中绘制形状并对其进行剪除操作

步骤6 设置任意多边形的高度为12.3厘米、宽度为20.4厘米、填充颜色为"白色，背景1"、轮廓为无，并将其相对于幻灯片水平且垂直居中对齐，然后将其与红色矩形组合。

步骤7 在幻灯片中同时插入素材图片"有害卡通""过期药品""废电池1"，设置图片的背景颜色为透明，调整图片的大小，并参照图5-50排列图片。

图 5-50 图片排列效果

步骤8 在幻灯片右下方绘制高度为2.3厘米、宽度为4.3厘米、样式为"强烈效果-橙色，强调颜色2"的圆角矩形，在其中输入文本"返回"，并设置文本的格式为微软雅黑、36磅、"白色，背景1"、加粗。

步骤 9 为"有害卡通"图片设置与上一动画同时播放、持续时间 1 秒的放大/缩小强调动画效果，然后为该图片添加与上一动画同时播放、持续时间自动、延迟时间 2.1 秒的消失退出动画效果。

步骤 10 为组合对象和"返回"文本所在圆角矩形均设置与上一动画同时播放、持续时间 0.5 秒、延迟时间 2.1 秒的淡出进入动画效果。

步骤 11 为"过期药品""废电池 1"图片均设置与上一动画同时播放、持续时间 1 秒、延迟时间 2.1 秒的浮入进入动画效果。

步骤 12 使用复制第 10 张幻灯片并修改其中内容的方式制作第 11～13 张幻灯片（矩形和"返回"文本所在圆角矩形的填充颜色与相应卡通图片的颜色基本一致、图片的背景颜色为透明），如图 5-51 所示。

图 5-51 第 11～13 张幻灯片效果

步骤 13 配合"Shift"键在幻灯片窗格中选择第 10～13 张幻灯片，将其拖到第 14 张幻灯片之后，右击所选幻灯片，在弹出的快捷菜单中选择"隐藏幻灯片"选项，隐藏所选幻灯片。

8）制作"分一分"部分内容

步骤 1 在第 9 张幻灯片之后新建一张"空白"版式的幻灯片，并在新建幻灯片左上方的文本占位符中输入文本"分一分"。

步骤 2 在幻灯片中上方绘制高度为 10 厘米、宽度为 21 厘米、填充颜色为"白色，背景 1"、轮廓颜色为"金色，个性色 4"、轮廓粗细为 6 磅的圆角矩形。

步骤 3 在幻灯片中同时插入素材图片"废电池 2""剩饭剩菜 2""蔬菜 2""报纸 2""果皮""受污纸张""废纸箱""过期药品"，设置图片的高度为 3.9 厘米、宽度为 4.5 厘米、样式为"柔化边缘矩形"，然后参照图 5-52 排列图片。

步骤 4 在幻灯片中同时插入素材图片"有害垃圾桶""其他垃圾桶""可回收垃圾桶""厨余垃圾桶"，设置图片的背景颜色为透明、高度为 6.2 厘米、叠放次序为置于底层，然后参照图 5-53 排列图片。

步骤 5 为"废电池 2"图片设置单击时播放、持续时间 2 秒的直线动作路径动画效果，并将动作路径的终点拖到"有害垃圾桶"图片上，然后为"废电池 2"图片添加与上一动画同时播放、延迟时间 2 秒的消失退出动画效果。

图 5-52 垃圾图片排列效果

图 5-53 垃圾桶排列效果

步骤 6 使用同样的方法为圆角矩形中的其他 7 张图片设置直线动作路径动画效果和消失退出动画效果，并将各动作路径的终点拖到对应的垃圾桶图片上，如图 5-54 所示。

图 5-54 第 10 张幻灯片效果

9）为对象添加超链接

步骤 1 为导航页内容添加超链接。在幻灯片窗格中选择第 2 张幻灯片，为"选一选"文本所在文本框添加超链接，将其链接到第 3 张幻灯片。

步骤 2 为"看一看""学一学""说一说""分一分"文本所在文本框添加超链接，将它们分别链接到第 4 张、第 5 张、第 9 张和第 10 张幻灯片。

步骤 3 为图片添加超链接。在幻灯片窗格中选择第 9 张幻灯片，为"有害卡通""其他卡通""可回收卡通""厨余卡通"图片添加超链接，将它们分别链接到第 12 张、第 13 张、第 14 张和第 15 张幻灯片。

步骤 4 为圆角矩形添加超链接。为第 12 张、第 13 张、第 14 张和第 15 张幻灯片中"返回"文本所在圆角矩形添加超链接，将它们均链接到第 9 张幻灯片。

10）为内容页添加动作按钮

步骤 1 进入幻灯片母版视图，在左侧窗格中选择"空白 版式"选项。

步骤 2 在"空白 版式"母版中依次绘制"动作按钮：后退或前一项""动作按钮：第一张""动作按钮：前进或下一项"动作按钮。其中，"动作按钮：后退或前一项""动作按钮：前进或下一项"动作按钮链接到的幻灯片均为默认，"动作按钮：第一张"动作按钮链接到的幻灯片为第 2 张幻灯片。

步骤 3 设置 3 个动作按钮的高度和宽度均为 0.8 厘米、填充颜色为"金色，个性色 4"、轮廓为无、效果为"阴影"/"右下斜偏移"，然后参照图 5-55 排列动作按钮，最后退出幻灯片母版视图。至此，幼儿园大班社会活动课件"我给垃圾分分类"制作完毕，保存并关闭演示文稿。

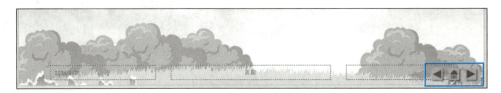

图 5-55　动作按钮效果

课堂实训：制作幼儿园中班社会活动课件 "趣味杭州亚运会"

使用本书配套素材"素材与实例"/"第 5 章"/"趣味杭州亚运会"文件夹中的素材，制作幼儿园中班社会活动课件"趣味杭州亚运会"，效果如图 5-56 所示。

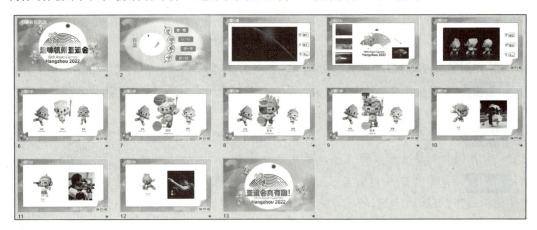

图 5-56　幼儿园中班社会活动课件"趣味杭州亚运会"效果

【操作提示】

（1）设置幻灯片母版背景。进入幻灯片母版视图，在左侧窗格中选择"Office 主题幻灯片母版"选项，删除母版中的标题占位符和文本占位符，在"设置背景格式"任务窗格中设置母版的背景为素材图片"亚运会"。

（2）设置"标题幻灯片 版式"母版。在左侧窗格中选择"标题幻灯片 版式"选项，删除母版中的标题占位符和副标题占位符。

（3）设置"空白 版式"母版。在左侧窗格中选择"空白 版式"选项，在母版中插入图片和文本占位符并绘制折角形，然后对它们进行设置，如图5-57所示。

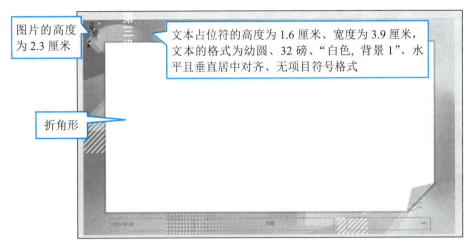

图片的高度为2.3厘米

文本占位符的高度为1.6厘米、宽度为3.9厘米，文本的格式为幼圆、32磅、"白色，背景1"、水平且垂直居中对齐、无项目符号格式

折角形

图 5-57　"空白 版式"母版效果

（4）设置"1_空白 版式"母版。将"空白 版式"母版复制一份，得到"1_空白版式"母版，将该母版中的图片、文本占位符和折角形删除。

（5）参照效果文件使用"标题幻灯片""空白""1_空白"版式制作幻灯片。

① 第1张和第13张幻灯片的版式均为"标题幻灯片"，第2张幻灯片的版式为"1_空白"，第3~12张幻灯片的版式均为"空白"。

② 设置第3张幻灯片中视频的开始播放时间为"00:00.760"，播放视频、暂停播放视频和停止播放视频的触发动作分别为单击"播放"组合对象、单击"暂停"组合对象、单击"停止"组合对象。

③ 设置第5张幻灯片中视频的结束播放时间为"00:46.555"，播放视频、暂停播放视频和停止播放视频的触发动作分别为单击"播放"组合对象、单击"暂停"组合对象、单击"停止"组合对象，视频封面为素材图片"吉祥物组合8"。

④ 第4张、第7~9张幻灯片中的重叠图片和组合对象均设置了多种动画效果。如果对象的动画效果为动作路径时，须调整动作路径终点的位置。

（6）添加超链接。为第2张幻灯片中"看一看""认一认""学一学""玩一玩"文本所在圆角矩形添加超链接，将它们分别链接到第3张、第4张、第5张和第10张幻灯片。

（7）添加动作按钮。进入幻灯片母版视图，在左侧窗格中选择"空白 版式"选项，在母版右下方依次绘制"动作按钮：后退或前一项""动作按钮：第一张""动作按钮：前进或下一项"动作按钮。其中，"动作按钮：后退或前一项""动作按钮：前进或下一项"动作按钮链接到的幻灯片均为默认，"动作按钮：第一张"动作按钮链接到的幻灯片为第2张幻灯片（动作按钮的格式可自由设置，美观即可）。

第 6 章

幼儿园科学领域
保教活动课件设计与制作

本章导读

　　科学领域的教育对幼儿至关重要，它不仅是开启幼儿探索世界大门的钥匙，更是激发幼儿好奇心和求知欲的重要途径，对幼儿的认知发展有着积极的作用。

　　本章主要介绍《3～6岁儿童学习与发展指南》中科学领域的主要内容及其目标，并根据目标给出相应年龄段幼儿活动课件的设计与制作思路，同时根据全国职业院校技能大赛（高职组）"幼儿教育技能"赛项中幼儿园保教活动课件制作题目，制作幼儿园科学活动课件。

学习目标

知识目标
- 了解科学领域的主要内容及不同年龄段幼儿科学探究和数学认知的目标。
- 掌握幼儿园科学领域保教活动课件的设计与制作方法。

能力目标
- 能够根据幼儿年龄特点和发展水平设计科学教育活动。
- 能够在幼儿园科学领域保教活动课件中合理运用动画效果、超链接和动作按钮等技术。

素质目标
- 传承和弘扬中国传统文化，增强文化自信和民族自豪感。
- 提升专业技能，培养创新意识和团队合作精神。

6.1 科学领域的主要内容

幼儿的科学学习是幼儿在探究具体事物和解决实际问题时尝试发现事物间异同和联系的过程。幼儿在对自然事物的探究和运用数学解决实际生活问题的过程中，不仅能够获得丰富的感性经验，充分发展形象思维，还能够初步尝试归类、排序、判断、推理等技能，逐步提升逻辑思维能力，为其他领域的深入学习奠定基础。

科学领域的主要内容可划分为两个方面，包括科学探究、数学认知。

6.1.1 科学探究

幼儿在科学探究方面的学习与发展目标包括亲近自然、喜欢探究，具有初步的探究能力，在探究中认识周围事物和现象。对于不同的目标，设计与制作活动课件的思路也不同。

科学领域的主要内容

1. 亲近自然、喜欢探究

各年龄段幼儿在亲近自然、喜欢探究方面的目标如表 6-1 所示。

表 6-1 亲近自然、喜欢探究

年龄	3～4 岁	4～5 岁	5～6 岁
目标	（1）喜欢接触大自然，对周围的很多事物和现象感兴趣。 （2）经常问各种问题或好奇地摆弄物品	（1）喜欢接触新事物，经常问一些与新事物有关的问题。 （2）经常动手动脑探究物体和材料，并乐在其中	（1）对自己感兴趣的问题总是刨根问底。 （2）经常动手动脑寻找问题的答案。 （3）在探究中有所发现时感到兴奋和满足

要实现让幼儿亲近自然、喜欢探究的目标，在设计与制作各年龄段幼儿活动课件时可参考以下思路。

（1）3～4 岁幼儿（小班）活动课件可以设计一些日常简单的认知活动，如"白天和黑夜""冬天来了""有趣的声音和颜色"等，通过直观生动的动画展示，激发幼儿观察周围世界的能力，从而促进幼儿认知能力的全面发展。

（2）4～5 岁幼儿（中班）活动课件可以设计一些探索活动，如"有趣的影子""收获的季节""植物的生长"等，引导幼儿更深入地接触大自然，激发幼儿对周围世界的好奇心与探究欲，从而促进幼儿思考能力及探究能力的全面发展。

（3）5～6 岁幼儿（大班）活动课件可以设计一些简单而富有挑战性的实践活动，如"制作小木屋"等，锻炼幼儿的观察能力和问题解决能力，并鼓励和支持幼儿的探究行为，增强幼儿的自信心。

2. 具有初步的探究能力

各年龄段幼儿在具有初步的探究能力方面的目标如表6-2所示。

表6-2　具有初步的探究能力

年龄	3～4岁	4～5岁	5～6岁
目标	（1）能对感兴趣的事物仔细观察，发现其明显特征。 （2）能用多种感官或动作探究物体，关注动作所产生的结果	（1）能对事物或现象进行观察比较，发现其相同与不同之处。 （2）能根据观察结果提出问题，并大胆猜测答案。 （3）能通过简单的调查收集信息。 （4）能用图画或其他符号进行记录	（1）能通过观察、比较与分析，发现并描述不同种类物体的特征或某个事物的变化。 （2）能用一定的方法验证自己的猜测。 （3）能在成人的帮助下制订简单的调查计划并执行。 （4）能用数字、图画、图表或其他符号进行记录。 （5）能在探究中和他人合作与交流

要实现让幼儿具有初步的探究能力的目标，在设计与制作各年龄段幼儿活动课件时可参考以下思路。

（1）3～4岁幼儿（小班）活动课件可以设计一些观察活动，如"树苗的变化""皮球的形状""认识昆虫"等，引导幼儿仔细观察周围事物，并通过提问等方式鼓励幼儿积极思考。

（2）4～5岁幼儿（中班）活动课件可以设计一些激发幼儿好奇心与探究欲的活动，如"奇妙的影子""有趣的纽扣""神奇的水"等，鼓励幼儿在探究过程中大胆猜测。

（3）5～6岁幼儿（大班）活动课件可以设计一些探索类活动，如"动物过冬""神奇的车""小雨滴的秘密"等，让幼儿养成做计划和记录的习惯，并鼓励幼儿在探究中与他人合作和交流。

3. 在探究中认识周围事物和现象

各年龄段幼儿在探究中认识周围事物和现象方面的目标如表6-3所示。

表6-3　在探究中认识周围事物和现象

年龄	3～4岁	4～5岁	5～6岁
目标	（1）认识常见的动植物，能注意到并发现周围的动植物是多种多样的。	（1）能感知和发现动植物的生长变化及生长条件。	（1）能察觉动植物的外形特征、习性与生存环境的适应关系。

续表

年龄	3～4 岁	4～5 岁	5～6 岁
目标	（2）能感知并发现物体和材料的软硬、光滑、粗糙等特性。 （3）能感知并体验天气对自己生活和活动的影响。 （4）初步了解并体会动植物和人们生活的关系	（2）能感知和发现常见材料的溶解、传热等性质或用途。 （3）能感知和发现简单物理现象，如物体形态或位置变化等。 （4）能感知和发现不同季节的特点及季节对动植物和人们生活的影响。 （5）初步感知常用科技产品和人们生活的关系，知道科技产品有利也有弊	（2）能发现常见物体的结构与功能之间的关系。 （3）能探索并发现常见物理现象的产生条件或影响因素，如影子、沉浮等。 （4）感知并了解季节变化的周期性，知道季节变化的顺序。 （5）初步了解人们生活和自然环境的密切关系，知道尊重和珍惜生命，保护环境

要实现让幼儿在探究中认识周围事物和现象的目标，在设计与制作各年龄段幼儿活动课件时可参考以下思路。

（1）3～4 岁幼儿（小班）活动课件可以设计一些实践活动，如"种植多肉""饲养小兔子"等，让幼儿在活动过程中探究并感知常见材料的特性和物体的结构特点，引导幼儿在接触自然和事物的过程中积累有益经验并提高感性认识。

（2）4～5 岁幼儿（中班）活动课件可以设计一些观察活动，如"奇妙的树叶""秋天来了"等，引导幼儿观察自然现象，同时培养幼儿的观察能力，激发幼儿的好奇心和探究欲。

（3）5～6 岁幼儿（大班）活动课件可以设计一些探究活动，如"物体的沉浮""四季的变换""树叶的秘密"等，引导幼儿探索物理现象的产生条件，感知、了解和关注人们的生活和自然环境、动植物等的密切关系，使幼儿逐渐懂得热爱、尊重、保护自然环境。

6.1.2　数学认知

幼儿在数学认知方面的学习与发展目标包括初步感知生活中数学的有用和有趣，感知和理解数、量及数量关系，感知形状与空间关系。对于不同的目标，设计与制作活动课件的思路也不同。

1．初步感知生活中数学的有用和有趣

各年龄段幼儿在初步感知生活中数学的有用和有趣方面的目标如表 6-4 所示。

表6-4　初步感知生活中数学的有用和有趣

年龄	3～4岁	4～5岁	5～6岁
目标	（1）感知和发现周围物体的形状是多种多样的，对不同的形状感兴趣。 （2）发现生活中很多事物都可以用数描述	（1）在指导下，感知和体会有些事物可以用形状描述。 （2）在指导下，感知和体会有些事物可以用数描述，对环境中各种数字的含义进一步探究的兴趣	（1）能发现事物简单的排列规律，并尝试创造新的排列规律。 （2）能发现生活中许多问题都可以用数学的方法解决，体验解决问题的乐趣

要实现让幼儿初步感知生活中数学的有用和有趣的目标，在设计与制作各年龄段幼儿活动课件时可参考以下思路。

（1）3～4岁幼儿（小班）活动课件可以设计一些观察活动，如"认识三角形""熊猫的样子""打电话"等，引导幼儿关注事物的形状特征，鼓励幼儿用表示形状的词描述事物。

（2）4～5岁幼儿（中班）活动课件可以设计一些实践活动，如"认识电话号码""认识时钟""超市购物""认识温度计"等，引导幼儿感知和体会生活中有些事物可以用数描述，让幼儿关注周围与自己生活密切相关的数的信息，体会数的不同意义。

（3）5～6岁幼儿（大班）活动课件可以设计一些探究活动，如"排列图形""找规律"等，引导幼儿观察按照一定规律排列的事物，发现其中的排列特点与规律，并尝试创造新的排列规律，同时鼓励和支持幼儿发现并尝试解决日常生活中需要用数学解决的问题，体会数学的用处。

2．感知和理解数、量及数量关系

各年龄段幼儿在感知和理解数、量及数量关系方面的目标如表6-5所示。

表6-5　感知和理解数、量及数量关系

年龄	3～4岁	4～5岁	5～6岁
目标	（1）能感知和区分物体的大小、多少、高矮、长短等量方面的特点，并能用相应的词语描述。 （2）能通过——对应的方法比较两组物体的多少。 （3）能手口一致地点数5个以内的物体，并能说出总数。能按数取物。 （4）能用数词描述事物或动作，如我有4本图书	（1）能感知和区分物体的粗细、薄厚、轻重等量方面的特点，并能用相应的词语描述。 （2）能通过数数的方法比较两组物体的多少。 （3）能通过实际操作理解数与数之间的关系，如5比4多1，2和3合起来是5。 （4）会用数词描述事物的排列顺序和位置	（1）初步理解量的相对性。 （2）借助实际情境和操作（如合并或拿取）理解"加"和"减"的实际意义。 （3）能通过实物操作或其他方法进行10以内的加减运算。 （4）能用简单的记录表、统计图等表示简单的数量关系

要实现让幼儿感知和理解数、量及数量关系的目标，在设计与制作各年龄段幼儿活

动课件时可参考以下思路。

（1）3～4岁幼儿（小班）活动课件可以设计一些观察活动，如"认识数字""比多少""帮积木宝宝回家"等，让幼儿在这些有趣的活动中初步建立数的概念，感知常见事物的大小、多少、高矮等量方面的特点，并使用相应的词汇描述这些特点。

（2）4～5岁幼儿（中班）活动课件可以通过生活化和游戏化的实际情境，培养幼儿对物体属性的感知能力，加强幼儿对数与数之间关系和数量比较的理解，提高幼儿使用数词描述事物排列顺序和位置的能力。

（3）5～6岁幼儿（大班）活动课件可以设计一些实践活动，如"分饼干""超市购物"等，让幼儿通过动手操作实物深入理解数字之间的关系，能够用加法和减法解决实际问题。

3．感知形状与空间关系

各年龄段幼儿在感知形状与空间关系方面的目标如表 6-6 所示。

表 6-6　感知形状与空间关系

年龄	3～4 岁	4～5 岁	5～6 岁
目标	（1）能注意物体较明显的形状特征，并能用自己的语言描述。 （2）能感知物体基本的空间位置与方位，理解上下、前后、内外等方位词	（1）能感知物体的形体结构特征，画出或拼搭出物体的造型。 （2）能感知和发现常见几何图形的基本特征，并能进行分类。 （3）能使用上下、前后、内外、中间、旁边等方位词描述物体的位置和运动方向	（1）能用常见的几何形体有创意地拼搭和画出物体的造型。 （2）能按语言指示或根据简单示意图正确取放物品。 （3）能辨别自己的左右

要实现让幼儿感知形状与空间关系的目标，在设计与制作各年龄段幼儿活动课件时可参考以下思路。

（1）3～4岁幼儿（小班）活动课件可以设计一些简单的识物活动，如"认识常见物体"等，让幼儿感受生活中各种物体的形状特征，并鼓励幼儿对物体进行描述，还可以通过简单的空间摆放任务，如将花盆放在大树旁边、将桌子下的物品放到窗台上等，增强幼儿的空间认知能力。

（2）4～5岁幼儿（中班）活动课件可以设计一些实践活动，如"拼摆图形""摆一摆雪花片""制作汽车"等，引导幼儿注意观察物品的结构特征，鼓励他们按形状分类整理物品，以及拼搭物品的造型，如用长方形的纸盒加两个圆形瓶盖制作"汽车"。

（3）5～6岁幼儿（大班）活动课件可以设计一些相对有一定难度的活动，如"区分左右""寻宝游戏""走地图"等，引导幼儿运用空间方位识别经验解决问题，提升幼儿的空间感知能力、方向感。

6.2 实战演练：制作幼儿园大班科学活动课件"有趣的十二生肖"

本节根据全国职业院校技能大赛（高职组）"幼儿教育技能"赛项中幼儿园保教活动课件制作题目"主题活动——十二生肖"制作幼儿园大班科学活动课件"有趣的十二生肖"，主题活动具体内容如下。

生肖是我国特有的民族文化，它由12种动物组成。生肖是幼儿生活中经常接触的一个有趣而又神秘的话题，因此他们对生肖并不陌生。然而，生肖的抽象性（如十二生肖的轮回）和复杂性（如生肖与年龄的关系）使得幼儿完全理解生肖有一定难度。

1. 课件要求

幼儿园大班科学活动课件"有趣的十二生肖"的要求如下。

（1）内容要求：根据给定素材文件夹中的素材完成课件设计，确保内容完整且符合教学目标。课件首页需注明课件名称、适用年龄段及活动领域。

（2）技术要求：适当处理给定素材文件夹中的文本、图片、音频和视频等，合理运用动画效果、超链接和动作按钮等技术，以提高课件的吸引力和互动性，确保课件操作简便、运行稳定。

（3）课件效果：形象、直观，能够有效地服务于教学，符合所注明的年龄段及活动领域。

制作幼儿园大班科学活动
课件"有趣的十二生肖"

2. 课件意图

十二生肖是中国传统文化的重要组成部分，它按照鼠、牛、虎、兔、龙、蛇、马、羊、猴、鸡、狗、猪的顺序排列。十二生肖不仅是一种文化传承，更是中华民族智慧与自然规律相结合的独特文化遗产。

设计幼儿园大班科学活动课件"有趣的十二生肖"旨在通过丰富的活动内容和多样化的教学手段，引导幼儿深入了解中国传统文化中的十二生肖，激发幼儿对传统文化的兴趣与热爱，同时促进幼儿观察能力、认知能力、逻辑思维能力和语言表达能力等的发展。

（1）文化传承和认知启蒙。

通过介绍十二生肖这一中华民族最具活力的文化符号，让幼儿在轻松愉快的氛围中感受中国传统文化的魅力，增强幼儿的文化认同感。在"说一说"环节，让幼儿从家庭成员的生肖入手，初步接触并认识十二生肖；在"看一看""认一认"环节，利用视频、音乐、图片等多媒体手段，加深幼儿对十二生肖动物形象及名称的记忆。

（2）观察能力和认知能力。

通过让幼儿观察十二生肖动物的特征，培养幼儿的观察能力和认知能力。在"认一认"环节，通过设计听音乐认动物的游戏，让幼儿根据音乐旋律或动物声音猜测对应的生肖动物，锻炼幼儿的听觉分辨能力和快速反应能力。

（3）逻辑思维能力和时间观念。

通过排序活动，帮助幼儿理解十二生肖的顺序性和周期性，培养幼儿的逻辑思维能力和时间观念。在"排一排""转一转"环节，引导幼儿将十二生肖动物按照既定的顺序进行排列，让幼儿在实际操作中体验十二生肖的循环往复。

（4）实践能力和问题解决能力。

通过实践操作和互动游戏，激发幼儿的探索欲和创造力，培养幼儿的实践能力和问题解决能力。在"转一转"环节，让幼儿通过操作生肖时钟查找当前年份对应的生肖或探索十二生肖之间的相对位置关系等，体验探索的乐趣。

（5）语言表达能力和社交能力。

通过小组讨论、分享等形式，促进幼儿之间的语言交流和情感互动，提高幼儿的语言表达能力和社交能力。在每个环节结束后，通过提出问题，如"你最喜欢的生肖是什么？""你为什么喜欢这个生肖？"等，鼓励幼儿大胆表达自己的想法，同时倾听他人的观点。

3. 课件展示

幼儿园大班科学活动课件"有趣的十二生肖"效果如图 6-1 所示。

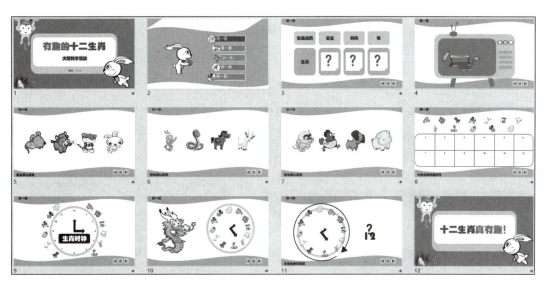

图 6-1　幼儿园大班科学活动课件"有趣的十二生肖"效果

4. 课件制作过程

1）设置母版

步骤 1 设置"标题幻灯片 版式"母版。启动 PowerPoint 2016 并新建"有趣的十二生肖"空白演示文稿，进入幻灯片母版视图，在左侧窗格中保持"标题幻灯片 版式"选项的选中状态，删除母版中的标题占位符和副标题占位符。

步骤 2 设置"标题幻灯片 版式"母版的背景颜色为 RGB（54，171，182），在母版中同时插入素材图片"背景1""背景2"（制作该课件使用的素材均在本书配套素材"素材与实例"/"第6章"/"有趣的十二生肖"文件夹中），设置"背景1"图片的高度为5.4厘米，"背景2"图片的高度为5.8厘米，然后参照图6-2排列图片。

步骤 3 设置"标题和内容 版式"母版。在左侧窗格中选择"标题和内容 版式"选项，删除母版中的标题占位符和内容占位符，并设置母版的背景颜色为 RGB（92，204，212）。

步骤 4 在"插入"选项卡"插图"组的"形状"下拉列表中选择"星与旗帜"类别中的"波形"选项，在"标题和内容 版式"母版中单击，绘制波形，设置其高度为6厘米、宽度为35厘米、填充颜色为"白色，背景1"、轮廓为无，并设置波形相对于幻灯片左上角沿水平方向的距离为−0.55厘米、沿垂直方向的距离为17.2厘米，如图6-3所示。

图 6-2 "标题幻灯片 版式"母版效果

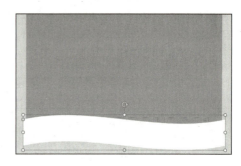
图 6-3 在母版中绘制波形并调整其位置

步骤 5 将波形复制一份，向左拖动复制得到的波形下方中部的黄色控制点，调整波形的外观，并设置其相对于幻灯片左上角沿水平方向的距离为−0.5厘米、沿垂直方向的距离为−2.2厘米，如图6-4所示。

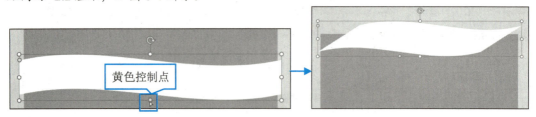
黄色控制点
图 6-4 调整波形的外观和位置

步骤 6 设置"空白 版式"母版。在左侧窗格中选择"空白 版式"选项，在母版中绘制高度为6.2厘米、宽度为33.87厘米、填充颜色为 RGB（92，204，212）、轮廓为无的波形，并将其水平翻转，然后设置波形相对于幻灯片左上角沿水平方向的距离为 0 厘米、沿垂直方向的距离为−3.9 厘米。

步骤 7 将波形复制一份，并设置复制得到的波形相对于幻灯片左上角沿水平方向的距离为 0 厘米、沿垂直方向的距离为 16.2 厘米（见图 6-5），然后退出幻灯片母版视图。

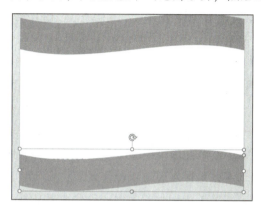

图 6-5　"空白 版式"母版效果

2）制作封面页和封底页

步骤 1 为第 1 张幻灯片重新应用"标题幻灯片"版式，在幻灯片中绘制高度为 11 厘米、宽度为 24 厘米、填充颜色为"橙色, 个性色 2, 淡色 60%"、轮廓为无、相对于幻灯片水平且垂直居中对齐的圆角矩形。

步骤 2 在幻灯片中绘制高度为 8 厘米、宽度为 23 厘米、填充颜色为"白色, 背景 1"、轮廓颜色为 RGB（92，204，212）、轮廓粗细为 3 磅、轮廓线型为长划线的圆角矩形，并将其移到圆角矩形上部，如图 6-6 所示。

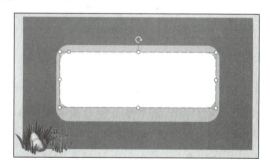

图 6-6　在幻灯片中绘制圆角矩形并调整其位置

步骤 3 利用文本框在幻灯片中输入文本"有趣的十二生肖"，并设置文本的格式为华文琥珀、72 磅、加粗，"有趣的"文本的字体颜色为浅蓝色，"十二生肖"文本的字体颜色为 RGB（217，88，98），然后将文本框移到小圆角矩形中上部。

步骤 4 利用文本框在幻灯片中输入文本"大班科学活动"，并设置文本的格式为华文琥珀、32 磅、"橙色, 个性色 2, 深色 50%"，文本框的填充颜色为"橙色, 个性色 2, 淡色 80%"，然后将该文本框移到"有趣的十二生肖"文本所在文本框中下方。

步骤 5 利用文本框在幻灯片中输入文本"编号：×××"，并设置文本的格式为华文琥珀、18 磅、浅蓝色，然后将该文本框移到小圆角矩形中下方。

步骤 6 在幻灯片中同时插入素材图片"小猴子 2""小兔子 3"，并设置"小猴子 2"图片的背景颜色为透明、高度为 10.9 厘米，"小兔子 3"图片的高度为 12 厘米，然后参照图 6-7 排列图片。

步骤 7 在幻灯片中插入素材音频"幼儿歌曲 1：十二生肖"，设置音频的开始播放方式为自动，并将音频图标移到幻灯片右侧外，然后为音频设置与上一动画同时的播放动画效果。

步骤 8 为"有趣的十二生肖"文本所在文本框设置与上一动画同时播放、持续时间 0.5 秒的弹跳进入动画效果，为"大班科学活动"文本所在文本框设置与上一动画同时播放、持续时间 0.5 秒、以上浮方式浮入的进入动画效果。

步骤 9 制作封底页。将第 1 张幻灯片复制一份作为封底页，并将封底页中的"有趣的"文本和"十二生肖"文本的位置调换，然后将"有趣的"文本修改为"真有趣！"，并删除"大班科学活动"和"编号：×××"文本所在文本框，最后将"十二生肖真有趣！"文本所在文本框移到小圆角矩形中部，如图 6-8 所示。

图 6-7　图片排列效果

图 6-8　封底页效果

3）制作导航页

步骤 1 在第 1 张幻灯片之后新建一张"标题和内容"版式的幻灯片，在其中插入素材图片"小兔子 4"，设置图片的高度为 10 厘米，并将其水平翻转后移到幻灯片左侧中部。

步骤 2 在幻灯片中插入"列表"/"垂直曲形列表"样式的 SmartArt 图形，在其中添加两组形状，设置 SmartArt 图形的高度为 14 厘米、宽度为 11 厘米、颜色为"彩色"类别中的"彩色范围-个性色 5 至 6"，并将其移到图片右侧。

步骤 3 从上到下依次在 SmartArt 图形的矩形中输入文本"说一说""看一看""认一认""排一排""转一转"。

步骤 4 选择 SmartArt 图形中"说一说"文本所在矩形左侧的圆，在"SmartArt 工具格式"选项卡"形状样式"组的"形状填充"下拉列表中选择"图片"选项，在打开的对话框中选择"从文件"选项，打开"插入图片"对话框，选择素材图片"小猪1"，单击"插入"按钮。使用同样的方法使用素材图片"老虎1""牛""小羊2""小狗"依次填充其他矩形左侧的圆，如图6-9所示。

图6-9 导航页效果

4）制作"说一说"部分内容

步骤1 在第2张幻灯片之后新建一张"空白"版式的幻灯片，利用文本框在新建的幻灯片中输入文本"说一说"，并设置文本的格式为华文琥珀、24磅、"橙色，个性色2，深色50%"，然后设置文本框相对于幻灯片左上角沿水平方向的距离为1.1厘米、沿垂直方向的距离为0厘米。

步骤2 在幻灯片中绘制高度为3.8厘米、宽度为6.1厘米、填充颜色为"橙色，个性色2，淡色60%"、轮廓为无的圆角矩形，并在其中输入文本"家庭成员"，设置文本的格式为华文琥珀、32磅、"橙色，个性色2，深色50%"。

步骤3 将圆角矩形复制一份，并将复制得到的圆角矩形的高度修改为7.5厘米，填充颜色修改为"橙色，个性色2，淡色40%"，文本修改为"生肖"，然后参照图6-10排列圆角矩形。

步骤4 同时选择两个圆角矩形，在按住"Shift+Ctrl"组合键的同时将其向右拖动3次，将其复制3份，并将复制得到的圆角矩形中的"家庭成员"文本分别修改为"爸爸""妈妈""我"，将"生肖"文本删除。

步骤5 在幻灯片中绘制高度为5厘米、宽度为4.8厘米、填充颜色为"白色，背景1"、轮廓为无的折角形，并在其中输入文本"？"，设置文本的格式为华文琥珀、96磅、RGB（217，88，98）、右对齐，然后将折角形复制两份，并参照图6-11排列圆角矩形和折角形。

步骤6 从左到右依次选择3个折角形，为其设置单击时播放、持续时间0.5秒的随机线条进入动画效果。

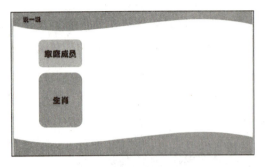

图 6-10　圆角矩形排列效果

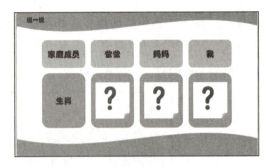

图 6-11　圆角矩形和折角形排列效果

5）制作"看一看"部分内容

步骤 1 将第 3 张幻灯片复制一份作为第 4 张幻灯片，并将第 4 张幻灯片左上方的文本修改为"看一看"，然后删除所有圆角矩形和折角形。

步骤 2 在幻灯片中绘制圆角矩形、矩形、等号、椭圆、圆、直线、等腰三角形、正方形、"流程图：终止"（形状的大小、填充颜色和轮廓颜色等可参考效果文件设置，也可自行设置，美观即可），然后参照图 6-12 将它们排列。

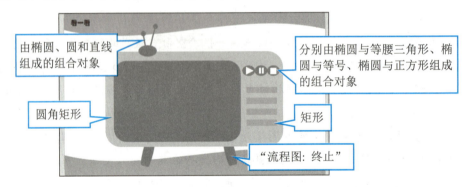

图 6-12　形状效果

步骤 3 在幻灯片中插入素材视频"幼儿故事：十二生肖的来历"，将视频框移到小圆角矩形的左上方，调整其大小与小圆角矩形的大小相等，并设置视频框的形状为圆角矩形。

步骤 4 保持视频的选中状态，在"动画"选项卡"高级动画"组的"添加动画"下拉列表中分别选择"媒体"类别中的"播放"选项和"停止"选项，为视频添加播放和停止播放动画效果。

步骤 5 选择 ▶ 组合对象，在"选择"任务窗格中将其名称修改为"播放"。使用同样的方法将 ❚❚ 和 ■ 组合对象的名称分别修改为"暂停""停止"。

步骤 6 在"动画窗格"任务窗格中选择视频的播放动画效果，在"动画"选项卡"高级动画"组的"触发"下拉列表中选择"单击"/"播放"选项，设置播放视频的触发动作为单击"播放"组合对象。使用同样的方法设置暂停播放视频和停止播放视频的触发动作分别为单击"暂停"组合对象和单击"停止"组合对象，如图 6-13 所示。

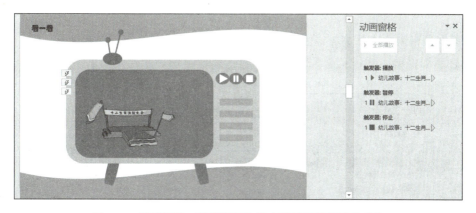

图 6-13 设置播放、暂停播放和停止播放视频的触发动作

6）制作"认一认"部分内容

步骤1 将第 4 张幻灯片复制一份作为第 5 张幻灯片，并将第 5 张幻灯片左上方的文本修改为"认一认"，然后删除其他对象。

步骤2 将"认一认"文本所在文本框复制一份，并将复制得到的文本框中的文本修改为"听音乐认动物"，然后设置该文本框相对于幻灯片左上角沿水平方向的距离为0.5 厘米、沿垂直方向的距离为 17.8 厘米。

步骤3 在幻灯片中同时插入素材图片"小老鼠""牛""老虎 1""小兔子 1"，并设置图片的背景颜色为透明、高度和宽度均为 6 厘米，将"牛"图片水平翻转，然后参照图 6-14 排列图片。

图 6-14 图片排列效果

步骤4 在幻灯片中插入素材音频"幼儿歌曲 2：十二生肖歌"，设置音频的开始播放方式为自动、跨幻灯片播放且放映幻灯片时隐藏音频图标，然后设置音频的开始播放时间为"00:07.626"，最后为音频设置与上一动画同时的播放动画效果。

步骤5 在"动画窗格"任务窗格中右击音频的播放动画效果，在弹出的快捷菜单中选择"效果选项"选项，打开"播放音频"对话框，在"效果"选项卡的"停止播放"设置区选中"在×张幻灯片后"单选钮，在其编辑框中输入"3"，设置音频跨 3 张连续幻灯片播放，单击"确定"按钮，如图 6-15 所示。

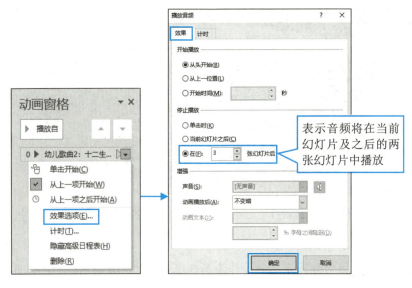

图 6-15　设置音频的停止播放选项

步骤 6 为"小老鼠"图片设置与上一动画同时播放、持续时间 0.5 秒的翻转式由远及近进入动画效果。依次选择"牛""老虎 1""小兔子 1"图片，为其设置上一动画之后播放、持续时间 0.5 秒的翻转式由远及近进入动画效果。

步骤 7 使用复制第 5 张幻灯片并修改其中内容的方式（须删除复制得到的幻灯片中的音频）制作第 6～7 张幻灯片（其他两张"认一认"部分幻灯片），如图 6-16 所示。

图 6-16　第 6～7 张幻灯片效果

7）制作"排一排"部分内容

步骤 1 将第 7 张幻灯片复制一份作为第 8 张幻灯片，并将第 8 张幻灯片左上方的文本修改为"排一排"，将左下方的文本修改为"点击小动物排顺序"，然后删除所有图片。

步骤 2 在幻灯片中绘制高度为 8.7 厘米、宽度为 33.7 厘米、填充颜色为无、轮廓颜色为"橙色，个性色 2"、轮廓粗细为 4.5 磅的圆角矩形，利用一条长度为 33.8 厘米和 5 条长度为 8.7 厘米（见图 6-17）、轮廓颜色为"橙色，个性色 2"、轮廓粗细为 4.5 磅的直线将圆角矩形分成 12 部分（类似一张 2 行 6 列的表格）。

步骤 3 利用文本框在圆角矩形各部分分别输入数字 1、2、3……12，并设置数字的格式为 Times New Roman、20 磅、深红色、加粗，然后将圆角矩形、直线和文本框组合，最后将组合对象置于底层，并将其移到幻灯片下方，如图 6-18 所示。

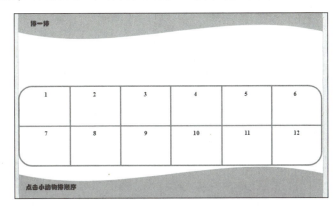

图 6-17　设置两条直线的长度　　　　　图 6-18　组合对象效果

步骤 4　在幻灯片中插入素材图片"小老鼠""牛""小马""小鸡""小羊 1""老虎 1""小兔子 1""龙""蛇""小猴子 1""小狗""小猪 2"，并设置图片的背景颜色为透明、高度和宽度均为 2 厘米，然后参照图 6-19 排列图片。

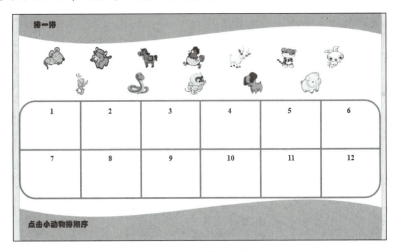

图 6-19　图片排列效果

步骤 5　在幻灯片中插入素材音频"幼儿歌曲 2：十二生肖歌""right"，设置音频的开始播放方式为自动，并将两个音频图标均移到幻灯片右侧外，然后为"幼儿歌曲 2：十二生肖歌"音频设置与上一动画同时的播放动画效果，为"right"音频设置上一动画之后的播放动画效果。

步骤 6　在"选择"任务窗格中将十二生肖图片的名称分别修改为对应生肖的名称，为十二生肖图片设置单击时播放、持续时间 2 秒的直线动作路径动画效果，并按照十二生肖的顺序将各图片动作路径的终点分别拖到对应的数字区域，如图 6-20 所示。

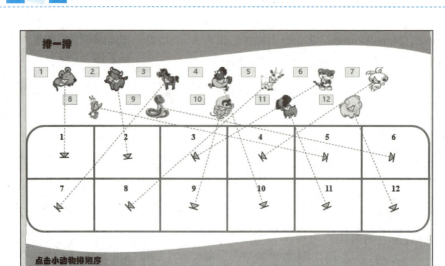

图 6-20　设置十二生肖图片的直线动作路径动画效果

步骤 7　在"动画窗格"任务窗格中选择"鼠"图片的动作路径动画效果，在"动画"选项卡"高级动画"组的"触发"下拉列表中选择"单击"/"鼠"选项，设置"鼠"图片动画效果的触发动作为单击"鼠"图片。使用同样的方法设置其他生肖图片动画效果的触发动作为单击对应的生肖图片。

步骤 8　选择"right"音频的播放动画效果，在"触发"下拉列表中选择"单击"/"猪"选项，设置"right"音频动画效果的触发动作为单击"猪"图片。

8）制作"转一转"部分内容

步骤 1　将第 8 张幻灯片复制一份作为第 9 张幻灯片，并将第 9 张幻灯片左上方的文本修改为"转一转"，然后删除其他对象。

步骤 2　在幻灯片中绘制直径为 13 厘米、填充颜色为无、轮廓颜色为"橙色，个性色 2，淡色 60%"、轮廓粗细为 16 磅（见图 6-21）的圆。

图 6-21　设置圆的轮廓粗细

步骤3 按照时钟表盘中数字1～12的位置，利用文本框在圆内部的相应位置输入对应的数字，并设置数字的格式为 Times New Roman、20 磅、深红色、加粗，然后将圆和12个文本框组合。

步骤4 在幻灯片中绘制高度为3.5厘米、宽度为1.1厘米、填充颜色为深红色、轮廓为无的上箭头，并将上箭头复制一份，然后将复制得到的上箭头向右旋转90°，高度修改为3厘米，最后将两个上箭头排成直角后组合，并参照图6-22排列组合对象。

步骤5 将第8张幻灯片中的十二生肖图片复制到第9张幻灯片中，并删除复制得到的十二生肖图片的动画效果，然后将相关图片水平翻转，并参照图6-23排列图片。

图6-22　组合对象排列效果

图6-23　图片排列效果

步骤6 为十二生肖图片设置单击时播放、持续时间2秒的直线动作路径动画效果，并将各图片动作路径的终点分别拖到对应的数字上，如图6-24所示。

图6-24　设置十二生肖图片的直线动作路径动画效果

步骤7 在"动画窗格"任务窗格中选择"鼠"图片动作路径动画效果，在"动画"选项卡"高级动画"组的"触发"下拉列表中选择"单击"/"鼠"选项，设置"鼠"图片动画效果的触发动作为单击"鼠"图片。使用同样的方法设置其他生肖图片动画效果的触发动作分别为单击对应的生肖图片。

步骤8 在幻灯片中绘制高度为2.7厘米、宽度为8.8厘米、填充颜色为深红色、轮廓为无的圆角矩形，并在其中输入文本"生肖时钟"，设置文本的格式为华文琥珀、48磅、

"白色，背景1"，然后为圆角矩形设置单击时播放、持续时间1秒的翻转式由远及近进入动画效果，最后将圆角矩形移到上箭头组合对象下方，如图6-25所示。

图6-25　绘制圆角矩形并为其设置动画效果

步骤9 为圆和文本框组合对象设置上一动画之后播放、持续时间2秒的陀螺旋强调动画效果。

步骤10 将第9张幻灯片复制一份作为第10张幻灯片，然后将第10张幻灯片中图片的动画效果、"生肖时钟"文本所在圆角矩形和12个数字所在文本框删除，接着调整上箭头组合对象的高度和位置，并参照图6-26排列图片和上箭头组合对象，最后同时选择圆、图片和上箭头组合对象，将其移到幻灯片右侧中部。

步骤11 利用文本框在幻灯片中输入文本"今年是什么年？"，并设置文本的格式为华文琥珀、24磅、深红色，然后将其移到幻灯片左侧中部，为文本框设置单击时播放、持续时间0.25秒的翻转式由远及近进入动画效果，并添加上一动画之后播放、持续时间0.25秒的缩放退出动画效果。

步骤12 为上箭头组合对象设置单击时播放、持续时间2秒的陀螺旋强调动画效果。

步骤13 在幻灯片中插入素材图片"龙"，并设置其背景颜色为透明，将其移到幻灯片左侧中部（见图6-27），然后为图片设置上一动画之后播放、持续时间0.25秒的翻转式由远及近进入动画效果，最后在"动画窗格"任务窗格中将"今年是什么年？"文本所在文本框的退出动画效果移到最下方。

图6-26　对象排列效果　　　　　　　　图6-27　调整图片位置

步骤 14 将第 10 张幻灯片复制一份作为第 11 张幻灯片，并将第 11 张幻灯片中的 "龙"图片及"今年是什么年？"文本所在文本框删除，然后将"转一转"文本所在文本框复制一份，并将复制得到的文本框中的文本修改为"生肖也会转圈圈"，最后设置该文本框相对于幻灯片左上角沿水平方向的距离为 0.5 厘米、沿垂直方向的距离为 17.8 厘米。

步骤 15 将上箭头组合对象动画效果的开始播放方式修改为与上一动画同时播放，持续时间修改为 7.5 秒，然后将十二生肖图片移到圆边框上，同时选择圆、图片和上箭头组合对象，将其移到幻灯片左侧中部。

步骤 16 在幻灯片中插入素材音频"诵读儿歌：十二生肖"，设置音频的开始播放方式为自动，并将音频图标移到幻灯片右侧外，然后为音频设置与上一动画同时的播放动画效果，最后在"动画窗格"任务窗格中将音频动画效果移到最上方。

步骤 17 在幻灯片中绘制直径为 15.5 厘米、填充颜色为无、轮廓颜色为深红色、轮廓粗细为 4.5 磅的圆，并将该圆移到幻灯片中另外一个圆外侧。

步骤 18 在幻灯片中绘制高度为 1.8 厘米、宽度为 0.9 厘米、填充颜色为"白色，背景 1"、轮廓为无的矩形和高度为 1.7 厘米、宽度为 1.9 厘米、填充颜色为深红色、轮廓为无的等腰三角形，并将矩形和等腰三角形旋转合适角度后移到"龙"图片所在位置对应的大圆上（见图 6-28），然后将大圆、矩形和等腰三角形组合，并为组合对象设置与上一动画同时播放、持续时间 7.5 秒的陀螺旋强调动画效果。

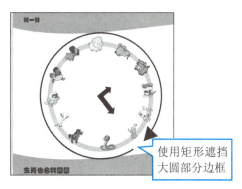

使用矩形遮挡
大圆部分边框

图 6-28 矩形和等腰三角形排列效果

步骤 19 为"龙"图片设置与上一动画同时播放、持续时间 2 秒的放大/缩小强调动画效果。使用同样的方法为其他生肖图片（从"蛇"图片开始按十二生肖顺序依次选择其他图片）设置与上一动画同时播放、持续时间 2 秒的放大/缩小强调动画效果，然后设置"蛇"图片动画效果的延迟时间为 0.5 秒，并设置除"龙"图片外的其他生肖图片比其前一张生肖图片延迟 0.5 秒出现。

步骤 20 将"转一转"文本所在文本框复制一份，并将复制得到的文本框中的文本修改为"？"，文本的字号修改为 88 磅，字体颜色修改为深红色，将该文本框移到幻灯片右侧中部，然后为文本框设置与上一动画同时播放、持续时间 1.5 秒、延迟时间 9.2 秒、自底部飞入的进入动画效果，并为文本框添加上一动画之后播放、持续时间

0.5 秒的缩放退出动画效果。

步骤 21　将"？"文本所在文本框复制一份，然后将复制得到的文本框中的文本修改为"12"，并将其移到"？"文本下方（见图 6-29），最后为文本框设置单击时播放、持续时间 1 秒的翻转式由远及近进入动画效果。

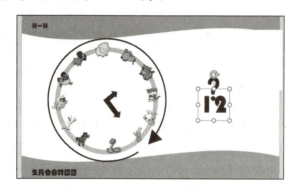

图 6-29　调整文本框的位置

9）为导航页添加超链接

步骤 1　在幻灯片窗格中选择第 2 张幻灯片，为"说一说"文本所在矩形添加超链接，将其链接到第 3 张幻灯片。

步骤 2　为"看一看""认一认""排一排""转一转"文本所在矩形添加超链接，将它们分别链接到第 4 张、第 5 张、第 8 张和第 9 张幻灯片。

10）为内容页添加动作按钮

步骤 1　进入幻灯片母版视图，在左侧窗格中选择"空白 版式"选项，在母版中依次绘制"动作按钮：后退或前一项""动作按钮：第一张""动作按钮：前进或下一项"动作按钮。其中，"动作按钮：后退或前一项""动作按钮：前进或下一项"动作按钮链接到的幻灯片均为默认，"动作按钮：第一张"动作按钮链接到的幻灯片为第 2 张幻灯片。

步骤 2　设置 3 个动作按钮的高度为 1.1 厘米、宽度为 1 厘米、填充颜色为"橙色，个性色 2，淡色 60%"、轮廓为无、效果为"预设"/"预设 1"，然后参照图 6-30 排列动作按钮，最后退出幻灯片母版视图。至此，幼儿园大班科学活动课件"有趣的十二生肖"制作完毕，保存并关闭演示文稿。

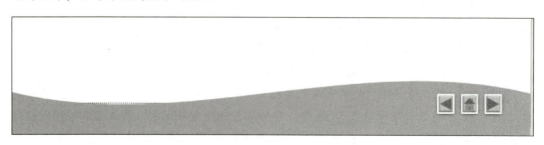

图 6-30　动作按钮效果

6.3　实战演练：制作幼儿园大班科学活动课件"水的秘密"

本节根据全国职业院校技能大赛（高职组）"幼儿教育技能"赛项中幼儿园保教活动课件制作题目"主题活动——水的秘密"制作幼儿园大班科学活动课件"水的秘密"，主题活动具体内容如下。

大自然的神奇规律造就了人类的美好生活，而水作为其中的关键要素，是地球上最常见的物质之一，也是维持生态平衡和人类社会活动不可或缺的资源。对于幼儿来说，了解和珍惜水资源，是他们认识世界和培养环保意识的重要一步。

1．课件要求

（1）内容要求：根据给定素材文件夹中的素材完成课件设计，确保内容完整且符合教学目标。课件首页需注明课件名称、适用年龄段及活动领域。

（2）技术要求：适当处理给定素材文件夹中的图片、音频和视频等，合理运用动画效果、超链接和动作按钮等技术，以提高课件的吸引力和互动性，确保课件操作简便、运行稳定。

（3）课件效果：形象、直观，能够有效地服务于教学，符合所注明的年龄段及活动领域。

制作幼儿园大班科学活动
课件"水的秘密"

2．课件意图

水是大自然赋予我们的宝贵财富，它在天空中化作云朵，在地面上形成江河湖海，其神秘的特性一直激发着幼儿的好奇心和探索欲。

设计幼儿园大班科学活动课件"水的秘密"旨在通过多样化的教学手段普及科学知识，让幼儿在探索水的秘密的过程中培养推理能力、思考能力、环保意识、语言表达能力和沟通能力、学习兴趣等。

（1）推理能力。

在"猜一猜"环节，通过谜语"此物真稀奇，越洗越有泥，不洗可以吃，洗了吃不得。"激发幼儿对水的好奇心和探索欲，鼓励幼儿根据线索推理答案，锻炼他们的推理能力。

（2）思考能力。

通过"看一看""学一学""想一想"环节，让幼儿探究水的来源和用途，启发他们思考水对生命和环境的影响。

（3）环保意识。

通过深入讨论水的作用，培养幼儿的环保意识，让他们深刻认识保护水资源的重要性，激发他们节约用水和保护环境的意识。

（4）语言表达能力和沟通能力。

通过讨论和表达自己的观点，培养幼儿的语言表达能力和沟通能力。

（5）学习兴趣。

通过有趣的问题和互动环节，让幼儿在轻松愉快的氛围中学习，从而提高学习兴趣。

3．课件展示

幼儿园大班科学活动课件"水的秘密"效果如图 6-31 所示。

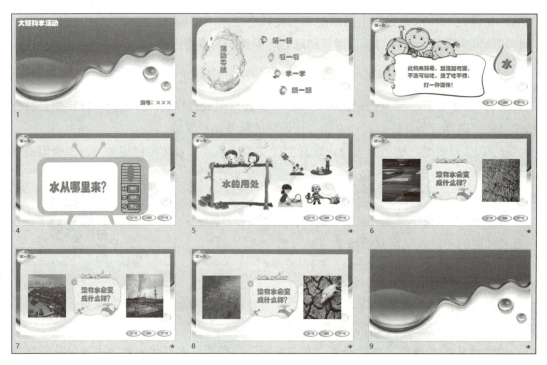

图 6-31　幼儿园大班科学活动课件"水的秘密"效果

4．课件制作过程

1）设置母版

步骤 1　设置幻灯片母版背景。启动 PowerPoint 2016 并新建"水的秘密"空白演示文稿，进入幻灯片母版视图，在左侧窗格中选择"Office 主题 幻灯片母版"选项，设置母版背景为素材图片"背景"（制作该课件使用的素材均在本书配套素材"素材与实例"/"第 6 章"/"水的秘密"文件夹中）。

步骤 2　设置"标题幻灯片 版式"母版。在左侧窗格中选择"标题幻灯片 版式"选项，删除母版中的标题占位符和副标题占位符，然后插入高度为 4 厘米、宽度为 12 厘米的文本占位符，并设置文本的格式为华文琥珀、68 磅、"白色，背景 1"、水平且垂直居中对齐、无项目符号格式，文本效果为"转换"/"下弯弧"（见图 6-32），接着删除二级至五级标题文本，并将文本占位符旋转 340°，最后将其移到幻灯片右侧外上方。

步骤 3 为文本占位符设置与上一动画同时播放、持续时间 2 秒的自定义动作路径动画效果（可沿水波纹绘制动作路径），并分别调整动作路径的起点和终点位置，如图 6-33 所示。

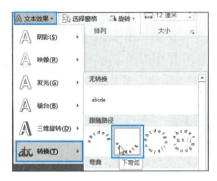 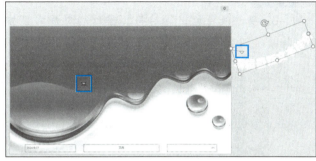

图 6-32　设置文本效果　　　　　　　图 6-33　为文本占位符设置动画效果

步骤 4 设置"空白 版式"母版。在左侧窗格中选择"空白 版式"选项，在母版中绘制高度为 17 厘米、宽度为 32 厘米、填充颜色为"白色，背景 1"、填充的颜色透明度为 13%、轮廓为无、相对于幻灯片水平且垂直居中对齐的对角圆角矩形，如图 6-34 所示。

步骤 5 设置"1_空白 版式"母版。将"空白 版式"母版复制一份，在复制得到的母版中插入素材图片"水滴 1"，并设置图片的高度为 4.4 厘米，向右旋转 90°后将其相对于幻灯片左侧和顶端对齐。

步骤 6 在"1_空白 版式"母版中插入高度为 1.2 厘米、宽度为 3 厘米的文本占位符，并设置文本的格式为华文琥珀、22 磅、浅蓝色、水平且垂直居中对齐、无项目符号格式，然后将文本占位符移到"水滴 1"图片上（见图 6-35），最后退出幻灯片母版视图。

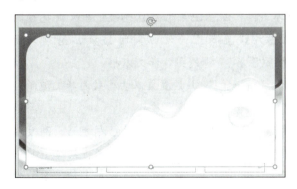 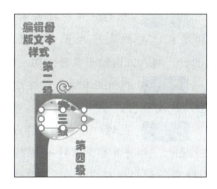

图 6-34　在母版中绘制对角圆角矩形　　　　图 6-35　在母版中插入文本占位符

2）制作封面页和封底页

步骤 1 制作封面页。为第 1 张幻灯片重新应用"标题幻灯片"版式，并在幻灯片右侧外上方的文本占位符中输入文本"水的秘密"。

步骤2 利用文本框在幻灯片中输入文本"大班科学活动",并设置文本的格式为华文琥珀、40磅、"白色,背景1",然后将其移到幻灯片左上方,并为文本框设置上一动画之后播放、持续时间1秒、自右侧飞入的进入动画效果。

步骤3 利用文本框在幻灯片中输入文本"编号:×××",并设置文本的格式为华文琥珀、32磅、浅蓝色,然后将其移到幻灯片右下方。为文本框设置与上一动画同时播放、持续时间1秒、自左侧飞入的进入动画效果,如图6-36所示。

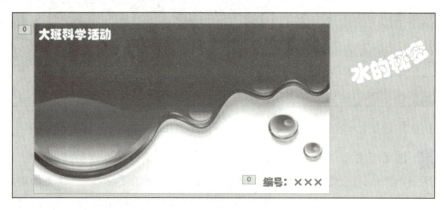

图6-36 封面页效果

步骤4 制作封底页。将第1张幻灯片复制一份作为封底页,并将封底页中的文本"水的秘密"修改为"节约用水 从我做起",然后删除幻灯片左上方和右下方的文本框。

3)制作导航页

步骤1 在第1张幻灯片之后新建一张"空白"版式的幻灯片,利用竖排文本框在新建的幻灯片中输入文本"活动导航",并设置文本的格式为华文琥珀、40磅、浅蓝色,然后为文本框设置与上一动画同时播放、持续时间1.5秒、切出方向的形状进入动画效果。

步骤2 在幻灯片中插入素材图片"水花",设置图片的高度为15厘米、宽度为10厘米、叠放次序为置于底层,然后为图片设置与上一动画同时播放、持续时间1.5秒、切入方向的形状进入动画效果,并参照图6-37排列图片和文本框。

步骤3 利用文本框在幻灯片中输入文本"猜一猜",并设置文本的格式为华文琥珀、40磅、浅蓝色。

步骤4 在幻灯片中插入素材图片"卡通1",设置图片的背景颜色为透明、高度为2.2厘米,并将其移到"猜一猜"文本所在文本框左侧,然后将图片和文本框组合。将组合对象移到幻灯片中上方,为组合对象设置上一动画之后播放、持续时间1秒、自右侧飞入的进入动画效果。

步骤5 将组合对象向下复制3份,并分别修改复制得到的组合对象中的文本和图片,然后参照图6-38排列组合对象。

图 6-37　图片和文本框排列效果

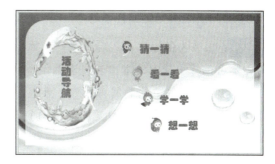

图 6-38　导航页效果

4）制作"猜一猜"部分内容

步骤 1　在第 2 张幻灯片之后新建一张"1_空白"版式的幻灯片，并在新建幻灯片左上方的文本占位符中输入文本"猜一猜"。

步骤 2　在幻灯片中同时插入素材图片"猜谜语""水滴 2"，设置"猜谜语"图片的高度为 15 厘米，"水滴 2"图片的背景颜色为透明、高度为 8.3 厘米，并参照图 6-39 排列图片。

步骤 3　利用文本框在幻灯片中输入文本"此物真稀奇，越洗越有泥，不洗可以吃，洗了吃不得。打一种液体！"（以 3 行显示），并设置文本的格式为华文琥珀、32 磅、浅蓝色、居中对齐，"打一种液体！"文本的段前间距为 18 磅。

步骤 4　将文本框移到"猜谜语"图片上，并将该文本框与"猜谜语"图片组合，然后在"选择"任务窗格中将该组合对象的名称修改为"谜语"。

步骤 5　利用文本框在幻灯片中输入文本"水"，并设置文本的格式为华文琥珀、66 磅、浅蓝色，然后将文本框移到"水滴 2"图片上，并将文本框与"水滴 2"图片组合（见图 6-40），接着在"选择"任务窗格中将该组合对象的名称修改为"谜底"，最后为该组合对象设置单击时播放、持续时间 1 秒、以上浮方式浮入的进入动画效果。

图 6-39　图片排列效果

图 6-40　将文本框与图片组合

步骤 6　在"动画窗格"任务窗格中选择"谜底"组合对象的进入动画效果，在"动画"选项卡"高级动画"组的"触发"下拉列表中选择"单击"/"谜语"选项，设置"谜底"组合对象动画效果的触发动作为单击"谜语"组合对象。

5）制作"看一看"部分内容

步骤1 在第3张幻灯片之后新建一张"1_空白"版式的幻灯片，并在新建幻灯片左上方的文本占位符中输入文本"看一看"。

步骤2 在幻灯片中绘制圆角矩形、直线、梯形、圆、椭圆（形状的大小、填充颜色和轮廓颜色等可参考效果文件设置，也可自行设置，美观即可），并将它们组成电视机形状，如图6-41所示。

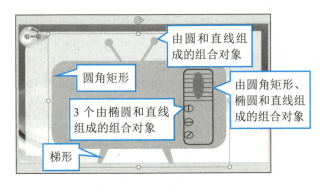

图 6-41　形状效果

步骤3 在幻灯片中绘制高度为1.4厘米、宽度为2.4厘米、填充颜色为"蓝色，个性色1"、轮廓颜色为"黑色，文字1"、轮廓粗细为2.25磅的圆角矩形，并在其中输入文本"播放"，然后将圆角矩形移到 ⊖ 组合对象右侧，最后在"选择"任务窗格中将圆角矩形的名称修改为"播放"。

步骤4 将"播放"文本所在圆角矩形复制两份，并将复制得到的圆角矩形中的文本分别修改为"暂停""停止"，然后将这两个圆角矩形分别移到 ⊝ 和 ⊘ 组合对象右侧，并在"选择"任务窗格中将圆角矩形的名称分别修改为"暂停""停止"。

步骤5 在幻灯片中插入素材视频"水从哪里来"，设置视频框的形状为圆角矩形、高度为10.3厘米、宽度为16.2厘米，将视频框移到大圆角矩形左侧。

步骤6 保持视频的选中状态，在"动画"选项卡"高级动画"组的"添加动画"下拉列表中分别选择"媒体"类别中的"播放"选项和"停止"选项，为视频添加播放和停止播放动画效果。

步骤7 在"动画窗格"任务窗格中选择视频的播放动画效果，在"动画"选项卡"高级动画"组的"触发"下拉列表中选择"单击"/"播放"选项，设置播放视频的触发动作为单击"播放"圆角矩形。使用同样的方法设置暂停播放视频和停止播放视频的触发动作分别为单击"暂停"圆角矩形和单击"停止"圆角矩形。

步骤8 选择视频，在"视频工具 格式"选项卡"调整"组的"标牌框架"下拉列表中选择"文件中的图像"选项，在打开的对话框中选择"从文件"选项，打开"插入图片"对话框，选择素材图片"文本"，单击"插入"按钮，将所选图片作为视频封面，如图6-42所示。

图 6-42　设置视频封面

6）制作"学一学"部分内容

步骤 1　在第 4 张幻灯片之后新建一张"1_空白"版式的幻灯片，并在新建幻灯片左上方的文本占位符中输入文本"学一学"。

步骤 2　在幻灯片中同时插入素材图片"修饰 1""浇花""喝水""洗菜""消防"，然后设置图片的背景颜色为透明，"浇花""喝水""洗菜""消防"图片的高度为 5 厘米，并将"消防"图片水平翻转，最后参照图 6-43 排列图片。

图 6-43　图片排列效果

步骤 3　利用文本框在幻灯片中输入文本"水的用处"，并设置文本的格式为华文琥珀、54 磅、浅蓝色，然后将文本框移到"修饰 1"图片上，并将文本框与"修饰 1"图片组合，最后在"选择"任务窗格中将组合对象的名称修改为"水的用处"。

步骤 4　为"水的用处"组合对象设置与上一动画同时播放、持续时间 1 秒、自左侧飞入的进入动画效果。

步骤 5　从左到右、从上到下依次选择幻灯片右侧的 4 张图片，为它们设置上一动画之后播放、持续时间 1 秒、自右侧飞入的进入动画效果。

步骤 6　同时选择幻灯片右侧的 4 张图片，在"动画"选项卡"高级动画"组的"触发"下拉列表中选择"单击"/"水的用处"选项，设置图片动画效果的触发动作为单击"水的用处"组合对象。

7）制作"想一想"部分内容

步骤 1　在第 5 张幻灯片之后新建一张"1_空白"版式的幻灯片，并在新建幻灯片左上方的文本占位符中输入文本"想一想"。

步骤 2　在幻灯片中同时插入素材图片"修饰 2""稻田""干旱"，设置"稻田""干旱"图片的高度为9厘米、宽度为8厘米，并参照图6-44排列图片。

步骤3 利用文本框在幻灯片中输入文本"没有水会变成什么样？"，并设置文本的格式为华文琥珀、40磅、浅蓝色，然后将文本框移到"修饰2"图片上（见图6-45），将文本框与"修饰2"图片组合，并在"选择"任务窗格中将组合对象的名称修改为"没有水会变成什么样"。

图6-44　图片排列效果　　　　　　　　　图6-45　调整文本框的位置

步骤4 为"稻田"图片设置与上一动画同时播放、持续时间1秒、自左侧飞入的进入动画效果，为"没有水会变成什么样"组合对象设置上一动画之后播放、持续时间1秒、切出方向的形状进入动画效果。

步骤5 为"干旱"图片设置单击时播放、持续时间1秒、自右侧飞入的进入动画效果，并设置该图片动画效果的触发动作为单击"没有水会变成什么样"组合对象。

步骤6 使用复制第6张幻灯片并修改其中内容的方式制作第7～8张幻灯片（其他两张"想一想"部分幻灯片），如图6-46所示。

图6-46　第7～8张幻灯片效果

8）为导航页添加超链接

步骤1 在幻灯片窗格中选择第2张幻灯片，为"猜一猜"文本所在文本框添加超链接，将其链接到第3张幻灯片。

步骤2 为"看一看""学一学""想一想"文本所在文本框添加超链接，将它们分别链接到第4张、第5张和第6张幻灯片。

9）为内容页添加动作按钮

步骤 1　进入幻灯片母版视图，在左侧窗格中选择"1_空白 版式"选项，在母版中绘制"动作按钮：自定义"动作按钮，将其链接到上一张幻灯片。

步骤 2　保持动作按钮的选中状态，在"绘图工具 格式"选项卡"插入形状"组的"编辑形状"下拉列表中选择"更改形状"/"椭圆"选项（见图 6-47），设置椭圆的高度为 1.3 厘米、宽度为 3 厘米、轮廓为无、效果为"棱台"/"圆"。

步骤 3　保持动作按钮的选中状态，打开"设置形状格式"任务窗格，在"形状选项"选项卡"填充与线条"选项的"填充"设置区选中"渐变填充"单选钮，设置渐变类型为线性、渐变角度为 45°，并删除渐变条中间的两个渐变光圈，然后设置第 1 个光圈的颜色为浅蓝色，第 2 个光圈的颜色为"白色，背景 1"，如图 6-48 所示。

图 6-47　更改自定义动作按钮的形状　　　　图 6-48　设置动作按钮的渐变填充格式

步骤 4　在椭圆中输入文本"上一页"，设置文本的格式为幼圆、14 磅、浅蓝色、加粗，然后将"上一页"文本所在动作按钮复制两份，并将复制得到的动作按钮中的文本分别修改为"返回""下一页"。

步骤 5　右击"返回"文本所在动作按钮，在弹出的快捷菜单中选择"编辑超链接"选项，在打开的对话框中将链接到的幻灯片修改为第 2 张幻灯片。使用同样的方法将"下一页"文本所在动作按钮链接到的幻灯片修改为下一张幻灯片。

步骤 6　将 3 个动作按钮移到该母版右下方（见图 6-49），然后退出幻灯片母版视图。至此，幼儿园大班科学活动课件"水的秘密"制作完毕，保存并关闭演示文稿。

图 6-49　动作按钮效果

课堂实训：制作幼儿园中班科学活动课件
"你好，小树叶！"

使用本书配套素材"素材与实例"/"第6章"/"你好，小树叶！"文件夹中的素材，制作幼儿园中班科学活动课件"你好，小树叶！"，效果如图6-50所示。

图6-50　幼儿园中班科学活动课件"你好，小树叶！"效果

【操作提示】

（1）设置"节标题 版式"母版。

① 进入幻灯片母版视图，在左侧窗格中选择"节标题 版式"选项，删除母版中的标题占位符和文本占位符，插入素材视频"叶子是绿色的"，调整视频框的大小与幻灯片相等，设置视频为静音，开始播放方式为自动且循环播放，直到停止，开始播放时间为"00:30.380"，结束播放时间为"00:30.930"。

② 设置视频封面为素材图片"视频封面"。

（2）设置"两栏内容 版式"母版。

① 在左侧窗格中选择"两栏内容 版式"选项，设置母版的背景为素材图片"秋"。

② 在母版中绘制矩形、圆角矩形，插入素材图片、文本占位符，并对它们进行设置，如图6-51所示。

（3）设置"1_两栏内容 版式"母版。将"两栏内容 版式"母版复制一份，得到"1_两栏内容 版式"母版，将该母版左上方的矩形和两个文本占位符删除。

（4）参照效果文件使用"节标题""两栏内容""1_两栏内容"版式制作幻灯片。

文本占位符的高度为 1.2 厘米、宽度为 2.9 厘米，文本的格式为微软雅黑、22 磅、"绿色，个性色 6，深色 50%"、加粗、文字阴影、水平且垂直居中对齐、无项目符号格式

图片的高度为 1.5 厘米、上一动画之后播放、持续时间 1 秒、直到幻灯片末尾的跷跷板强调动画效果

文本占位符的高度为 1.1 厘米、宽度为 6.7 厘米，文本的格式为微软雅黑、17 磅、"绿色，个性色 6"、加粗、文字阴影、垂直居中对齐、无项目符号格式

矩形的高度为 1.2 厘米、宽度为 0.3 厘米、填充颜色为"绿色，个性色 6"、轮廓为无

圆角矩形的高度为 16.5 厘米、宽度为 31.2 厘米、填充颜色为"白色，背景 1"、填充颜色的透明度为 22%、轮廓为无、效果为"预设"/"预设 4"，相对于幻灯片水平且垂直居中对齐

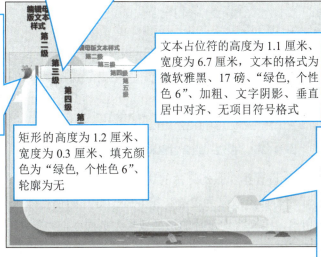

图 6-51　"两栏内容 版式"母版效果

① 第 1 张和第 11 张幻灯片的版式均为"节标题"，第 2 张幻灯片的版式为"1_两栏内容"，第 3~10 张幻灯片的版式均为"两栏内容"。

② 设置第 1 张幻灯片中音频的开始播放方式为自动，开始播放时间为"00:00.517"，最后一张幻灯片中音频的开始播放时间为"00:00.00"（最后一张幻灯片利用复制第 1 张幻灯片并修改其中内容的方式得到）。

③ 设置第 3 张幻灯片中音频的开始播放方式为自动且放映幻灯片时隐藏音频图标，音频的开始播放时间为"00:02"。

④ 设置第 4~6 张幻灯片中叶子图片下方说明文本所在对象动画效果的触发动作分别为单击相应的叶子图片。

⑤ 设置第 7 张幻灯片中"yz-right"音频播放动画效果的触发动作为单击幻灯片右上方的叶子图片，3 个"yz-error"音频播放动画效果的触发动作分别为单击幻灯片右侧其他相应叶子图片。

⑥ 设置第 8 张幻灯片中"yz-right"音频播放动画效果的触发动作为单击幻灯片左上方的叶子图片，3 个"yz-error"音频播放动画效果的触发动作分别为单击幻灯片左侧其他相应叶子图片。

⑦ 设置第 9 张幻灯片中播放视频、暂停播放视频的触发动作分别为单击"播放"组合对象和单击"暂停"组合对象，如图 6-52 所示。

图 6-52 　"播放"组合对象和"暂停"组合对象

（5）设置切换效果。设置第 3 张幻灯片的切换效果为形状，第 4 张幻灯片的切换效果为揭开，第 5 张幻灯片的切换效果为覆盖，第 6 张幻灯片的切换效果为推进，第 7 张幻灯片的切换效果为切出，第 9 张幻灯片的切换效果为页面卷曲，第 11 张幻灯片的切换效果为剥离。

（6）添加超链接。为第 2 张幻灯片中"听一听""说一说""看一看""找一找""学一学""玩一玩"文本所在矩形添加超链接，将它们分别链接到第 3 张、第 4 张、第 6 张、第 7 张、第 9 张和第 10 张幻灯片。

（7）添加动作按钮。进入幻灯片母版视图，在左侧窗格中选择"两栏内容 版式"选项，在母版右下方依次绘制 3 个圆角矩形，分别在其中输入文本"上一页""返回""下一页"，为 3 个圆角矩形添加动作，将它们分别链接到上一张幻灯片、第 2 张幻灯片和下一张幻灯片（动作按钮的格式可自由设置，美观即可）。

第 **7** 章

幼儿园艺术领域
保教活动课件设计与制作

本章导读

　　幼儿艺术领域教育是一个综合性的教育过程，旨在通过一系列艺术活动培养幼儿感受美、发现美和欣赏美的能力，激发幼儿的想象力和创造力，提升幼儿的审美感知和情感表达能力。

　　本章主要介绍《3~6岁儿童学习与发展指南》中艺术领域的主要内容及其目标，并根据目标给出相应年龄段幼儿活动课件的设计与制作思路，同时根据全国职业院校技能大赛（高职组）"幼儿教育技能"赛项中幼儿园保教活动课件制作题目，制作幼儿园艺术活动课件。

学习目标

知识目标

- 了解艺术领域的主要内容及不同年龄段幼儿艺术发展的目标。
- 掌握幼儿园艺术领域保教活动课件的设计与制作方法。

能力目标

- 能够根据幼儿年龄特点和发展水平设计艺术教育活动。
- 能够在幼儿园艺术领域保教活动课件中合理运用动画效果、超链接和动作按钮等技术。

素质目标

- 提升专业素养和审美能力，促进自身在幼儿教育领域的成长。
- 提升整合信息资源的能力，以及设计教学活动的能力。

7.1 艺术领域的主要内容

艺术是人类感受美、表现美和创造美的重要形式，也是表达自己对周围世界的认识和情绪态度的独特方式。

每个幼儿心里都有一颗美的种子。幼儿艺术领域教育的关键在于充分创造条件和机会，在大自然和社会文化生活中启蒙幼儿对美的感受和体验，丰富其想象力和创造力，引导幼儿学会用心去感受和发现美，用自己的方式去表现和创造美。

艺术领域的主要内容

艺术领域的主要内容可划分为两个方面，包括感受与欣赏、表现与创造。

7.1.1 感受与欣赏

幼儿在感受与欣赏方面的学习与发展目标包括喜欢自然界与生活中美的事物，喜欢欣赏多种多样的艺术形式和作品。对于不同的目标，设计与制作活动课件的思路也不同。

1. 喜欢自然界与生活中美的事物

各年龄段幼儿在喜欢自然界与生活中美的事物方面的目标如表 7-1 所示。

表 7-1　喜欢自然界与生活中美的事物

年龄	3～4 岁	4～5 岁	5～6 岁
目标	（1）喜欢观看花草树木、日月星空等大自然中美的事物。 （2）容易被自然界中的鸟鸣、风声、雨声等好听的声音所吸引	（1）在欣赏自然界与生活中美的事物时，关注其色彩、形态等特征。 （2）喜欢倾听各种好听的声音，感知声音的高低、长短、强弱等变化	（1）乐于收集美的物品或向别人介绍所发现的美的事物。 （2）乐于模仿自然界与生活中有特点的声音，并产生相应的联想

要实现让幼儿喜欢自然界与生活中美的事物的目标，在设计与制作各年龄段幼儿活动课件时可参考以下思路。

（1）3～4 岁幼儿（小班）活动课件可以设计一些简单的活动，如"找枫叶""看星星""听鸟鸣""听风雨声"等，让幼儿多接触大自然，感受和欣赏美丽的景色和好听的声音。

（2）4～5 岁幼儿（中班）活动课件可以设计一些有趣的活动，如带幼儿参观园林、名胜古迹等人文景观，聆听相关的历史故事、传说，引导幼儿关注事物的特征、感知声音的变化，鼓励幼儿一起讨论和交流对美的感受。

（3）5～6 岁幼儿（大班）活动课件可以从多个方面支持与鼓励幼儿发现并介绍美的

事物。例如，支持幼儿观察常见的动植物及其他事物，鼓励幼儿用自己的语言、动作等从多个方面（如色彩、形态等）描述它们的美；支持幼儿聆听和分辨各种声响，鼓励幼儿用自己的方式表达对声音音色、强弱、快慢等的感受；支持幼儿收集喜欢的物品并和他一起欣赏，鼓励幼儿展开对美的事物的联想。

2. 喜欢欣赏多种多样的艺术形式和作品

各年龄段幼儿在喜欢欣赏多种多样的艺术形式和作品方面的目标如表 7-2 所示。

表 7-2　喜欢欣赏多种多样的艺术形式和作品

年龄	3～4 岁	4～5 岁	5～6 岁
目标	（1）喜欢听音乐或观看舞蹈、戏剧等表演。 （2）乐于观看绘画、泥塑或其他艺术形式的作品	（1）能够专心地观看自己喜欢的文艺演出或艺术作品，有模仿和参与的意愿。 （2）欣赏艺术作品时会产生相应的联想和情绪反应	（1）欣赏艺术作品时常常用表情、动作、语言等方式表达自己的理解。 （2）愿意和别人分享、交流自己喜爱的艺术作品和美感体验

要实现让幼儿喜欢欣赏多种多样的艺术形式和作品的目标，在设计与制作各年龄段幼儿活动课件时可参考以下思路。

（1）3～4 岁幼儿（小班）活动课件可以设计一些活动，让幼儿接触多种艺术形式和作品。例如，带幼儿观看或共同参与传统民间艺术活动和地方民俗文化活动，如皮影戏、剪纸和捏面人等；带幼儿去剧院、美术馆、博物馆等欣赏文艺演出和艺术作品。

（2）4～5 岁幼儿（中班）活动课件可以设计一些活动，如观看或参与文艺演出、欣赏艺术作品等。在活动过程中，要尊重幼儿的兴趣和独特感受，理解幼儿的手舞足蹈、即兴模仿等行为。

（3）5～6 岁幼儿（大班）活动课件可以设计一些有趣的互动环节。例如，和幼儿一起欣赏他喜欢的艺术作品，并引导他表达对艺术作品的理解；和幼儿一起用图画、手工制品等装饰和美化环境，并和他相互交流自己的美感体验；鼓励幼儿主动介绍自己喜欢的舞蹈、戏曲、绘画作品或工艺品等，耐心倾听他的介绍并给予积极回应。

7.1.2　表现与创造

幼儿在表现与创造方面的学习与发展目标包括喜欢进行艺术活动并大胆表现，具有初步的艺术表现与创造能力。对于不同的目标，设计与制作活动课件的思路也不同。

1. 喜欢进行艺术活动并大胆表现

各年龄段幼儿在喜欢进行艺术活动并大胆表现方面的目标如表 7-3 所示。

表 7-3　喜欢进行艺术活动并大胆表现

年龄	3～4 岁	4～5 岁	5～6 岁
目标	（1）经常自哼自唱或模仿有趣的动作、表情和声调。 （2）经常涂涂画画、粘粘贴贴并乐在其中	（1）经常唱唱跳跳，愿意参与唱歌、跳舞、表演等艺术活动。 （2）经常用绘画、捏泥、手工制作等多种方式表达自己的所见所想	（1）积极参与艺术活动，有自己比较喜欢的活动形式。 （2）能用多种工具、材料或不同的表现手法表达自己的感受和想法。 （3）在艺术活动中能与他人相互配合，也能独立表现

要实现让幼儿喜欢进行艺术活动并大胆表现的目标，在设计与制作各年龄段幼儿活动课件时可参考以下思路。

（1）3～4 岁幼儿（小班）活动课件可以添加一些旋律欢快的歌曲或音乐、简单有趣的动作或表情图片等，引导幼儿自发进行哼唱、模仿等艺术活动；也可以设计一些涂画、粘贴等艺术活动，丰富幼儿在艺术活动中的体验感。在艺术活动过程中，要积极欣赏和回应幼儿在自发艺术活动中的表现，并赞赏他们独特的表现方式。

（2）4～5 岁幼儿（中班）活动课件可以设计一些唱歌、跳舞、表演、绘画、手工制作等艺术活动，引导幼儿积极参与不同的艺术活动，并鼓励幼儿使用不同的方式表达自己的所见所想。在艺术活动过程中，要提供丰富的便于幼儿取放的工具、材料等，以便幼儿进行艺术活动；不要过多干预幼儿或把自己的意愿强加给幼儿；当幼儿需要时要给予具体的帮助。

（3）5～6 岁幼儿（大班）活动课件可以设计一些分享环节（如分享自己喜欢的艺术活动形式）、自主创造环节（如创造艺术作品表达自己的想法）和合作环节（如与其他幼儿配合进行艺术活动）等。在这些环节中，要营造安全的心理氛围，让幼儿敢于并乐于表达自己的感受和想法；要倾听幼儿的感受和想法，领会并尊重幼儿的创造意图，不直接用"像不像""好不好"等成人标准来评价幼儿的作品；要鼓励幼儿展示自己的作品并用它们布置环境。

2. 具有初步的艺术表现与创造能力

各年龄段幼儿在具有初步的艺术表现与创造能力方面的目标如表 7-4 所示。

表 7-4　具有初步的艺术表现与创造能力

年龄	3～4 岁	4～5 岁	5～6 岁
目标	（1）能模仿和学唱短小歌曲。 （2）能跟随熟悉的音乐做肢体动作。	（1）能用自然的、音量适中的声音基本准确地唱歌。 （2）能通过即兴哼唱、即兴表演或给熟悉的歌曲编词来表达自己的心情。	（1）能用基本准确的节奏和音调唱歌。 （2）能用律动或简单的舞蹈动作表现自己的情绪或自然界的情景。

续表

年龄	3～4岁	4～5岁	5～6岁
目标	（3）能用声音、动作、姿态模拟自然界的事物和生活情景。 （4）能用简单的线条和色彩大致画出自己想画的人或事物	（3）能用拍手、踏脚等肢体动作或可敲击的物品打节拍和基本节奏。 （4）能运用绘画、手工制作等方式表现自己观察到或想象的事物	（3）能自编自演故事，并为表演选择和搭配简单的服饰、道具或布景。 （4）能用自己制作的美术作品布置环境、美化生活

要实现让幼儿具有初步的艺术表现与创造能力的目标，在设计与制作各年龄段幼儿活动课件时可参考以下思路。

（1）3～4岁幼儿（小班）活动课件可以设计一些学唱歌曲或音乐的活动，引导幼儿大胆进行艺术表现；也可以设计一些观察类的活动，引导幼儿观察生活中的人、事物和情景，如观察不同树种的色彩、形态等，为艺术活动积累经验与素材。

（2）4～5岁幼儿（中班）活动课件可以设计一些与生活实际情景相关的小游戏，鼓励幼儿使用自己喜欢的方式进行模仿、表现和创造，激发幼儿进行艺术表现的欲望，培养幼儿的创造能力。

（3）5～6岁幼儿（大班）活动课件可以根据幼儿的生活经验设计一些主题活动，引导幼儿围绕主题展开想象，培养幼儿的想象力和创造力。在活动过程中，要提供丰富的绘画材料、多样的服饰和道具等，以供幼儿在表现和创造过程中自主选择和使用；要及时肯定幼儿的表现和作品，并用表达自己感受的方式引导幼儿提高，如"你扮演的大灰狼声音真像，要是表情再凶一点就更好了""你的画用了这么多红色，感觉就像过年一样喜庆"等。

7.2 实战演练：制作幼儿园中班艺术活动课件"小小雨滴"

本节根据全国职业院校技能大赛（高职组）"幼儿教育技能"赛项中幼儿园保教活动课件制作题目"主题活动——小雨滴的秘密"制作幼儿园中班艺术活动课件"小小雨滴"，主题活动具体内容如下。

大自然奇趣盎然，它为人类提供了生存的条件、创造了美好的生活。幼儿生活在瞬息万变的大自然中，一切都使他们感到十分新奇。雨，是生活中常见的一种自然现象。"天上为什么会下雨？""雨从哪里来？"这都是幼儿非常好奇和感兴趣的内容。

1. 课件要求

幼儿园中班艺术活动课件"小小雨滴"的要求如下。

（1）内容要求：根据给定素材文件夹中的素材完成课件设计，确保内容完整且符合教学目标。课件首页需注明课件名称、适用年龄段及活动领域。

（2）技术要求：适当处理给定素材文件夹中的图片和音频等，合理运用动画效果、超链接和动作按钮等技术，以提高课件的吸引力和互动性，确保课件操作简便、运行稳定。

（3）课件效果：形象、直观，能够有效地服务于教学，符合所注明的年龄段及活动领域。

**制作幼儿园中班艺术活动
课件"小小雨滴"**

2. 课件意图

雨滴是云朵赠予大地的珍贵礼物，它不仅可以滋润广袤的土地，让万物得以生长；也可以补充地下水源，维持水循环的平衡；还可以有效净化空气，减少空气中的尘埃和污染物，为我们创造一个更加清新、宜居的环境。雨滴落下的滴滴答答声，犹如大自然中的交响乐，也是幼儿喜欢的声音。

设计幼儿园中班艺术活动课件"小小雨滴"旨在通过多元化的艺术表现形式，激发幼儿对自然现象"雨滴"的兴趣和探索欲，同时培养幼儿的感受力、想象力、创造力及表达能力。

（1）激发幼儿的兴趣、探索欲和想象力。

在"听一听"环节中，通过播放雨声录音或现场模拟雨声，引导幼儿仔细聆听雨声并感受其变化，激发幼儿对雨声的兴趣和探索欲；通过提问，如"这是什么声音？""你们听到雨声想到了什么？"引导幼儿思考声音的来源并想象发出这种声音的场景。

（2）培养幼儿的学习能力和理解能力。

在"唱一唱"环节中，教授幼儿一首关于雨滴的歌曲"小小雨点"，让幼儿反复学唱，使幼儿熟悉歌曲的旋律和歌词，同时利用图谱帮助幼儿理解歌曲结构、增强记忆。

（3）锻炼幼儿的精细动作，培养幼儿的创造力。

在"点一点"环节中，准备一张画有不同场景（如草地、树叶、屋顶等）的画纸，引导幼儿用沾有颜料的手指模仿雨滴落下的样子进行点画创作，锻炼幼儿手指的精细动作，培养幼儿的自主创造力。

（4）鼓励幼儿大胆想象并表达自己的想法。

在"想一想"环节中，引导幼儿思考"小雨滴还能落在哪里？"，鼓励幼儿结合生活中的场景大胆想象并表达自己的想法。

（5）培养幼儿的表现力和团队协作能力。

在"演一演"环节中，组织幼儿根据歌曲及雨天场景（如雨滴落在荷叶上、落在雨伞上、落在小河里等）分组进行角色扮演和动作表演，让幼儿进一步体验雨天的乐趣，同时培养他们的表现力和团队协作能力。

3．课件展示

幼儿园中班艺术活动课件"小小雨滴"效果如图 7-1 所示。

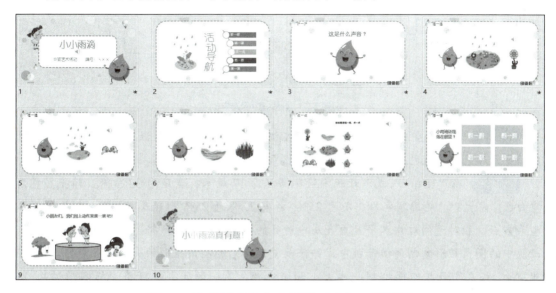

图 7-1　幼儿园中班艺术活动课件"小小雨滴"效果

4．课件制作过程

1）设置母版

步骤 1　设置"标题幻灯片 版式"母版。启动 PowerPoint 2016 并新建"小小雨滴"空白演示文稿，进入幻灯片母版视图，在左侧窗格中保持"标题幻灯片 版式"选项的选中状态，删除母版中的标题占位符和副标题占位符，并设置母版的背景颜色为"蓝色，个性色 5，淡色 80%"。

步骤 2　在"标题幻灯片 版式"母版四周绘制直径和填充颜色不一、轮廓为无的圆并随意摆放（圆的大小、填充颜色和轮廓颜色等可参考效果文件设置，也可自行设置，美观即可）。

步骤 3　在"标题幻灯片 版式"母版中绘制高度为 8.6 厘米、宽度为 22 厘米、填充颜色为"白色，背景 1"、轮廓颜色为"灰色-25%，背景 2，深色 25%"、轮廓粗细为 6 磅、轮廓线型为方点、相对于幻灯片水平且垂直居中对齐的圆角矩形。

步骤 4　在"标题幻灯片 版式"母版中同时插入素材图片"小女孩""雨滴 1""雨滴 2"（制作该课件使用的素材均在本书配套素材"素材与实例"/"第 7 章"/"小小雨滴"文件夹中），然后复制"雨滴 2"图片并将其垂直翻转，最后调整图片的高度并参照图 7-2 排列图片。

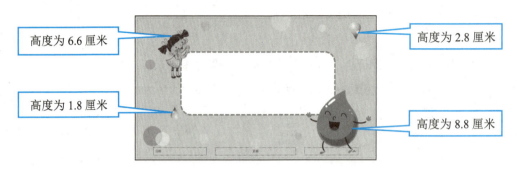

高度为6.6厘米

高度为2.8厘米

高度为1.8厘米

高度为8.8厘米

图7-2　图片排列效果

步骤5 设置"空白 版式"母版。在左侧窗格中选择"空白 版式"选项，并设置母版的背景颜色为"蓝色，个性色5，淡色80%"。

步骤6 在"空白 版式"母版中绘制高度为17厘米、宽度为32厘米、填充颜色为"白色，背景1"、轮廓颜色为"灰色-25%，背景2，深色25%"、轮廓粗细为6磅、轮廓线型为方点、相对于幻灯片水平且垂直居中对齐的圆角矩形（也可将"标题幻灯片 版式"母版中的圆角矩形复制到该母版中，并修改复制得到的圆角矩形的大小和位置），然后在"空白 版式"母版四周绘制一些大小和填充颜色不一的圆（也可将"标题幻灯片 版式"母版中的圆复制到该母版中，并修改复制得到的圆的直径、填充颜色和位置）。

步骤7 设置"1_空白 版式"母版。将"空白 版式"母版复制一份，并在复制得到的"1_空白 版式"母版中同时插入素材图片"雨滴2""伞"，设置"雨滴2"图片的高度为2.4厘米，并将其移到该母版左上方，然后将该图片复制一份，并将复制得到的图片移到该母版右下方。

步骤8 在"1_空白 版式"母版中插入高度为1.5厘米、宽度为3.5厘米的文本占位符，并设置文本的格式为幼圆、28磅、"蓝色，个性色1，深色25%"、水平且垂直居中对齐、无项目符号格式，并将文本占位符移到该母版左上方"雨滴2"图片右侧。

步骤9 在"1_空白 版式"母版中将"伞"图片的背景颜色设置为透明，并将其移到文本占位符右下方（见图7-3），然后退出幻灯片母版视图。

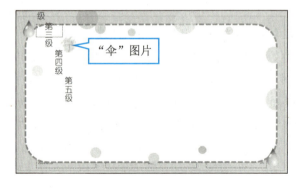

图7-3　"1_空白 版式"母版效果

2）制作封面页和封底页

步骤 1 制作封面页。为第 1 张幻灯片重新应用"标题幻灯片"版式，然后利用文本框在圆角矩形中上部输入文本"小小雨滴"，并设置文本的格式为幼圆、72 磅、RGB（69，192，234）、加粗、阴影。

步骤 2 为"小小雨滴"文本所在文本框设置与上一动画同时播放、持续时间 2 秒、以下浮方式浮入的进入动画效果。

步骤 3 将"小小雨滴"文本所在文本框复制一份，并将复制得到的文本框中的文本修改为"中班艺术活动 编号：×××"，字号修改为 32 磅，字体颜色修改为"蓝色，个性色 1"，并删除其加粗效果，然后将文本框动画效果的持续时间和延迟时间均修改为 1 秒、浮入方式修改为上浮，最后将该文本框移到圆角矩形中下部。

步骤 4 在幻灯片中插入素材音频"快乐音乐"，在"音频工具 播放"选项卡中设置音频的开始播放方式为自动且放映幻灯片时隐藏音频图标，然后为音频设置与上一动画同时的播放动画效果。封面页效果如图 7-4 所示。

步骤 5 制作封底页。将第 1 张幻灯片复制一份作为封底页，并将封底页下方的文本框和音频图标删除，然后在"小小雨滴"文本右侧输入文本"真有趣！"，并为每个文本设置不同的字体颜色，最后将文本框移到圆角矩形中部，如图 7-5 所示。

图 7-4 封面页效果

图 7-5 封底页效果

3）制作导航页

步骤 1 在第 1 张幻灯片之后新建一张"空白"版式的幻灯片，在其中同时插入素材图片"雨滴 3""荷花"，并设置"荷花"图片的高度为 6.6 厘米，然后将这两张图片上下排列，并移到幻灯片左侧中部。

步骤 2 利用竖排文本框在幻灯片中输入文本"活动导航"，并设置文本的格式为幼圆、72 磅、"蓝色，个性色 1"，文本效果为"转换"/"倒 V 形"，然后将竖排文本框移到幻灯片中部。

步骤 3 将竖排文本框与两张素材图片组合，并为组合对象设置与上一动画同时播放、持续时间 1 秒、切出方向的形状进入动画效果。

步骤 4 在幻灯片中插入"列表"/"垂直曲形列表"样式的 SmartArt 图形，并在图形中添加两组形状，然后将 SmartArt 图形的颜色更改为"彩色"类别中的"彩色-个性色"、宽度设置为10厘米，并将其移到幻灯片右侧中部。

步骤5 从上到下依次在 SmartArt 图形的矩形中输入文本"听一听""唱一唱""点一点""想一想""演一演"，如图7-6所示。

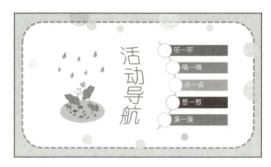

图7-6　在 SmartArt 图形中输入文本

步骤6 为 SmartArt 图形设置上一动画之后播放、持续时间1秒、自顶部擦除的进入动画效果。

4）制作"听一听"部分内容

步骤1 在第2张幻灯片之后新建一张"1_空白"版式的幻灯片，并在新建幻灯片左上方的文本占位符中输入文本"听一听"。

步骤2 利用文本框在幻灯片中上方输入文本"这是什么声音？"，并设置文本的格式为幼圆、44磅、"蓝色，个性色1"、加粗，然后为文本框设置与上一动画同时播放、持续时间1秒的消失退出动画效果，并在"选择"任务窗格中将文本框的名称修改为"这是什么声音"。

步骤3 在幻灯片中插入素材图片"雨滴1"，并设置图片的高度为9.7厘米，将其移到幻灯片的中下方，然后在"选择"任务窗格中将图片的名称修改为"雨滴"，并为图片设置单击时播放、持续时间1秒、自底部飞入的进入动画效果。

步骤4 在"动画窗格"任务窗格中选择"雨滴"动画效果，在"触发"下拉列表中选择"单击"/"这是什么声音"选项，然后选择"这是什么声音"动画效果，并在"触发"下拉列表中选择"单击"/"这是什么声音"选项。

步骤5 在幻灯片中插入素材音频"雨滴落下"，在"音频工具　播放"选项卡中设置音频的开始播放方式为自动且放映幻灯片时隐藏音频图标，然后为其设置与上一动画同时的播放动画效果。第3张幻灯片效果如图7-7所示。

5）制作"唱一唱"部分内容

步骤1 在第3张幻灯片之后新建一张"1_空白"版式的幻灯片，并在新建幻灯片左上方的文本占位符中输入文本"唱一唱"。

步骤2 在幻灯片中同时插入素材图片"雨滴1""雨滴3""鲜花1""鲜花2"，并设置"雨滴1"图片的高度为6.6厘米,"鲜花2"图片的高度为5.7厘米、样式为"柔化边缘椭圆",然后参照图7-8排列图片。

图 7-7 第 3 张幻灯片效果

图 7-8 图片排列效果

步骤 3 为"雨滴1""鲜花1"图片设置与上一动画同时播放、持续时间1秒、重复次数为直到幻灯片末尾的跷跷板强调动画效果。

步骤 4 在幻灯片中插入素材音频"小小雨点",在"音频工具 播放"选项卡中设置音频的开始播放方式为自动且放映幻灯片时隐藏音频图标,并将音频图标移到幻灯片右上方,然后设置音频的结束播放时间为"00:32",最后为其设置与上一动画同时、持续时间自动的播放动画效果。

步骤 5 使用复制第4张幻灯片并修改其中内容的方式制作第5～6张幻灯片(其他两张"唱一唱"部分幻灯片,效果见图7-9),其中第5张幻灯片中音频的开始播放时间为"00:32"、结束播放时间为"00:59",第6张幻灯片中音频的开始播放时间为"00:59"、结束播放时间为"01:31"。

图 7-9 第 5～6 张幻灯片效果

6)制作"点一点"部分内容

步骤 1 在第6张幻灯片之后新建一张"1_空白"版式的幻灯片,并在新建幻灯片左上方的文本占位符中输入文本"点一点"。

步骤 2 在幻灯片中插入素材音频"小小雨点",在"音频工具 播放"选项卡中设置音频的开始播放方式为自动且放映幻灯片时隐藏音频图标,并将音频图标移到幻灯片右上方,然后为音频设置与上一动画同时的播放动画效果。

步骤 3 利用文本框在幻灯片中输入文本"排排图谱唱一唱、点一点",并设置文本的格式为微软雅黑、18 磅、加粗,然后将文本框移到幻灯片中上方。

步骤 4 在幻灯片中同时插入素材图片"鲜花 1""田野""雨滴 1""花池""鲜花 2""唱歌""小草",并通过拖动复制得到其他两张"雨滴 1"图片,然后调整图片的大小,为相关图片应用"柔化边缘椭圆"样式,并参照图 7-10 排列图片。

步骤 5 为幻灯片左侧的两列图片(共 6 张)设置单击时播放、持续时间 2 秒的直线动作路径动画效果,并调整各动作路径的终点位置和动画效果的播放顺序(图中动画效果的编号即为播放顺序),如图 7-11 所示。

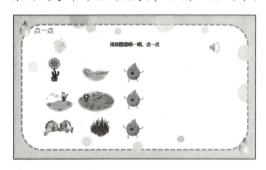

图 7-10　图片排列效果

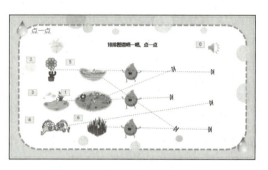

图 7-11　第 7 张幻灯片效果

7)制作"想一想"部分内容

步骤 1 在第 7 张幻灯片之后新建一张"1_空白"版式的幻灯片,并在新建幻灯片左上方的文本占位符中输入文本"想一想"。

步骤 2 在幻灯片中同时插入素材图片"雨滴 1""河流""道路""房屋""森林",设置"雨滴 1"图片的高度为 6.6 厘米,并将其移到幻灯片左下方,然后利用文本框在该图片上方输入文本"小雨滴还能落在哪里?",并设置文本的格式为幼圆、32 磅、"蓝色,个性色 1"、加粗。

步骤 3 设置其他 4 张图片的高度为 4.2 厘米、宽度为 6.9 厘米、样式为"柔化边缘椭圆",并在"选择"任务窗格中将名称分别修改为"河流""道路""房屋""森林"(与素材图片的名称一致),然后参照图 7-12 排列图片。

图 7-12　图片排列效果

步骤 4 ▶ 在幻灯片中绘制高度为 5.4 厘米、宽度为 8.2 厘米、填充颜色为"蓝色，个性色 1，淡色 60%"、轮廓为无的矩形，并在矩形中输入文本"翻一翻"，设置文本的格式为幼圆、44 磅，然后将矩形复制 3 份，并将 4 个矩形分别移到 4 张图片上，使其正好覆盖图片，如图 7-13 所示。

图 7-13　利用矩形覆盖图片

步骤 5 ▶ 从左到右、从上到下依次选择矩形，在"选择"任务窗格中将其名称分别修改为"1""2""3""4"。

步骤 6 ▶ 为矩形"1"设置单击时播放、持续时间自动的消失退出动画效果，然后在"触发"下拉列表中选择"单击"/"1"选项。

步骤 7 ▶ 为"河流"图片设置与上一动画同时播放、持续时间自动的出现进入动画效果，然后在"触发"下拉列表中选择"单击"/"1"选项。

步骤 8 ▶ 参照步骤 6 和步骤 7，设置其他 3 个矩形和 3 张图片的动画效果及其触发动作，如图 7-14 所示。

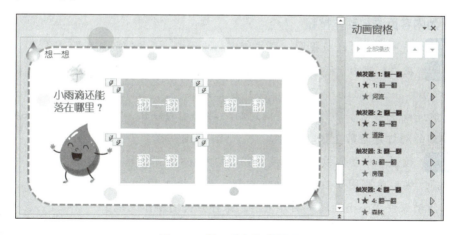

图 7-14　第 8 张幻灯片效果

8）制作"演一演"部分内容

步骤 1 ▶ 在第 8 张幻灯片之后新建一张"1_空白"版式的幻灯片，并在新建幻灯片左上方的文本占位符中输入文本"演一演"。

步骤2 利用文本框在幻灯片中输入文本"小朋友们，我们加上动作来演一演吧!"，并设置文本的格式为幼圆、32磅、"蓝色，个性色1"、加粗，然后将文本框移到幻灯片中上方。

步骤3 在幻灯片中下方绘制高度为5厘米、宽度为13厘米、填充颜色为"蓝色，个性色1，淡色40%"的圆柱形。

步骤4 在幻灯片中同时插入素材图片"荡秋千""小女孩""小男孩""蘑菇"，然后调整4张图片的大小，并参照图7-15排列图片。

图7-15 第9张幻灯片效果

9）为导航页添加超链接

步骤1 在幻灯片窗格中选择第2张幻灯片，为"听一听"文本所在形状添加超链接，将其链接到第3张幻灯片。

步骤2 为"唱一唱""点一点""想一想""演一演"文本所在形状添加超链接，将它们分别链接到第4张、第7张、第8张和第9张幻灯片。

10）为内容页添加动作按钮

步骤1 进入幻灯片母版视图，在左侧窗格中选择"1_空白 版式"选项。

步骤2 在"1_空白 版式"母版中依次绘制"动作按钮：后退或前一项""动作按钮：第一张""动作按钮：前进或下一项"动作按钮。其中，"动作按钮：后退或前一项""动作按钮：前进或下一项"动作按钮链接到的幻灯片均为默认，"动作按钮：第一张"动作按钮链接到的幻灯片为第2张幻灯片。

步骤3 设置3个动作按钮的高度和宽度均为0.8厘米，填充颜色为"蓝色，个性色5，淡色80%"，然后参照图7-16排列动作按钮，最后退出幻灯片母版视图。至此，幼儿园中班艺术活动课件"小小雨滴"制作完毕，保存并关闭演示文稿。

图7-16 动作按钮效果

7.3 实战演练：制作幼儿园大班艺术活动课件 "快乐的颜色歌"

本节根据全国职业院校技能大赛（高职组）"幼儿教育技能"赛项中幼儿园保教活动课件制作题目"主题活动——有趣的颜色"制作幼儿园大班艺术活动课件"快乐的颜色歌"，主题活动具体内容如下。

幼儿的世界是五彩斑斓的，就像红黄蓝绿这些颜色一样鲜艳。随着幼儿的成长，他们对颜色有了初步的认识，不仅喜欢鲜艳、美丽的颜色，还对颜色的变化充满了好奇。因此，无论是认知、语言还是音乐活动，多彩和变化的颜色都会引起幼儿极大的兴趣。

1. 课件要求

幼儿园大班艺术活动课件"快乐的颜色歌"的要求如下。

（1）内容要求：根据给定素材文件夹中的素材完成课件设计，确保内容完整且符合教学目标。课件首页需注明课件名称、适用年龄段及活动领域。

（2）技术要求：适当处理给定素材文件夹中的图片和音频等，合理运用动画效果、超链接和动作按钮等技术，以提高课件的吸引力和互动性，确保课件操作简便、运行稳定。

（3）课件效果：形象、直观，能够有效地服务于教学，符合所注明的年龄段及活动领域。

制作幼儿园大班艺术活动
课件"快乐的颜色歌"

2. 课件意图

颜色是大自然的调色板，它们以丰富多样的色彩装点着我们的世界。每种颜色都有其独特的表达，它们共同编织出一幅幅美丽的画卷，让我们的世界变得更加丰富多彩。

设计幼儿园大班艺术活动课件"快乐的颜色歌"旨在通过一系列丰富多彩的活动，激发幼儿对颜色的兴趣与认知，全面促进幼儿在颜色认知、观察力、想象力、创造力、语言表达能力，以及艺术感知和审美能力等方面的综合发展，培养他们的艺术创造力和音乐表现力。

（1）激发幼儿对颜色的兴趣与认知。

在"找一找"环节中，以"我认识的颜色"为开端，通过直观展示和互动问答，帮助幼儿识别基本颜色（如黄色、黑色、白色、蓝色、红色、褐色、灰色、粉色）并巩固对基本颜色的认识，这一过程不仅有助于增强幼儿对颜色的敏感度，还为幼儿进行后续活动奠定了坚实的认知基础。

（2）培养幼儿的音乐感知与表达能力。

在"听一听"环节中，通过播放有关颜色的歌曲，让幼儿在欢快的旋律中感受不同颜色的魅力，从而激发他们对颜色的好奇心和对音乐的兴趣。歌曲中穿插的颜色名称和不同颜色对应的事物，有助于幼儿在享受音乐的同时，加深对颜色的认知。

（3）提升幼儿的语言表达与沟通能力。

在"说一说"环节中，设计一系列关于颜色的问题，如"这是谁的颜色"，鼓励幼儿积极发言，用语言表达自己对颜色的认知和感受，这不仅能够锻炼幼儿的语言组织与表达能力，还能促进幼儿之间的沟通、交流与分享。

（4）激发幼儿的想象力与创造力。

"唱一唱""玩一玩""想一想"环节是活动的核心部分，通过让幼儿参与看图唱歌、图片排序及为特定颜色（如橙色、绿色）创编歌词等，丰富幼儿的艺术体验，激发幼儿的想象力与创造力，培养幼儿的创新思维与动手能力。

3．课件展示

幼儿园大班艺术活动课件"快乐的颜色歌"效果如图7-17所示。

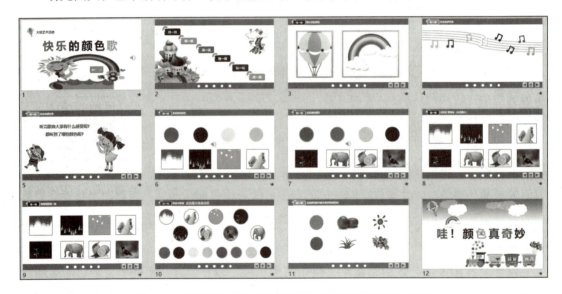

图 7-17　幼儿园大班艺术活动课件"快乐的颜色歌"效果

4．课件制作过程

1）设置母版

步骤 1　设置"标题幻灯片 版式"母版。启动 PowerPoint 2016 并新建"快乐的颜色歌"空白演示文稿，进入幻灯片母版视图，在左侧窗格中保持"标题幻灯片 版式"选项的选中状态，删除母版中的标题占位符和副标题占位符。

步骤 2　设置"标题和内容 版式"母版。在左侧窗格中选择"标题和内容 版式"选项，删除母版中的标题占位符和内容占位符。

步骤 3　在"标题和内容 版式"母版中绘制高度为 1.7 厘米、宽度为 33.9 厘米、填充颜色为"橙色，个性色 2"、轮廓为无的矩形，并将其相对于幻灯片左侧和顶端对齐，然后将该矩形复制一份，并将复制得到的矩形相对于幻灯片左侧和底端对齐。

步骤 4　在"标题和内容 版式"母版中绘制 5 个直径为 0.8 厘米、填充颜色为"白色，背景 1"、轮廓为无的圆，并将 5 个圆移到母版底端矩形中部，该母版效果如图 7-18 所示。

图 7-18　"标题和内容 版式"母版效果

步骤 5　复制"标题和内容 版式"母版。将"标题和内容 版式"母版复制一份，得到"1_标题和内容 版式"母版，然后退出幻灯片母版视图。

2）制作封面页

步骤 1　为第 1 张幻灯片重新应用"标题幻灯片"版式，然后在其中插入素材图片"热气球"（制作该课件使用的素材均在本书配套素材"素材与实例"/"第 7 章"/"快乐的颜色歌"文件夹中），设置图片的高度为 2.5 厘米，适当旋转后移到幻灯片左上方，如图 7-19 所示。

步骤 2　利用文本框在幻灯片中输入文本"大班艺术活动"，并设置文本的格式为微软雅黑、24 磅，"艺术"文本的字体颜色为红色，然后将文本框移到"热气球"图片右侧，如图 7-20 所示。

图 7-19　在幻灯片中插入图片

图 7-20　利用文本框在幻灯片中输入文本

步骤 3　在幻灯片中插入素材图片"彩虹组合"，设置图片的高度为 10 厘米、宽度为 25.8 厘米，并将图片相对于幻灯片底端水平居中对齐，如图 7-21 所示。

步骤 4　在幻灯片中插入素材图片"小火车"，并设置图片的背景颜色为透明，然后将其移到幻灯片右侧外，如图 7-22 所示。

225

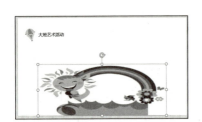
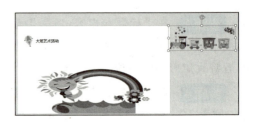

图 7-21　设置图片位置　　　　　　　　　图 7-22　移动图片

步骤 5 利用文本框在幻灯片中输入文本"快乐的颜色歌"，并设置文本的格式为微软雅黑、88 磅、加粗、字符间距加宽 15 磅，字体颜色从左到右依次为浅蓝色、"橙色，个性色 2"、"绿色，个性色 6，深色 50%"、RGB（228，0，127）、红色、浅绿色，然后将文本框移到幻灯片中上方。

步骤 6 在幻灯片中绘制高度为 1.8 厘米、宽度为 3.9 厘米、填充颜色为浅绿色、轮廓为无、效果为"预设"/"预设 1"和"棱台"/"艺术装饰"的圆角矩形，并在其中输入文本"编号：×××"，然后设置文本的格式为微软雅黑、16 磅，最后将圆角矩形移到"彩虹组合"图片中，如图 7-23 所示。

图 7-23　在幻灯片中绘制圆角矩形

步骤 7 在幻灯片中插入素材音频"快乐音乐"，在"音频工具　播放"选项卡中设置音频的开始播放方式为自动且放映幻灯片时隐藏音频图标，并将音频图标移到幻灯片右侧，然后为音频设置与上一动画同时的播放动画效果。

步骤 8 为"小火车"图片设置与上一动画同时播放、持续时间 2.5 秒的直线动作路径动画效果，并将动作路径的终点（默认向下）拖到幻灯片右侧合适位置，如图 7-24 所示。

步骤 9 为"快乐的颜色歌"文本所在文本框设置与上一动画同时播放、持续时间 0.5 秒的劈裂进入动画效果，并添加与上一动画同时播放、持续时间 1 秒的跷跷板强调动画效果。

图 7-24　为图片设置动画效果

3）制作导航页

步骤 1 在第 1 张幻灯片之后新建一张"1_标题和内容"版式的幻灯片，在其中插入素材图片"彩色城堡"，并将图片移到幻灯片左下方合适位置。

步骤 2 将第 1 张幻灯片中"编号：×××"文本所在圆角矩形复制到新建的幻灯片，并将复制得到的圆角矩形的宽度修改为 4.5 厘米，填充颜色修改为红色，文本修改为"找一找"，字号修改为 24 磅，字形修改为加粗。

步骤 3 在幻灯片中插入素材图片"彩虹"，并设置图片的高度为 1.7 厘米，将其适当旋转后移到"找一找"圆角矩形左上方，然后将图片和圆角矩形组合，并将组合对象移到幻灯片左上方合适位置。

步骤 4 将组合对象复制 5 份，并将复制得到的圆角矩形的填充颜色依次修改为浅绿色、浅蓝色、紫色、深蓝色和橙色，文本依次修改为"听一听""说一说""唱一唱""玩一玩""想一想"，然后从左上方向右下方依次排列组合对象。

步骤 5 在幻灯片中插入素材图片"开心"，并将图片移到幻灯片右上方，如图 7-25 所示。

图 7-25　导航页效果

4）制作"找一找"部分内容

步骤 1 在第 2 张幻灯片之后新建一张"标题和内容"版式的幻灯片，然后将第 2 张幻灯片中的"找一找"组合对象复制到新建的幻灯片中，并将组合对象的高度修改为 1.6 厘米、宽度修改为 4 厘米，文本的字号修改为 18 磅，最后将组合对象移到幻灯片左上方。

步骤 2 利用文本框在幻灯片中输入文本"我认识的颜色"，并设置文本的格式为微软雅黑、18 磅、"白色，背景 1"、加粗，然后将文本框移到组合对象右侧。

步骤 3 在幻灯片中同时插入素材图片"热气球""彩虹"，并设置图片的高度为 12.6 厘米、样式为"金属框架"、边框颜色为"橙色，个性色 2，淡色 40%"，然后为两张图片设置与上一动画同时播放、持续时间 0.5 秒的飞入进入动画效果，将图片移到幻灯片中部依次排列，如图 7-26 所示。

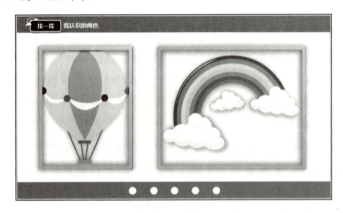

图 7-26　第 3 张幻灯片效果

提 示

设置图片格式时，先设置其效果后设置边框颜色。

5）制作"听一听"部分内容

步骤 1 将第 3 张幻灯片复制一份作为第 4 张幻灯片，并删除第 4 张幻灯片中的图片，然后将组合对象中圆角矩形的填充颜色修改为浅绿色、文本修改为"听一听"，将文本框中的文本修改为"快乐的颜色歌"。

步骤 2 在幻灯片中插入素材图片"五线谱"，设置图片的背景颜色为透明、高度为 5.9 厘米，并将其移到幻灯片中上方，然后为其设置与上一动画同时播放、持续时间 2 秒、延迟时间 0.5 秒的擦除进入动画效果。

步骤 3 在幻灯片中同时插入素材图片"音乐符号 1"至"音乐符号 8""小男孩 1""小女孩 1"，设置相关图片的背景颜色为透明，音乐符号图片的高度为 2.4 厘米，"小男孩 1""小女孩 1"图片的高度为 7.6 厘米，并参照图 7-27 排列图片。

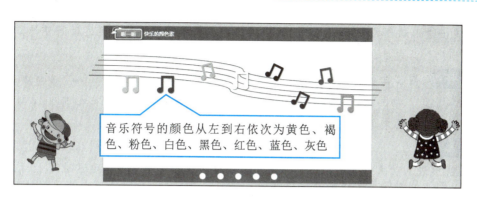

图 7-27　图片排列效果

步骤 4　在幻灯片中插入素材音频"颜色歌"，在"音频工具　播放"选项卡中设置音频的开始播放方式为自动，并将音频图标移到幻灯片左侧外，然后为音频设置与上一动画同时的播放动画效果。

步骤 5　为"小男孩 1""小女孩 1"图片设置与上一动画同时播放、持续时间分别为 2.75 秒和 3.25 秒的自定义动作路径动画效果，如图 7-28 所示。

图 7-28　设置图片的动画效果

步骤 6　在"选择"任务窗格中将 8 张音乐符号图片的名称分别修改为黄色、褐色、粉色、白色、黑色、红色、蓝色、灰色。

步骤 7　为"蓝色"图片设置与上一动画同时播放、持续时间 0.25 秒、延迟时间 6 秒的淡出进入动画效果和与上一动画同时播放、持续时间 1 秒、延迟时间 6 秒、重复次数为直到幻灯片末尾的跷跷板强调动画效果。

💡 **提 示**

设置音乐符号图片动画效果的持续时间和延迟时间，目的是使幻灯片中出现的音乐符号的颜色与音频"颜色歌"中唱到的颜色保持一致，设置重复次数是为了让音乐符号一直跳动。

步骤 8　为"红色"图片设置与上一动画同时播放、持续时间 0.25 秒、延迟时间

9秒的淡出进入动画效果和与上一动画同时播放、持续时间1秒、延迟时间9秒、重复次数为直到幻灯片末尾的跷跷板强调动画效果。

步骤 9 为"白色"图片设置与上一动画同时播放、持续时间0.25秒、延迟时间12秒的淡出进入动画效果和与上一动画同时播放、持续时间1秒、延迟时间12秒、重复次数为直到幻灯片末尾的跷跷板强调动画效果。

步骤 10 为"粉色"图片设置与上一动画同时播放、持续时间0.25秒、延迟时间15秒的淡出进入动画效果和与上一动画同时播放、持续时间1秒、延迟时间15秒、重复次数为直到幻灯片末尾的跷跷板强调动画效果。

步骤 11 为"褐色"图片设置与上一动画同时播放、持续时间0.25秒、延迟时间18秒的淡出进入动画效果和与上一动画同时播放、持续时间1秒、延迟时间18秒、重复次数为直到幻灯片末尾的跷跷板强调动画效果。

步骤 12 为"灰色"图片设置与上一动画同时播放、持续时间0.25秒、延迟时间21秒的淡出进入动画效果和与上一动画同时播放、持续时间1秒、延迟时间21秒、重复次数为直到幻灯片末尾的跷跷板强调动画效果。

步骤 13 为"黄色"图片设置与上一动画同时播放、持续时间0.25秒、延迟时间24秒的淡出进入动画效果和与上一动画同时播放、持续时间1秒、延迟时间24秒、重复次数为直到幻灯片末尾的跷跷板强调动画效果。

步骤 14 为"黑色"图片设置与上一动画同时播放、持续时间0.25秒、延迟时间27秒的淡出进入动画效果和与上一动画同时播放、持续时间1秒、延迟时间27秒、重复次数为直到幻灯片末尾的跷跷板强调动画效果，如图7-29所示。

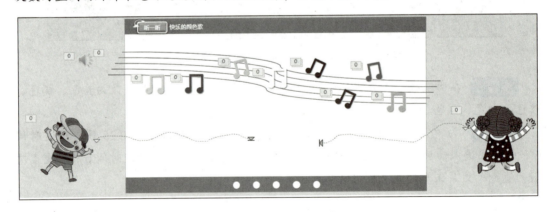

图7-29 第4张幻灯片效果

步骤 15 将第4张幻灯片复制一份作为第5张幻灯片，删除第5张幻灯片中除"小男孩1"图片外的所有图片，然后将"小男孩1"图片移到幻灯片左下方。

步骤 16 在幻灯片中插入素材图片"小女孩2"，设置图片的高度为12厘米，并将其水平翻转后移到幻灯片右侧。

步骤 17　调整"小男孩 1"图片自定义动作路径的长度，然后再为其设置与上一动画同时播放、持续时间 0.50 秒的淡出进入动画效果，并在"动画窗格"任务窗格中将淡出进入动画效果移到最上方。

步骤 18　为"小女孩 2"图片设置上一动画之后播放、持续时间 0.50 秒的淡出进入动画效果。

步骤 19　利用文本框在幻灯片中输入文本"听完歌曲大家有什么感受呢？都听到了哪些颜色呢？"（两行显示），并设置文本的格式为微软雅黑、32 磅、绿色、加粗、居中对齐、1.5 倍行距，然后为文本框设置上一动画之后播放、持续时间 1 秒、以下浮方式浮入的进入动画效果，并将文本框移到幻灯片左上方，如图 7-30 所示。

图 7-30　第 5 张幻灯片效果

6）制作"说一说"部分内容

步骤 1　在第 5 张幻灯片之后新建一张"标题和内容"版式的幻灯片，然后将第 5 张幻灯片左上方的组合对象和文本框复制到新建的幻灯片中，并将复制得到的组合对象中圆角矩形的填充颜色修改为浅蓝色、文本修改为"说一说"，将文本框中的文本修改为"这是谁的颜色"。

步骤 2　在幻灯片中同时插入素材图片"圆 1"至"圆 4""蓝白背景""火焰""雪花 1""小手"，然后设置所有图片的高度为 5.2 厘米，设置除圆外 4 张图片的宽度，使这 4 张图片的大小基本一致，并为这 4 张图片添加颜色为"蓝色，个性 1"的边框，最后参照图 7-31 排列图片。

步骤 3　在幻灯片中插入素材音频"颜色歌"，在"音频工具　播放"选项卡中设置音频的开始播放方式为自动且放映幻灯片时隐藏音频图标，音频的结束播放时间为"00:18"，然后为其设置与上一动画同时的播放动画效果。

步骤 4　在"选择"任务窗格中将"圆 1"至"圆 4"图片的名称分别修改为"蓝圆""红圆""白圆""粉圆"。

步骤 5　为"蓝白背景"图片设置单击时播放、持续时间 1 秒、以上浮方式浮入的进入动画效果，并在"触发"下拉列表中选择"单击"/"蓝圆"选项。

231

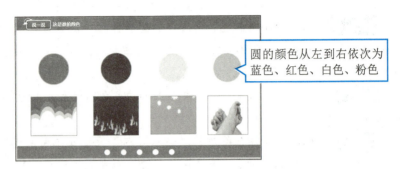

图 7-31　图片排列效果

步骤 6 为"火焰""雪花 1""小手"图片均设置单击时播放、持续时间 1 秒、以上浮方式浮入的进入动画效果，并设置图片动画效果的触发动作为单击相应颜色的圆图片，如图 7-32 所示。

步骤 7 使用复制第 6 张幻灯片并修改其中内容的方式制作第 7 张幻灯片（另一张"说一说"部分幻灯片，其中音频的开始播放时间为"00:18"、结束播放时间为"00:30"），如图 7-33 所示。

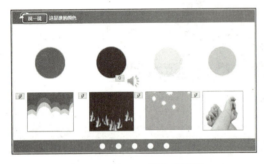

图 7-32　第 6 张幻灯片效果

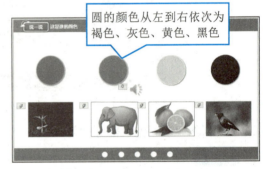

图 7-33　第 7 张幻灯片效果

7）制作"唱一唱"部分内容

步骤 1 将第 7 张幻灯片复制一份作为第 8 张幻灯片，并将第 8 张幻灯片左上方组合对象中圆角矩形的填充颜色修改为紫色、文本修改为"唱一唱"，将文本框中的文本修改为"分段听 跟唱练（点击图片）"。

步骤 2 将第 8 张幻灯片中的 4 张圆图片和 1 个音频删除，然后将第 6 张幻灯片下方的 4 张图片复制到第 8 张幻灯片中，并将复制得到的图片排列在其他 4 张图片上方，最后删除所有图片的动画效果。

步骤 3 在幻灯片中同时插入素材图片"小女孩 2""小男孩 2"，并设置图片的背景颜色为透明、高度为 5 厘米，然后分别将其移到幻灯片左侧外中部和右侧外中部。

步骤 4 为"小女孩 2""小男孩 2"设置与上一动画同时播放、持续时间 2 秒的直线动作路径动画效果，并分别将动作路径的终点拖到幻灯片左侧中部和右侧中部合适位置，如图 7-34 所示。

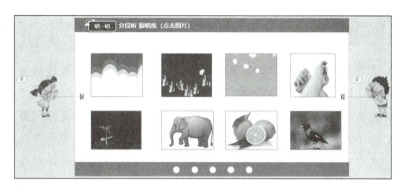

图 7-34　设置图片的动画效果

步骤 5　在"选择"任务窗格中将幻灯片中第 1 排图片的名称依次修改为"蓝色""红色""白色""粉色",将幻灯片中第 2 排图片的名称依次修改为"褐色""灰色""黄色""黑色"。

步骤 6　在幻灯片中插入素材音频"颜色歌",并将音频图标移到幻灯片上方外侧,然后为音频设置单击时的播放动画效果,最后将音频复制 7 份,并将复制得到的音频依次排列在幻灯片上方外侧和下方外侧,如图 7-35 所示。

图 7-35　在幻灯片中插入音频

步骤 7　选择幻灯片上方外侧的第 1 个音频(从左到右计数,下同),设置其开始播放时间为"00:05"、结束播放时间为"00:09",并在"触发"下拉列表中选择"单击"/"蓝色"选项。

> **提 示**
>
> 设置音频的开始播放时间和结束播放时间,目的是使音频"颜色歌"中提到的颜色与幻灯片中出现的图片的颜色保持一致。

步骤 8　选择幻灯片上方外侧的第 2 个音频,设置其开始播放时间为"00:09"、结束播放时间为"00:12",并在"触发"下拉列表中选择"单击"/"红色"选项。

步骤 9 选择幻灯片上方外侧的第 3 个音频，设置其开始播放时间为"00:12"、结束播放时间为"00:15"，并在"触发"下拉列表中选择"单击"/"白色"选项。

步骤 10 选择幻灯片上方外侧的第 4 个音频，设置其开始播放时间为"00:15"、结束播放时间为"00:18.30"，并在"触发"下拉列表中选择"单击"/"粉色"选项。

步骤 11 选择幻灯片下方外侧的第 1 个音频，并设置其开始播放时间为"00:18.30"、结束播放时间为"00:21"，并在"触发"下拉列表中选择"单击"/"褐色"选项。

步骤 12 选择幻灯片下方外侧的第 2 个音频，设置其开始播放时间为"00:21"、结束播放时间为"00:24.30"，并在"触发"下拉列表中选择"单击"/"灰色"选项。

步骤 13 选择幻灯片下方外侧的第 3 个音频，设置其开始播放时间为"00:24.30"、结束播放时间为"00:27.30"，并在"触发"下拉列表中选择"单击"/"黄色"选项。

步骤 14 选择幻灯片下方外侧的第 4 个音频，设置其开始播放时间为"00:27.30"、结束播放时间为"00:30.50"，并在"触发"下拉列表中选择"单击"/"黑色"选项。

步骤 15 将第 8 张幻灯片复制一份作为第 9 张幻灯片，并将第 9 张幻灯片左上方文本框中的文本修改为"完整地跟唱一遍"。

步骤 16 将第 9 张幻灯片中的 7 个音频、幻灯片左侧外和右侧外的图片删除（效果见图 7-36），然后将幻灯片中音频的开始播放时间修改为"00:00"、结束播放时间修改为"00:49.841"、开始播放方式修改为自动、动画效果修改为与上一动画同时播放、持续时间保持不变。

图 7-36　第 9 张幻灯片效果

8）制作"玩一玩"部分内容

步骤 1 将第 9 张幻灯片复制一份作为第 10 张幻灯片，并将第 10 张幻灯片左上方组合对象中圆角矩形的填充颜色修改为蓝色、文本修改为"玩一玩"，将文本框中的文本修改为"我会记歌词"。

步骤 2 将"我会记歌词"文本所在文本框向右复制一份，并将复制得到的文本框中的文本修改为"点击图片排排序吧"，字号修改为 24 磅，字体颜色修改为黄色。

步骤3 为"点击图片排排序吧"文本所在文本框设置与上一动画同时播放、持续时间 0.5 秒的擦除进入动画效果和与上一动画同时播放、持续时间 0.5 秒、重复次数为两次的脉冲强调动画效果。

步骤4 选择幻灯片中第 1 排的第 1 张图片（从左到右计数，下同），然后在"图片工具　格式"选项卡"大小"组的"裁剪"下拉列表中选择"裁剪为形状"子列表"基本形状"类别中的"椭圆"选项，如图 7-37 所示。

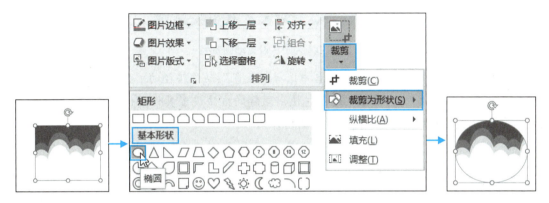

图 7-37　将图片裁剪为椭圆形

步骤5 使用同样的方法将其他 7 张图片裁剪为椭圆形，并设置图片的高度和宽度均为 4 厘米。

步骤6 分别将第 6 张和第 7 张幻灯片中的圆图片复制到第 10 张幻灯片，并设置圆图片的高度为 4 厘米、叠放次序为置于底层，然后参照图 7-38 排列图片。

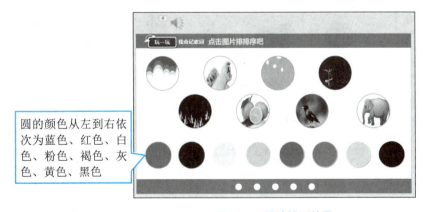

圆的颜色从左到右依次为蓝色、红色、白色、粉色、褐色、灰色、黄色、黑色

图 7-38　图片排列效果

步骤7 为幻灯片中第 1 排的第 1 张图片（从左到右计数，下同）设置单击时播放、持续时间 2 秒的直线动作路径动画效果，并将动作路径的终点拖到蓝色圆上。

步骤8 为其他 7 张图片设置单击时播放、持续时间 2 秒的直线动作路径动画效果，并将动作路径的终点分别拖到对应颜色的圆上，如图 7-39 所示。

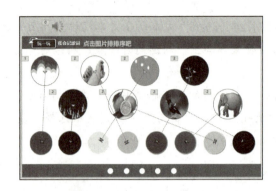

图 7-39　为图片设置动画效果

步骤 9 在"动画窗格"任务窗格中选择"蓝色"动作路径动画效果，在"触发"下拉列表中选择"单击"/"蓝色"选项。使用同样的方法设置其他动作路径动画效果的触发动作分别为单击对应颜色的图片（非圆图片）。

9）制作"想一想"部分内容

步骤 1 在第 10 张幻灯片之后新建一张"标题和内容"版式的幻灯片，然后将第 9 张幻灯片左上方的组合对象和文本框复制到新建的幻灯片，并将复制得到的组合对象中圆角矩形的填充颜色修改为橙色、文本修改为"想一想"，将文本框中的文本修改为"这些颜色能不能也唱到歌曲里呢？"。

步骤 2 在幻灯片中同时插入素材图片"圆 9""橘子""太阳""圆 10""小草""绿叶"，并设置图片的背景颜色为透明、高度为 4 厘米，然后参照图 7-40 排列图片。

图 7-40　第 11 张幻灯片效果

10）制作封底页

步骤 1 在第 11 张幻灯片之后新建一张"标题幻灯片"版式的幻灯片，并设置幻灯片的背景颜色为浅蓝色到"白色，背景 1"的线性渐变，"白色，背景 1"光圈的位置为 33%，如图 7-41 所示。

步骤 2 在幻灯片中同时插入素材图片"热气球""彩虹""小火车"，并设置"热气球"图片的高度为 4.4 厘米、"彩虹"图片的高度为 3.9 厘米、"小火车"图片的高度为 7.8 厘米且背景颜色为透明，然后参照图 7-42 排列图片。

图 7-41 设置幻灯片的背景颜色

图 7-42 图片排列效果

步骤 3 在幻灯片中绘制两个填充颜色为"白色，背景 1"、轮廓为无、大小不一的云形，然后绘制 3 个填充颜色为"蓝色，个性色 1，淡色 80%"、轮廓为无、大小不一的云形，并在"设置形状格式"任务窗格"形状选项"选项卡中设置这 3 个蓝色云形填充颜色的透明度为 46%，最后参照图 7-43 排列云形。

图 7-43 在幻灯片中绘制云形

步骤 4 将第 1 张幻灯片中的"快乐的颜色歌"文本所在文本框复制到该幻灯片中，然后将复制得到的文本框中的文本修改为"哇！颜色真奇妙"，并为每个文本设置不同的颜色（可自由设置），最后将文本框相对于幻灯片水平且垂直居中对齐。

步骤 5 为"哇！颜色真奇妙"文本所在文本框设置与上一动画同时播放、持续时间 0.75 秒的波浪形强调动画效果。

步骤 6 在幻灯片中插入素材音频"快乐音乐"，在"音频工具 播放"选项卡中设置音频的开始播放方式为自动且放映幻灯片时隐藏音频图标，然后为音频设置与上一动画同时的播放动画效果。

步骤 7 为"小火车"图片设置与上一动画同时播放、持续时间 2.5 秒的直线动作路径动画效果，并将动作路径的终点向左拖动到合适位置，如图 7-44 所示。

图 7-44　导航页效果

11）为导航页添加超链接

步骤 1　在幻灯片窗格中选择第 2 张幻灯片，为"找一找"文本所在圆角矩形添加超链接，将其链接到第 3 张幻灯片。

步骤 2　为"听一听""说一说""唱一唱""玩一玩""想一想"文本所在圆角矩形添加超链接，将它们分别链接到第 4 张、第 6 张、第 8 张、第 10 张和第 11 张幻灯片。

12）为内容页添加动作按钮

步骤 1　进入幻灯片母版视图，在左侧窗格中选择"标题和内容 版式"选项。

步骤 2　在"标题和内容 版式"母版中依次绘制"动作按钮：后退或前一项""动作按钮：第一张""动作按钮：前进或下一项"动作按钮。其中，"动作按钮：后退或前一项""动作按钮：前进或下一项"动作按钮链接到的幻灯片均为默认，"动作按钮：第一张"动作按钮链接到的幻灯片为第 2 张幻灯片。

步骤 3　设置 3 个动作按钮的高度为 1.1 厘米、宽度为 1 厘米、填充颜色为"橙色，个性色 2，淡色 80%"、轮廓为无、效果为"预设"/"预设 1"，然后参照图 7-45 排列动作按钮，最后退出幻灯片母版视图。至此，幼儿园大班艺术活动课件"快乐的颜色歌"制作完毕，保存并关闭演示文稿。

图 7-45　动作按钮效果

课堂实训：制作幼儿园中班艺术活动课件"秋天多么美"

使用本书配套素材"素材与实例"/"第 7 章"/"秋天多么美"文件夹中的素材，制作幼儿园中班艺术活动课件"秋天多么美"，效果如图 7-46 所示。

图 7-46 幼儿园中班艺术活动课件"秋天多么美"效果

【操作提示】

（1）设置"标题幻灯片 版式"母版。

① 进入幻灯片母版视图，在左侧空格中选择"标题幻灯片 版式"选项，删除母版中的标题占位符和副标题占位符，然后参照效果文件在母版四周绘制大小和填充颜色不同的圆。

② 在"标题幻灯片 版式"母版中绘制圆角矩形、插入图片和文本占位符，并对它们进行设置，如图 7-47 所示。

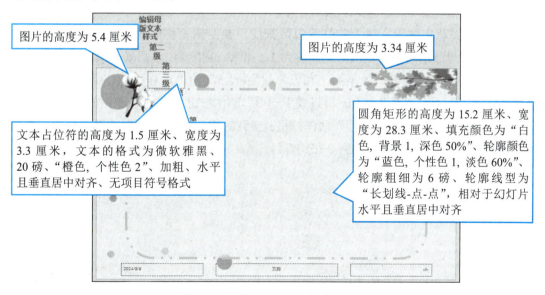

图 7-47 "标题幻灯片 版式"效果

（2）复制"标题幻灯片 版式"母版。将"标题幻灯片 版式"母版复制一份，得到"1_标题幻灯片 版式"母版，将该母版中的文本占位符、"棉花 3"图片和圆角矩形删除。

（3）参照效果文件使用"标题幻灯片""1_标题幻灯片"版式制作幻灯片。

① 第 1～2 张和第 13 张幻灯片的版式均为"1_标题幻灯片"，第 3～12 张幻灯片的版式为"标题幻灯片"。

② 设置第 4 张幻灯片中播放视频、暂停播放视频的触发动作分别为单击"播放"组合对象和单击"暂停"组合对象。

③ 设置第 6 张幻灯片中音频的开始播放方式为自动，结束播放时间为"00:40.502"。

④ 设置第 7 张幻灯片中音频的开始播放方式为自动，开始播放时间为"00:40.502"、结束播放时间为"01:12.200"。

⑤ 设置第 8 张幻灯片中音频的开始播放方式为自动，开始播放时间为"01:12.200"、结束播放时间为"01:51.751"。

⑥ 设置第 9 张幻灯片中所有音频的开始播放方式为自动。

⑦ 设置第 9 张幻灯片圆角矩形中第 1 张、第 2 张和第 5 张图片（从左到右）的动画效果为自定义动作路径，并调整动作路径的终点，然后设置 3 张图片动画效果的触发动作分别为单击相应图片，播放的音频为"yz-right"。

⑧ 设置第 9 张幻灯片圆角矩形中第 3 张和第 4 张图片（从左到右）动画效果的触发动作分别为单击相应图片，播放的音频为"no 音效"。

（4）添加超链接。为第 2 张幻灯片中"说一说""看一看""学一学""玩一玩""唱一唱""编一编"文本所在形状添加超链接，将它们分别链接到第 3 张、第 4 张、第 5 张、第 9 张、第 10 张、第 11 张幻灯片。

（5）添加动作按钮。进入幻灯片母版视图，在左侧窗格中选择"标题幻灯片 版式"选项，在母版的右下方依次绘制高度为 1.2 厘米、宽度为 1.6 厘米、填充颜色为"绿色，个性色 6, 淡色 40%"、效果为"预设"/"预设 5"的"动作按钮: 后退或前一项""动作按钮: 第一张""动作按钮: 前进或下一项"动作按钮。其中"动作按钮: 后退或前一项""动作按钮: 前进或下一项"动作按钮链接到的幻灯片均为默认，"动作按钮: 第一张"动作按钮链接到的幻灯片为第 2 张幻灯片。

参考文献

［1］张俊涛．幼儿园多媒体课件设计与制作［M］．上海：上海交通大学出版社，2023．

［2］方其桂．PowerPoint 多媒体课件制作实例教程：微课版［M］．第 4 版．北京：清华大学出版社，2023．

［3］余量，唐丹丹，马春琴．多媒体课件设计与制作：视频指导版［M］．第 2 版．北京：人民邮电出版社，2023．

［4］袁淑玲．幼儿园多媒体课件设计与制作［M］．第 2 版．成都：西南财经大学出版社，2022．

［5］安英红，钟文丽，陈杨絮．幼儿园多媒体课件设计与制作［M］．北京：航空工业出版社，2021．